吉林省社科重点领域（创客领域）研究基地成果文库
吉林省创新创业平台建设项目成果

创新创业教育与技能实践

董鹏中　韩　强　编著

科 学 出 版 社
北　京

内 容 简 介

本书注重创新与创业两大知识领域的内在融合，构建了面向创新的创业知识框架，主要内容包括创新意识与创造性思维、创新方法与创新工具、创业基础与人生发展、创业机会及其识别评价、创业风险及其识别应对、创业团队组建与管理、创业资源与创业融资、商业模式及其设计论证、创业计划与创业路演、新企业创办与初创管理。

本书可作为大学本、专科创新创业教育的通识教材，也可作为从事创新创业教育相关工作人员的参考用书。

图书在版编目(CIP)数据

创新创业教育与技能实践 / 董鹏中，韩强编著. —北京：科学出版社，2021.1

ISBN 978-7-03-067677-1

Ⅰ. ①创… Ⅱ. ①董… ②韩… Ⅲ. ①创造教育 Ⅳ. ①G40-012

中国版本图书馆 CIP 数据核字（2020）第 270483 号

责任编辑：韩 东 周春梅 / 责任校对：马英莉

责任印制：吕春珉 / 封面设计：东方人华平面设计部

科学出版社 出版

北京东黄城根北街 16 号

邮政编码：100717

http://www.sciencep.com

三河市骏杰印刷有限公司 印刷

科学出版社发行 各地新华书店经销

*

2021 年 1 月第 一 版 开本：787×1092 1/16

2021 年 1 月第一次印刷 印张：13 1/4

字数：314 000

定价：42.80 元

（如有印装质量问题，我社负责调换〈骏杰〉）

销售部电话 010-62136230 编辑部电话 010-62135397-2040

PREFACE 前　言

2015 年印发的《国务院办公厅关于深化高等学校创新创业教育改革的实施意见》（国办发〔2015〕36 号），在顶层设计上为国内高校开展创新创业教育提出了总体要求并指明了前进的方向。“大众创业、万众创新”的新常态更是要求我们重新审视创新创业教育的时代内涵，加强创新创业教育的理论创新与实践探索。

多年的创新创业教育实践让我们意识到创新创业教育的首要目标不是教创业者如何创办企业，而是在于培养创业者的创新思维、创造能力和创业精神，使创业者理性地认识和理解创新方法和创业规律，为社会创造价值。创新与创业之间具有天然联系，创新是创业的动力源泉，创新与创业教育更是不可分割的一个整体。

近年来有关创业的书籍出版得越来越多，通常只是强调创业，而将创业孤立于创新之外，甚至孤立于创新方法和创业实践之外。本书的写作就是为了弥补上述书籍的不足，紧跟新时代发展的脚步。

本书特色如下。

第一，将创新与创业紧密结合，全面介绍创新思维和创新方法，并将其有机地融入创业的过程中。

第二，设计了大量实践活动。每节的“实践活动”模块为本节的理论提供有针对性的训练；每章的“实践训练”和“实践拓展”模块给出了具体且可操作的活动方法，帮助并引导学生将创新创业的理论与实践相联系，做到学以致用。

第三，按照创新创业实际操作流程展开，使创业流程具有较强的可操作性，也使本书能够成为创业者的使用手册和指导书。

在编写过程中，我们参考并引用了创新与创业领域众多专家、学者的经典著作及案例，吸取了国内外最新的管理技术和研究成果，在此向这些成果的原作者表示衷心的感谢。书中的大部分内容已服务于创新创业教育实践，并根据创新创业教育实践中获得的反馈进行了适当的调整。由于编者的水平和精力所限，书中难免会存在某些疏漏，敬请同行和读者不吝指正。

编　者

2020 年 11 月

CONTENTS
目　录

第一章 创新意识与创造性思维

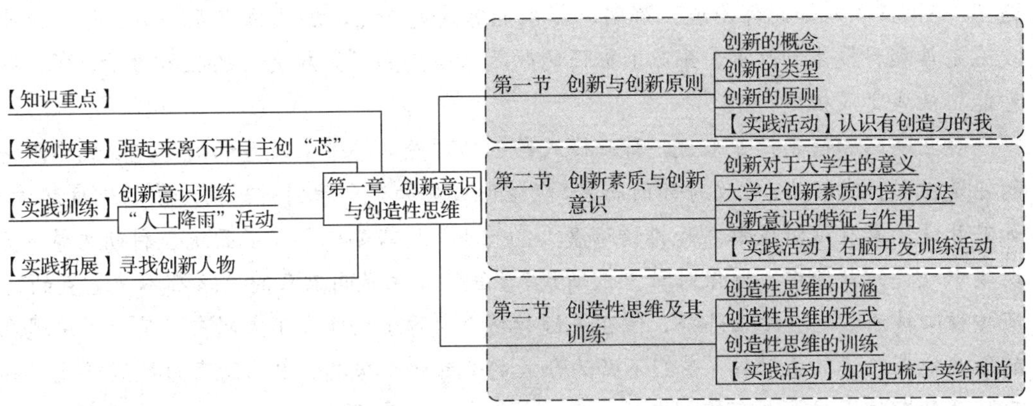

知识重点

1. 创新的内涵与常见类型。
2. 创新的五项原则。
3. 创新对大学生成长的积极意义。
4. 大学生创新素质培养的方法。
5. 创新意识的内涵、特征及其作用。
6. 创造性思维的内涵与主要表现形式。
7. 创造性思维训练的主要方法。

【案例故事】

强起来离不开自主创"芯"

美国商务部于2018年4月宣布，今后7年内禁止该国企业向中国电信设备制造商中兴通讯出售任何电子技术或通信元件。这一事件在舆论场上引发了深入讨论，出口禁运触碰到了中国通信产业缺乏核心技术的痛点。"缺芯少魂"的问题，再次严峻地摆在人们面前。

禁售7年对应的正是2025年，美国如此行事，真正的用意昭然若揭。如《纽约时报》所说，美国的真正考量是要遏制中国制造业升级，拖慢"中国制造2025"这一强国战略的实现。这些年来，中国通信产业发展迅速，芯片自给率不断提升。华为的麒麟芯片不断追赶世界先进水平，龙芯芯片可以和北斗卫星一起飞上太空，而蓝牙音箱、机顶盒等日用品也在大量使用国产芯片，但也要看到，在稳定性和可靠性要求更高的一些领域，国产芯片还有较大差距。互联网核心技术是我们最大的“命门”，核心技术受制于人是我们最大的隐患——此次事件让我们感受到了切肤之痛。

面对技术壁垒，我们不能盲目悲观，特别是不能对中国的高科技发展丧失信心。当此之时，应该激发理性自强的心态与能力，通过自力更生真正掌握核心技术。“可以预见，从现在开始，中国将不计成本加大在芯片产业的投入，整个产业将迎来历史性的机遇。”一位投资人如此评论道。确实，如果能够痛定思痛，加快推进互联网和信息产业政策完善和科技体制改革，并产生更强的改革紧迫感和凝聚起更大的改革力量，那就有可能把挑战变成机遇。

对互联网和信息产业来说，商业模式的创新固然能够带来流量和财富，但最终比拼的还是核心技术实力；对政府部门而言，应该形成更加有利于创新驱动发展的制度环境，如芯片设计具有试错成本高和排错难度大的特点，就需要从更大层面统合科研力量、实现集中攻关。就像中兴通讯对员工们所说，“任何通往光明未来的道路都不是笔直的”，突破核心技术肯定会带来阵痛，但在关键领域、卡脖子的地方下大功夫，是为了用现在的短痛换来长远的主动权。我们不必为今天的封锁惊慌失措，中国的高科技能够克服初期从无到有的困难，也有信心在后期突破核心技术的瓶颈。

在保持信心的同时，也不能因遭遇制裁而产生极端偏激的情绪。一方面，中国作为一个大国，在国际贸易体系中有足够的腾挪空间；另一方面，国产通信产业从零起步，如今发展到与世界通信巨头并驾齐驱，并在5G时代展现出领跑能力，绝不是得益于自我封闭。我们并不需要把封锁当作“重大利好”来激励“自主研发”，更不能把扩大开放与自力更生对立起来。面对高科技的技术攻关，封闭最终只能走进死胡同，只有开放合作，道路才能越走越宽。继续扩大开放，努力用好国际国内两种科技资源，在与世界的互利共赢中实现自主创新，这个方向不能动摇。

（资料来源：李拯，2018. 强起来离不开自主创“芯”[N]. 人民日报，2018-04-19（5）. 有删改）

启示：

芯片，是指内含集成电路的硅片，体积微小，是手机、计算机或者其他电子设备的核心所在。在信息时代，芯片是各行业的核心基石，电脑、手机、家电、汽车、高铁、电网、医疗仪器、机器人及工业控制等各种电子产品和系统都离不开芯片。可以说，芯片产业是一个国家高端制造能力的综合体现，是全球高科技领域必争的战略制高点。在过去的很长一段时间里，中兴通讯拥有世界十大通信设备制造商、全球第四大手机生产制造商等光鲜的头衔，但占据其90%以上营收的运营商网络业务和消费者业务的核心技术却严重依赖美国，而且美国市场对其也弥足轻重。“国际化风险与机遇并存”，这种未能掌握核心技术的局面对于任何一家国际化经营的企业来说都是危险的。

第一节　创新与创新原则

一、创新的概念

何谓创新？许多研究者对创新进行了界定，代表性的观点有如下四种。

1）创新是运用知识或相关信息创造和引进某种新事物的过程。

2）创新是对一个组织或相关环境新变化的接受。

3）创新是开发一种新事物的过程。这一过程从发现潜在的需要开始，经历新事物的技术可行性分析、检验阶段，直到新事物广泛应用为止。

4）创新针对新事物本身，具体来说，就是针对被相关使用部门认定的任何一种新的思想、新的实践或新的创造。

综合上述观点，我们认为，创新是人类为了满足一定的目的，遵循事物发展的规律，调动已知信息，不断拓展对客观世界及自身的认知与行为，从而产生有价值的新思想、新举措、新事物的活动。创新通常包括技术创新、产品创新、过程创新、方法创新、管理创新、制度创新、政策创新及观念创新等，范围非常广泛，可以说各种能提高资源配置效率的新活动都是创新。

创新的本质是突破，是打破思维定式，以有别于常规或常人的思路为导向，利用现有的知识和物质条件，对事物的整体或部分进行改进、变革，产生某种新颖、独特、有社会价值的新概念、新设想、新理论、新技术、新工艺和新产品等新成果的智力活动过程。

二、创新的类型

（一）根本型创新、适度型创新和渐进型创新

根据创新的程度大小，创新可以分为以下三种。

1. 根本型创新

根本型创新是指引入一项新技术，从而产生了一个新的市场基础。它在宏观、微观层面上表现为不连续性。市场或者某一项产业发生不连续性的创新，就会引起相应的企业发生不连续性的创新。根本型创新所产生的新产品势必会吸引需要这款产品的企业或客户。

2. 适度型创新

克兰施米特（Kleinschmidt）和库珀（Cooper）认为，适度创新是由公司的原有产品线组成的，但产品并不具有创新性，即市场对它并不陌生，它只是企业当前产品线上的新产品。适度创新的特点是所生产出来的产品虽然不具有很强的创新性，但是这款产品却是目前市场上不具备的新产品，属于首创产品。

3. 渐进型创新

渐进型创新是指通过不断的、渐进的、连续的小创新，最后实现管理创新的目的。渐进型创新是非常重要的。首先，它能充分利用已有的资源；其次，很多创新都起步于微小创新，若干微小创新通过相互支撑才能发挥作用；最后，微小创新通过连续积累产生作用，由小集大，从量变到质变，最终引起大创新的出现。

（二）构建型创新与模组型创新

根据对已有知识的强化程度和破坏程度的大小，创新可以分为以下两种。

1. 构建型创新

构建型创新是指新设计的产品结构和连接部件、产品的组成部分及核心设计基本上没有改变。现在许多电子产品中，组件是相同的，但是不同的框架模型可生产出不同的产品。

2. 模组型创新

模组型创新是指针对现有产品的几种元件或核心设计作摧毁式的创新变革，产品结构和产品之间的连接不进行改变，新的元件与新的产品结构兼容。例如，按键电话的发明，改变了拨号盘的核心设计，但整个电话的结构并未改变。

三、创新的原则

1. 创新要遵循科学技术的基本原理

在创新过程中，首先要遵循科学技术的基本原理，不能违背科学发展的基本规律，否则创新就会“南辕北辙”，结果徒劳无功。例如，有人试图发明一种既不消耗能量，又可源源不断地对外做功的“永动机”，结果不言而喻。这种创新失败的原因就在于违背了“能量守恒”的基本原理。

为了使创新活动取得好的结果，在创新过程中，必须对其进行科学合理的验证与检查。首先，创新设想提出后，应对其进行科学原理相容性的检查。如果与科学原理不相容，则该创新设想应尽早否定并放弃。其次，要对创新设想进行技术方法可行性的检查。如果提出的创新设想，现有的技术方法不可能满足其所需要的条件，则可将该设想看作空想。最后，要对创新设想的价值性进行合理性推断与验证。如果该设想只具有新奇性，而没有带来节约成本、优化流程等价值增值的话，该创新设想就是没有价值的，应予以排除。

2. 创新要接受市场的检验评价

创新设想的价值最终要靠市场的实践检验。爱迪生曾经说过：“我不打算发明任何卖不出去的东西，因为不能卖出去的东西都没有达到成功的顶点。能销售出去的东西就证明了它的实用性，而实用性就是成功。”

创新设想接受市场检验，主要是考察其未来商品化和市场化的商业前景，最基本的则是看该创新产生的实际价值能否高于其当前销售价格。判断创新设想能否被市场接受，可从以下几个方面进行评价。

1）是否能解决用户（顾客）迫切需要改善的问题。

2）是否能显著优化现有产品（服务）的功能结构。

3）是否能有效提升现有产品使用操作的可靠性。

4）是否能增强产品维修、维护与保养的便捷性。

5）是否可提升产品服务的用户美誉度和口碑。

3. 创新要依循相对较优的方案选择

在创新过程中，一般不可能做到最优和最佳状态，这就要求我们在创新时要遵循“相对较优”的原则，对创新设想进行择优判断。首先，从技术方案的先进性方面进行分析比较，选择相对领先和具有前瞻性的创新方案；其次，从创新设想实现的经济合理性方面进行比较和选择，尽可能选择相对经济合理和能有效降低成本的方案；最后，从技术先进性与经济合理性两个方面进行综合分析，选择整体上相对较优的方案。

4. 创新要避免烦琐复杂的机理

有的创新设想会把简单问题复杂化，从而造成创新的成果不及为此所付出的代价，创新的方案在实现上远超出合理的范畴。如果我们的创新设想在结构上明显复杂，功能上冗余，实际使用时更加烦琐，就意味着该创新设想在技术实现上并不可取。在创新过程中，我们要避免复杂，尽可能保证机理方面的简单实用。为使创新设想及其结果符合机理相对简单的原则，可对创新设想进行如下论证。

1）创新设想所依据的原理是否繁复，是否超出其应用范围。

2）创新设想所设计的结构是否复杂，是否超出其应有程度。

3）创新设想所涉及的功能是否冗余，是否超出其应有数量。

5. 创新要具有新颖、独有的特征

创新构想在本质上必然要求其具有开创、新颖等特征，即要打破既有规则和常规做法，而不是简单地替换和拷贝，创新贵在独特和新颖的创造。在创新活动中，评价创新构思是否新颖、独特，可从以下几点进行考察。

1）创新构思是否具有真正的新颖性，是否是“井底之蛙”。

2）创新构思是否具有引领的开创性，是否早已存在。

3）创新构思是否具有创新的独特性，是否与众不同。

实践活动

认识有创造力的我

1. 用五种感官感受来向大家介绍自己

我的姓名是：____________________________

我是一名：________________________（如旅行者）

用五种感官来介绍自己：

我看起来像：________________________（如盛开的水仙花）

我闻起来像：________________________（如海边清风）

我摸起来像：________________________（如一个气泡）

我听起来像：________________________（如小猫的叫声）

我品尝起来像：______________________（如热奶油巧克力冰激凌）

我最近的冒险经历是：__________________（如在热浴缸里边吃坚果边读鬼故事）

2. 相关讨论

1）如何评价这种用五种感官感受介绍自己的方式？你是否在众人面前暴露自己时有不自在的感觉？

2）威廉·詹姆士曾说："人类能通过改变他们思维的态度来改变他们的生活。"你对这句名言有何见解？（例如：人可以改变；人们的态度影响自身的行为方式；一个人认为自己是什么样的人，就会不自觉地做成什么样的人。）

____

____

3）你认为在本课程中可能会遇到的最糟糕的事情是什么？

____

____

3. 总结反思

____

____

第二节 创新素质与创新意识

一、创新对于大学生的意义

创新能力是当前社会高新技术人才必须具备的基础能力，当前我国的大学生普遍缺乏创新能力，毕业后的大学生常会因为缺乏创新能力而不具备市场竞争力，也就无法实现自我价值了。因此，培养大学生的创新能力是我国高校最重要的工作之一。

创新教育在高校大学生教育和培养的工作中是十分重要的，它能够激发大学生的内在创新潜能，激励大学生向着更高层次的人生发展。创新能力的教育和培养不仅是我国高校大学生素质教育的重点，更是我国经济和社会发展的基础和前提。

（一）创新促进大学生高效构建知识的能力

在知识经济时代，如何对知识进行选择、整合、转化和运作，比单纯的知识学习更为重要。大学生最需要掌握的是那些涉及学科交叉、概括程度高、迁移程度高的核心知识，而这些知识的学习不能仅靠教师的讲授获得，还要通过学生发挥主观能动性，提升创新能力，通过自身构建和再创造获得。

（二）创新促进大学生提升终身学习能力

随着我国高校招生人数的不断增多，高校教育模式开始从阶段教育向终身教育的理念发展，随着知识信息的丰富和知识更新周期的缩短，大学生未来的职业将更加多元化。大学毕业生要根据自身和外部条件，运用创新思维，不断完善知识和能力结构，提升自己的学习能力，完善自我。

（三）创新促进大学生取得实现职业人生的成功

创新能力是一个人综合能力的重要体现，它是以丰富的文化沉淀、高度综合化的知识、个性化的思维和奋斗的精神状态为基础的。一个人是否具备创新思维能力将会直接影响到其职业发展，创新能力的高低也会影响其事业成就。古往今来，那些取得成就、获得成功的人，大都具备很强的创新思维和创新能力。大学生在校时就应该学习和培养自己的创新思维及创新能力，以便为毕业后的创业或就业奠定基础。

二、大学生创新素质的培养方法

在对现代人才的素质要求中，创新能力被认为是一个人知识、能力的最高水平，是未来人才素质的重要组成部分。创新能力将很快成为适应信息社会快速变化的重要能力。

大学生是我国社会和经济发展的重要支柱，每年全国各地的高校都会为社会输送大量人才。大学生创新思维和能力的培养也受到了社会和学校很大的重视，教育部为此制定了《面向21世纪教育振兴行动计划》，规定全国各高校要将大学生在校期间的创新思维和能力的培养放在教育的重要位置。这一规定在客观上为我国大学生创新思维及能力的培养提供了支持，但是从主观上来说，大学生创新素质的培养最重要的是大学生自身要积极、主动地学习。大学生可以从以下几个方面来培养自己的创新素质。

（一）培养创新的个性品质

人格是指一个人在后天的活动中逐渐形成的习惯和行为，包括一个人的处世原则、态度和活动方式等三个基本要素。创造性人格是一个人对事物的态度，是具有创新活动所必需的正常、健康的心理。创新型人才应具备的心理素质如下。①有高度的自主性和独立性，不守旧；②充满幻想，敢于大胆地假设，敢于冒险，善于抓住机遇；③思维灵活、敏捷；④对知识有强烈的渴望和好奇心，兴趣广泛；⑤具有坚韧不拔的毅力和科学的探索精神等。

大学生可以从以下五个方面努力培养自己的创新个性品质。

1. 激发创新的动力

每一位大学生都应该心怀为国家和社会做贡献的愿望，要有远大的理想，而理想的实现离不开创新，因此大学生可以实现理想为契机来激发自己的创新潜能，提高创新能力。

2. 提升创新的自信

培养创新能力的首要心理条件是充分相信自己有创新的潜力。强大的自信有助于培养大学生不屈不挠的精神和克服困难的意志，促进创新思维能力和创造想象力。

3. 树立创新的意识

大学生应培养对新事物的好奇心和敏锐的观察力，勤于动脑，善于思考，多问一些“为什么”，这样才能及时发现新事物的发展方向，并抓住创新的机会。

4. 培养创新的思维

一个不能独立思考问题并独立解决问题的大学生是没有创新思维和创新能力的。大学生在校期间，要将培养独立思考、独立判断的能力放在首要位置。独立思考能力是大学生能否具备创新思维和创新能力的前提。

5. 塑造创新的心态

大学生应该在日常的学习生活中积极参与竞争，在竞争中进行自我激励。

（二）突破创新的思维障碍

大学生创新思维发展的障碍包括传统观念的束缚、不批判的学习和过于突出自我等，这些都是大学生需要克服和消除的。

人们的思维常常被传统的理论、思想和方法束缚。大学生在思考问题时通常过于依赖教科书，迷信学术权威的观点，不能有效辨别，从而阻碍了他们的创造性思维。因此，在探索活动中，大学生应该突破传统观念的束缚，勇于挑战传统的学术观点。

任何创新都在一定程度上基于继承。虽然拥有丰富的知识基础可以促进人们的创新思维活动，然而在学习过程中，如果只是机械地复制别人的知识，就会极大地阻碍创造性思维的发展。因此，大学生应该保持批判性思维，批判性地继承前人的知识，这也意味着创新活动的真正开始。

大学生应克服固执、偏见、过分依赖、谨慎、过于谦虚等个人因素，这些因素在一定程度上会阻碍大学生创造性思维的发展。

（三）构建创新的知识结构

知识是一个人可以独立想象和独立思考的基础，丰富的想象力和完善的思考能力离不开强大的知识体系的支撑，虽然知识的丰富程度与创新能力之间没有直接关系，但是大多数的创新产品都离不开相关知识的储备。

任何创新都是对原来层次、理论、方法、规范的突破，如果一个人不能很好地继承知识、技能，并达到精通，进行创新是很难有突破的，更不会提出新思想、新观点、新方法。正如著名生理学家巴甫洛夫对青年人所说，在想要攀登到科学顶峰之前，务必把科学的初步知识研究透彻。大学生应该更加注重知识结构的构建和优化，具体的优化方法可以参考以下几个方面。

1）努力学习和掌握渊博的基础理论知识，学会融会贯通、化知为创、知为创用。

2）在拓宽基础知识的同时，加强知识的系统性和整体效果。大学生除学习专业知识外，还要了解社会、经济、政治、文化和管理等知识，掌握专业知识和技术要点，注重交叉、渗透、综合的跨学科知识。

3）保持丰富的新知识储备。大学生应该关注前沿的理论、技术和信息，不断完善新知识，努力把握社会、文化、科技的发展趋势。

（四）掌握创新的科学方法

大学生创新思维和创新能力的培养是十分重要的，而培养的关键就是大学生对创新理论和方法的学习与掌握。首先，大学生要把握辩证唯物主义世界观和方法论，遵循辩证唯物主义的认识路径，正确使用认识论指导实践，有效提升创新活动的成功率。其次，大学生要了解创新的原则、内部机制、基本过程及发展方向和内容，掌握跨学科研究的方法和规律，提高科研能力。再次，大学生应学会运用发散思维、收敛思维、逆向思维、联想思维和类比思维等创新思维方法。最后，大学生必须学会掌握科学的创新技术和方法，如奥斯本检核表法、5W1H 分析法等。

（五）参与创新的实践活动

社会实践是指人类在改造自然和社会的过程中，通过实践活动表现出来的动态性、客观性和创造性特征。所有创新的内容都源于社会生活和社会需求。大学生要认识到参与社会实践活动的重要性，积极主动地参与其中。

大学生参与社会调查活动，有助于了解发展趋势和新要求，理解和把握新问题；参加社会实践，有助于发现现有理论与成果的不足，更好地找到创新课题与创新点的衔接；参与科学研究，有助于加深对整体知识的认知，完善科学技术知识，提升科学研究和创新能力。

三、创新意识的特征与作用

创新意识是指人们为了满足社会和个人发展需要，产生创造新事物的想法或动机，并在创造性活动中表达意图、愿望和想法，体现了人类意识活动与社会发展的有机结合。创新意识是创新的前提，是人类创造性活动的出发点和内在动机。

（一）创新意识的特征

1. 新颖性

创新意识是以新的意识和方式来满足社会的需要，是对新的意识和方式的追求。

2. 社会历史性

创新意识是为了满足当前社会人类的进步和发展。每个历史阶段的创新意识都有不同的出发点，这个出发点与历史背景及社会背景有很大的关联。例如，在阶级社会时期，创新者的创新意识就会受到所处的阶级水平的影响，所以说，创新意识的激发必须考虑和结合当前所处的社会历史条件。

3. 个体差异性

人的创新意识来源于其社会地位、文化素质、兴趣特长及情感倾向等，这些因素都对创新起着重要的促进作用。由于每个人的社会背景、文化素养、兴趣动机都不尽相同，因此影响因素也都是不同的。

（二）创新意识的作用

创新意识是由创造的动机、兴趣、情感和意志四个方面组成的。其中，创造动机是激发人们进行创新创造活动的原动力；创造兴趣是人们在创新活动中对新鲜事物探索的一种心理倾向；创造情感是推进创新创造活动成功的关键性心理因素；创造意志是人们在创新创造活动中克服阻碍的重要心理因素。

右脑开发训练活动

1）用 2 分钟的时间准确记住以下 20 个词语：老人、桌子、皮球、冰箱、飞机、老虎、电话、筷子、电视、和尚、垃圾桶、毛巾、火车、军人、树叶、枕头、报纸、明星、美女、孩子。

2）2 分钟时间到。现在，请背出以上 20 个词语。

3）你做到了吗？

4）如果做到了，你真的很棒！你是如何记住的呢？

5）如果没有做到，用什么办法可以做到呢？

（提示：试着用以上 20 个词语来编个故事吧，看看是否就可以做到了。）

第三节　创造性思维及其训练

一、创造性思维的内涵

因为不同学科的出发点和研究方向不同，所以创造性思维的内涵在不同学科的定义也是不尽相同的。例如，心理学研究的侧重点是创新者创造性思维的心理机制，研究分析对象是创新者的心理过程。我们可以从广义和狭义的角度来看创造性思维，广义的创造性思维是指人们在发现问题并解决问题的过程中，能够起到重要作用的思维活动；狭义的创造性思维是指人们在创新活动中直接形成创新成果的思维活动。

创新是创造性思维的核心，根据思维是否具有创新性可以分为重复思维和创新思维两种。重复思维是一种普通的思维方式，它对已接收的信息进行重复和再现，只使用大脑的记忆和存储功能，这种思维方式比较稳定；而创新思维是根据需求，对存储的信息进行创新性的处理。因此，在理解和把握创造性思维的内涵时，应将创造性思维与重复思维区分开来，突出创造性思维的核心。

二、创造性思维的形式

常见的创造性思维主要有逆向思维、侧向思维、求异思维、类比思维、综合（集中）思维和发散（扩散）思维等。

（一）逆向思维

逆向思维是指在思考问题的时候要打破常规的思维模式，往往会采用与常规思维习惯相反的方向来思考和解决问题。简而言之，逆向思维就是反过来想问题。

“司马光砸缸”的故事人尽皆知。把落入水缸中的孩子救出来，常规的思维就是把小孩拉出水缸，但是这种救人的方式对少年的司马光来说是非常困难的，还有可能被对方拉下水。司马光通过砸破水缸救出小孩的这种行为，运用的就是逆向思维。

（二）侧向思维

侧向思维与逆向思维一样，都是从常规思维的反方向去思考并解决问题。二者的主要区别是，在大多数情况下，逆向思维只是与人们常规思维的方向不同，轨迹是相同的，而侧向思维不仅是与人们常规思维的方向不同，轨迹也不相同。

人们在日常生活中思考问题时的左思右想、旁敲侧击便是侧向思维的一种形式。侧向思维常用于以下两种情况。

第一种情况是实现目标的方式是非常清楚的，通过旧的思维方式、思想和方法同样也可以实现原设目标，但由于思维的惰性，人们常常因循守旧，在这种情况下，就需要积极寻找新途径、新方法。

第二种情况更为多用，为解决某一问题孜孜以求，朝思暮想，但按常规方法难以解决，这时不妨转换一下思路，从与自己研究无关的领域中寻找解决的方法，或者请“外行”来参谋，或许很容易就能解决问题。例如，大家比较熟悉的鲁班发明锯、莫尔斯发明电报就是这种思维的典范。

侧向思维与横向思维相比更具有创新性，从问题的另外一个角度观察、思考和分析，利用自己已有的技术来解决问题。

（三）求异思维

世界上的发明家都有一个共同点——标新立异，这些人都有求异的思维。对于同样一件事物或一个问题，他们在熟知常人常用的方式和方法的前提下，善于创新，标新立异。求异思维的关键是要在思想上不受到常规框架及模式的束缚，突破传统的理念，从不同的角度思考问题，用新的方式和方法解决问题。人们常说的出奇制胜其实就是求异思维的一种体现。例如，在现今智能手机普及的时代，手机的发展速度越来越快，在手机屏幕增大、功能增强的同时，手机成本也在不断增加，人们购买一部好的手机所需要的费用也在不断提高，有的厂家就意识到这一点——昂贵的新生代手机并不是每个人都愿意使用的，因此推出了一部分功能不是很多，但是价格相对低廉的手机。

求异思维运用的关键在于对比联想。对比联想常与客观事物的对比及语言中的反义词有关。如人们常说的大与小、长与短、方与圆、红与蓝、多与少、金属与非金属、直流与交流等常见反义词都是求异思维的体现。

（四）类比思维

类比思维是指人们通过对已有事物的比较，运用已有的知识和经验，对需要解决的问题与以往已经解决的类似问题进行类比并解决问题。其中比较常见的类比方式有形式类比、功能类比和幻想类比等。

1. 形式类比

形式类比主要包括结构特征、形象特征和运动特征等方面的类比，无论是哪一个方面的类比都可以把创造目标与某一装置或者客体进行类比关联。例如，人类根据鸟飞行的特点，模拟它们的外形制造了飞机。

2. 功能类比

功能类比主要是人类根据大自然某一种动物或植物的特点创造出一种具有近似功能的新事物或设备。这种类比方法主要运用在人类对仿生学的研究上，常见的鳄鱼夹、机械手等都是功能类比的产物。

3. 幻想类比

人们通过幻想某些形象、某些功能或某项技术，进行发明创造，即幻想类比。例如，《海底两万里》的作者幻想了一种能长时间在海底活动的潜艇，经过几十年的努力后制成了现代潜艇。当然，也有一些发明创造是以上多种类比方式的综合，如现代机器人的发明就是多种类比思维相结合的产物。

培根说过，“类比联想支配发明”。无论是寻找创造性目标还是寻找解决方案，都需要将类比思维与联想紧密联系在一起。运用类比思维的重要条件是提高联想能力，尤其是掌握相似联想。

（五）综合思维

物理学知识告诉我们，不同方向的力能够产生合力。综合思维又称集中思维，是指在发明创造时，可以通过将不同的思路进行融合和补充，来解决问题或完成一项工作。

综合思维就是各种方法相结合，把原理、设计和结构进行合理的改进、互补和整合，以达到预期的目标。近年来普遍使用的头脑风暴法和常说的“三个臭皮匠，抵个诸葛亮”

等就是这种思维的具体应用。

运用综合思维时有以下两种情况：如果几个设想并没有联系，分属不同单元，就只需要简单组合即可；如果几个设想集中在同一单元，各有优缺点，就必须结合各自的优缺点进行整合，取长补短，以达到预期效果。

（六）发散思维

发散思维是指在思考问题的时候，打破常规思维的束缚，从多个方向去思考探索，寻找解决问题的可能性，是从一个点发散到多个点的思维方式。人们考虑问题，通常是由提出问题的起点到解决问题的终点，喜欢按一条思路进行，走不通便止步不前。如果换个角度去考虑也许就很容易解决问题。思维扩散的范围越广，产生的设想越多，解决问题的可能性就越大。创新者结合新方法、新技术、新规则、新产品、新现象，来考虑是否有其他更多的功能，创造新的事物。

常见的发散思维用途有材料发散和功能扩散两个方面。材料发散是指就一种特定的材料而言，设想它的多种用途，如纸不仅可以用来写字，还可以擦手、引火和包装礼物等；功能扩散是指从一件产品的主要功能出发，设想该产品功能其他用途的可能性。

与综合思维不同，发散思维是从一点扩散到多点，运用发散思维，首先要找到合适的发散源，把握发散源的科学原理和技术基础，寻求新的应用领域，创造、发明、制造社会所需的新产品。

三、创造性思维的训练

（一）转换思维视角，克服思维定式

思维定式是心理学概念，指的是人们在从事某一项活动过程中的心理状态，是人们在长期的对事物处理过程中形成的一种类似条件反射的思维方式，这种思维方式较为固化。思维是人类创新的源泉，而思维定式对人们创新活动会起到一定的干扰作用，所以，我们必须先打破思维定式，才能有创新的思维。

在创新过程中，要尽量打破思维定式的束缚。以下几种方法可以有效地打破思维定式的束缚。

1. 排除“以往经验”的束缚

人们在日常生活、学习和工作时，随着时间的推移，会积累很多经验。这些过去的经验，可以帮助人们很容易地解决一些问题。依靠经验已成为解决问题的一种习惯，但这个习惯对于那些从事创造性活动的人来讲是一种束缚，因为这个习惯会使人处于一种“有经验可循，不必多思”的僵化状态，从而在解决问题时止步不前，难得其解。

经验丰富固然重要，但是利用经验来解决问题时要与时间、条件、地点等具体情况相结合，若想当然地凭经验生搬硬套，势必达不到预期效果甚至还可能会犯错误，这样一来，经验就会阻碍问题的解决。因此，大学生在解决问题时可以利用“以往的经验”，但是在思考和解决问题时切不可被“以往的经验”束缚。

2. 不要受学术权威“结论”的束缚

人们在日常学习和生活中，如果发现其中某一个问题已有专家的定论，往往就会终止探讨，而以专家的结论为准。然而，这样做是不符合科学精神的。因为，专家的某些结论也不一定正确。正确的方法应该是认真、仔细地研究过程，看看步骤是否出现了错误。如果发现错误，重复研究仍然得出同一结论，就不能受专家结论的束缚，而必须敢于树立勇气，敢于质疑权威。要想成为创新人才，就要具有敢于思考、敢于做、敢于说的品格，不让自己的思维被学术权威的“结论”所束缚，要用尊重的态度对待权威，而非盲目迷信。

3. 用“搁置法”摆脱习惯性思维的束缚

习惯性思维的形成和影响都有时间性。一些有经验的科学家完成论文后，会把它搁置一段时间，再去读。把自己当成带有怀疑、挑剔眼光的读者，往往会发现以前未发现的问题。相关实验已经证明，习惯性思维的痕迹，就像记忆的痕迹，时间一长就会慢慢消失。人们常常认为，成功在于不懈地思考，在于一直坚持。事实上，从思维定式的观点出发，把问题放一放，有助于消除习惯思维痕迹的影响，有利于获得新的思路和新的方法。

4. 依靠别人帮助摆脱习惯性思维影响

团队合作可以相互补充、互相帮助，也有助于克服习惯性思维的影响。科学研究植根于讨论，因为讨论可以打破思考的习惯，通过了解他人的想法，可以从中获得灵感和启发。讨论不仅可以找熟悉本行业的人，也可以找非本行业的人。之所以要和非专业人士讨论，是因为他们的思维方式和想法通常异于自己，越大的差异，越有助于克服思维习惯，并能帮助自己在遗漏的地方发现问题。非专业人士提出的问题和建议可以帮助我们打破习惯性思维，找到解决问题的新途径，或看到两个或两个以上的现象或设想之间的新联系。

（二）相对收敛思维，拓展发散思维

收敛思维是指人们在思考问题的过程中，把需要解决的问题尽可能地延伸到自己已知的知识信息中，结合自己积累的知识和经验得到一个较为满意的解决方案。如一题多解、一物多用等。发散思维与收敛思维不同，发散思维是指在思考问题的时候，打破常规思维的束缚，从多个方向去思考探索，寻找解决问题的可能性，是从一个点发散到多个点的思维方式。

在实际解决问题的过程中，无论是收敛思维还是发散思维，都需要结合其他的思维方式，吸取其他思维方式的优点，找到一个相对较为完善的方案。

（三）相对正向思维，开发逆向思维

逆向思维是与正向思维相对而言的。正向思维是指人们积累下来的常规思维方式，是被大多数人所认可的思维方式；逆向思维恰好相反，是对大多数人所认可思维方式的

反向思考。任何事物都有多种属性，我们在对一件事物进行观察分析的时候，很容易只看到事物的单方面属性而忽略了其他方面的属性，逆向思维可以使人们在观察分析事物的时候克服这个障碍，从事物的多方面属性考虑，从而得到意想不到的结果。

逆向思维的形式有很多，主要包括原理逆向、结构逆向和属性逆向。

原理逆向是指从事物本身原理的反方向进行思考。例如，伽利略发明温度计，就是因为他发现水的体积会因为温度的变化而变化，反过来，温度计的示数也会因为水的体积变化而变化。

结构逆向是指从事物本身的结构出发，思考事物结构的反方向，将事物结构进行颠倒重置。例如，有位家庭主妇在煎牛排的时候，牛排总是容易粘在锅底，经常会出现煎糊的情况。她想到在锅盖上装电热丝，不在锅底加热而在锅上面加热，这样牛排就不会再被煎糊了。

属性逆向是从事物属性的相反方向进行思考。例如，布鲁尔想出了利用中空材料代替固体实心材料制造家具的方法，从而成为新建筑师和产品设计师的杰出代表。

（四）相对纵向思维，培养横向思维

横向思维是指人们的思维方式可以有横向或广泛发展的特征。逻辑思维对问题的思考一般都是垂直的，而横向思维可以从问题的多个角度切入，甚至可以从问题的终点向起点思考。有这种想法的人，其思维不会太狭窄，且善于举一反三。就像一条河流，当它遇到宽阔的区域时，就会自然地漫延开来。

横向思维是将思维进行扩展，打破传统逻辑的束缚，主要特点是不受任何限制，打破逻辑思维的局限，创造出更多的新思想和新思维。

（五）相对抽象思维，唤醒形象思维

形象思维是指在对世界的认识过程中，人们会对事物的表象进行选择分析，从而以视觉形象来解决问题。形象思维具有以下特性。

1. 形象性

作为形象思维的基本特征，形象性反映的是事物的形象，包括意向、直感、想象等形象性的观念。思维的形象性使事物的形象展现得更为具体和生动。

2. 非逻辑性

与逻辑思维、抽象思维不同，形象思维可以通过将多种信息进行整合，形成一个全新的形象，也可以从一个形象跳转到另一个形象。形象思维对问题的处理不像逻辑思维那样有衔接，更多的是采用平行处理的方式，可以使思维主体迅速地从整体上把握问题。

3. 粗略性

形象思维可以笼统地判断和反映问题，可以定性或半定量地分析问题，而抽象思维大多数情况下是精确的数量关系。因此，在实际解决问题的过程中，我们可以将形象思维与抽象思维结合使用。

4. 想象性

想象是思维主体利用现有图像形成新形象的过程。形象思维多是从现有图像出发，对现有图像进行进一步处理和加工，从而获得新图像的输出。想象性使形象思维具有创造性的特点，说明有创造力的人往往有很强的想象力。

（六）弥补海绵式思维，锻炼批判性思维

海绵式思维的思维方式类似于海绵与水之间的相互作用，海绵式思维的主要优点在于：吸收的知识信息越多，就越有利于思考和解决复杂问题；只需要知识信息的记忆和积累，不需要艰苦复杂的心理再造过程。

海绵思维也有缺点。例如，海绵式思维不会判断信息和观点的科学与否。如果仅依赖于海绵思考，就意味着做出的决定并非谨慎思考的结果，而只是一个偶然的想法。

批判性思维可以弥补海绵式思维的不足，它帮助人们反思自己的决定。批判性思维是自我否定与质疑、自我检验和修正的一种思维方式。批判性思维往往是具有批判性且理性的，有助于我们提高思考力和理性科学的决策能力。

如何把梳子卖给和尚

有一个营销经理想考考他的手下，就给他们出了一道题：把梳子卖给和尚。如果你去做销售，会如何卖呢？

实践训练

活动一　创新意识训练

（一）规则和程序

1. 训练目的

增强大学生的创新、创造意识。

2. 训练指导

以下训练题，重在日常生活中坚持实践和锻炼。

3. 训练内容

1）日行“一创”。要求自己能够在未来的每一天都提出至少一个问题，或者是有一个新的发现，或者是解释一个问题等。

2）随身携带记录本。要求随身携带一个记录本，方便记录自己所提出的问题、新的发现和对问题的解释等。

3）经常发问。遇到问题要主动发问，向专家、内行请教，但是不能完全听信于专家或权威人士，要结合自己的思考寻求答案。

4）确定属于自己的创新节。可以设立一周一天或一个月一两天，在创新节那天整合自己在这之前的每一天所提出的问题和解决的方案。

5）建立自己的创新课题。从小做起，每位同学都可以提出自己的创新课题，锻炼自己发现问题和解决问题的能力。

（二）相关讨论

1）每天你是否都能够有新的发现？你是否依然保持着对所有事情的好奇，并渴望自己的想法得到验证？

2）回顾当你遇到问题时，你是否首先想到的是如何去做？现在回想一下，是否还有更好的方法呢？

活动二　“人工降雨”活动

1. 讨论

如果想马上在教室里降雨，该如何实现呢？

2. 教师教授方法

当没有更多创意时，教师可以带领学生进行“人工降雨”。

要求学生在教室里围成一圈（肩并肩）并宣布：“我们要作为一个群体来共同降雨。你右边的人做什么你就做什么，你右边的人开始后你才能开始。”在连续 7 轮后，“雨”就降下来了。教师在每轮开始时先带头，然后左边的人严格按照教师的做法来做。这样，每圈就连贯下来了。在“降雨”过程中，不要有任何间歇。

第一轮：搓揉双手。教师首先掌心搓掌心，左边的人立刻模仿。最终，整个小组都在搓掌心。当搓手动作到达右边紧挨教师的那个人后，就该开始第二轮了。

第二轮：捻指头。当每个人仍在搓双手时，教师开始捻双手上的指头并发出响声。左边的人立即模仿。最终，整个小组都会从揉搓双手转换到捻指头上。当捻指头动作达到右边紧挨着教师的那个人后，就该开始第三轮了。

第三轮：用手拍东西。重复前面几轮的模式。当拍手动作到达右边紧挨教师的那个人后，就该进入第四轮了。

第四轮：用手拍东西的同时跺脚。气氛在本轮到达了顶点。重复前面几轮的模式。

第五轮：重新回到用手拍东西。重复前面几轮的模式。

第六轮：重新回到捻指头，高潮开始退去。重复前面几轮的模式。

第七轮：揉搓双手，小雨开始回来，重复前面几轮的模式，然后结束。

3. 总结

同学们“降雨”成功并创造了“暴风雨”，现在讨论以下问题。

1）为什么一开始，大家没有考虑到“声音”或其他降雨方式？

2）当被要求围成一圈时，大家的反应是什么？

3）在练习之前、之中和之后，大家的感受分别是什么？

实践拓展

寻找创新人物

借助自己的人际圈子或网络，找到一名自己敬佩的偶像，分析其成就和经历，总结其个人创新特质有哪些比较突出的方面，并用事实或数据加以佐证。与小组同学互相分享，看看他们的反应与反馈是怎样的。与此同时，深入思考其他同学分享的案例并积极回应组内其他同学的分享，表达自己的看法，仔细思考给自己带来的启发有哪些。

结合自身实际，思考要成为创新型人才，自己还需要做哪些努力，然后，有针对性地制订一份属于自己的创新能力提升计划。

第二章 创新方法与创新工具

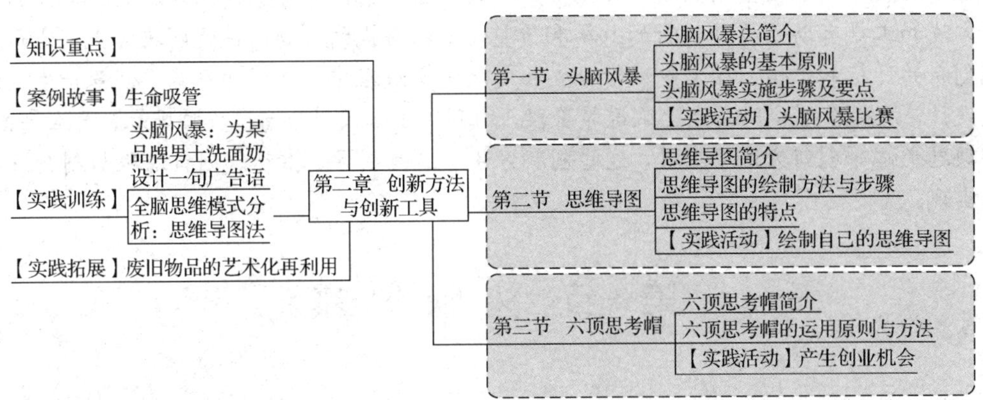

知识重点

1. 头脑风暴、思维导图、六顶思考帽创新方法与工具的内涵、作用与特点。
2. 头脑风暴法运用的原则、步骤和要点。
3. 绘制思维导图的方法、步骤、要领和技巧。
4. 六顶思考帽的规则、方法和主要应用技巧。

【案例故事】

生命吸管

在一些发展中国家和落后地区，饮水卫生问题突出，常出现因饮水不洁而发生传染病的现象。瑞士的 Vestergaard 公司开发了一款成本低廉、简单便携、有效解决关乎生命安全的饮水产品——生命吸管（LifeStraw）。

生命吸管采用中空微滤膜的滤水技术，可滤除水中的致病菌和寄生虫，经其过滤后的水质符合美国 EPA 标准。一支生命吸管可过滤约 1000 升的水量，基本满足 1 个人 1 年的饮水需求。

生命吸管不仅广泛应用于饮水安全无法保证的落后地区，而且可用于解决地震等自然灾害发生后，受灾人群的应急饮水问题，如在 2008 年的汶川地震中就使用了生命吸管。生命吸管还被称为“户外饮水神器”，为户外活动和探险者提供了可随身携带的简易净水装置。

生命吸管经过创新设计，现在已经有针对婴幼儿、学生和一般用水人群的类似细分产品，如生命水壶（LifeStraw Go）等。

启示：

创新推动科技进步和人类社会发展。创新要遵循“以人为本”的理念，创新的目的是让我们的生活更美好，这是创新的起点和终极目标。生命吸管的创新发明就是典型的例子。创新的过程本质是解决问题的过程，问题得到解决就意味着实现了创新。生命吸管就是解决了饮水安全的问题，实现了产品的创新。创新是有规律和方法的，掌握创新的方法和工具有助于提升创新的效率和质量，更容易找到问题的最优解决方案，从而实现创新的目标和价值。在生命吸管诞生和发展演变过程中，在问题界定、创意产生、方案设计、产品原型和产品优化改进等阶段，均利用了如设计思考、头脑风暴、思维导图、六项思考帽等创新方法和工具，这些创新方法和工具引导、推动着创新过程与创新目标的实现。

第一节 头脑风暴

一、头脑风暴法简介

头脑风暴法又称智力激励法，是由美国创造学家奥斯本于 1939 年首次提出，1953 年正式发表的一种激发创造性思维的方法。头脑风暴法通过小型会议的组织形式，让所有与会者在自由愉快、畅所欲言的气氛中交换想法，并以此激发创意和灵感，从而解决问题，奥斯本借用“头脑风暴”这个词来说明会议的特点是让与会者尽情发挥，让各种设想在相互碰撞中激起脑海的创造性“风暴”。

头脑风暴法作为一种较为民主的议事方式，适用于解决那些比较简单、确定的问题，如研究产品名称、广告口号、销售方法及产品的多样化等需要大量构思和创意的行业。

在群体决策中，群体成员由于心理相互影响，易屈服于权威或大多数人的意见，形成所谓的“群体思维”，这就削弱了群体的批判精神和创造力，损害了决策的质量。头脑风暴法利用基本心理机理改变群体决策中容易形成的群体思维，最大限度地保证了个人思维的自由发挥，让与会者受到他人的热情感染而激起一系列联想反应，为创造性的发挥、决策质量的提高提供了条件。

在企业中，领导是最主要的决策者。但对领导来说，一个人的智慧和力量、经历及观察问题的视角都是有限的，因此，领导常常会产生一些困惑，如在开展某项活动时，因为领导思维定式的局限，在制订方案时始终跳不出固有的模式，这就容易让员工产生厌烦之感，无法调动大家的激情，活动效果也因此而显得一般化；在管理工作中，领导往往会遇到一些棘手的问题，常常是冥思苦想也找不到好的解决办法。这时，就可以听听广大员工的意见，试着使用头脑风暴法来帮助解决一些实际问题，这样既可以集思广益，充分发扬民主，又可以很好地调动全体员工的积极性，在一定程度上减少决策失误。

头脑风暴法又可分为直接头脑风暴法和质疑头脑风暴法（也称为反头脑风暴法）。前者在群体决策时尽可能激发创造性，产生尽可能多的设想；后者则是对前者提出的设想和方案逐一质疑，分析其现实可行性。

二、头脑风暴的基本原则

为创造良好的头脑风暴氛围，充分激发参与者的积极性与创造性，产生更多、更好的灵感或想法，提升头脑风暴的效率效果，在运用头脑风暴法组织头脑风暴活动时，要遵守以下几个基本原则。

（一）打破常规，自由畅想

要达到头脑风暴的目的与效果，通过头脑风暴产生出尽可能多的、高质量的设想最为关键。在组织头脑风暴活动前，应鼓励参与者敞开思想，不受任何已知条件、熟知的常识、已知真理和规律的束缚，从多个角度或相反的角度来考虑问题；鼓励大家以开放和独立的思想畅所欲言，敢于提出看似荒诞甚至异想天开的想法。为打开思路，组织者可以做一些启动感性思维和灵感思维、开阔视野、打开思路的准备活动。需要注意的是，头脑风暴虽然鼓励天马行空的自由畅想，但切记要聚焦到讨论的主题而不能偏离主题。

（二）鼓励创新，延迟评判

头脑风暴的主持人或组织者，要规定对参与者在头脑风暴过程中提出的任何设想不做理性分析与评判的规则，分析评判会在头脑风暴后进行。对参与者提出的想法进行过早地判断和评价是非常有害的，这样会影响参与者的参与热情，产生思维限制的负面效应。一方面，创新性的想法往往源于“不靠谱”的设想，看似不符合逻辑或不可实现的观点，在特定情况下也许是可行的。另一方面，头脑风暴需要靠一个想法来激发参与者产生更多的想法，过早地评判会消灭由此可能带来的更多、更好的想法。一般来说，延迟评判可以为头脑风暴多产生 90%的想象。因此，过早的判断是创造力的克星。头脑风暴过程要规定鼓励创新、禁止对他人的设想进行评头论足，避免摇头、皱眉、冷漠、叹气甚至直接质疑否定的表现。

（三）多多益善，以量求质

头脑风暴的效果主要有赖于参与者在活动中产生新设想的数量。高质量设想的获得是建立在足够数量基础上的，通常情况下，设想的数量越多，得到创造性的设想也越多。也就是说，头脑风暴首要的目标是尽可能多地产生新想法，多多益善。至于设想的质量问题，可以在头脑风暴后的综合归纳与分析阶段再来关注。头脑风暴的组织者要遵循这一原则：在活动的前期准备工作、活动进行过程中尽量建立宽松氛围和激励机制，以取得尽可能多的新设想。在头脑风暴活动后，如果没有找到理想的、高质量的解决方案，有可能是数量不够，还需要再次组织头脑风暴活动，直到问题得到圆满解决。

（四）借题发挥，善用联想

头脑风暴活动之所以能产生多于个人设想数量的简单加和，主要是因为头脑风暴是在团队结构化思维互补基础上，通过他人想法和思路有效激发、启迪个人想法的产生。头脑风暴产生的新想法，除了来源于参与者个人独立思考提出的，还来源于借助他人想法或思路而产生的。因此，在头脑风暴过程中，组织者或主持人须告知并鼓励参与者多关注、多借鉴他人的想法与思路，充分运用联想思维，在他人的思路或观点上进行补充、拓展、叠加、综合及发挥等，以贡献更多的想法。有时候，参与者巧妙利用他人设想，会产生思维火花与灵感，产生更多、更具创造性的想法，甚至将风暴引到出人意料的方向。

（五）质疑评价，平行思考

头脑风暴的最终目的是产生新的、可行的创意或解决方案。运用头脑风暴法解决问题时，不能只停留在产生很多想法的直接头脑风暴阶段，还必须进行头脑风暴的质疑和评价步骤。头脑风暴产生出许多新设想后，通过对提出的各个设想逐一提出质疑（如限制性因素），并进行系统、全面的分析评论，得出肯定或否定的意见并形成意见一览表。在一览表的基础上，对肯定的设想进行深入的综合分析，形成最终的较完善的解决方案。在此步骤中，为提高分析的深入性和全面性，经常采用平行思考法。平行思考法，最常用的工具是“六顶思考帽”，该内容会在本章第三节作详细介绍。

三、头脑风暴实施步骤及要点

头脑风暴活动的实施操作可大致分为三个阶段：头脑风暴前、头脑风暴中和头脑风暴后。下面按照这三个阶段详细介绍其操作步骤及要点，以便于组织并提升头脑风暴的效果。

（一）头脑风暴前

1. 明确头脑风暴主题与目标

头脑风暴实施前，首先要明确主题是什么，通过头脑风暴要解决什么问题，要实现的目标和结果有哪些。然后，通知或当面与参与者沟通，准确告知其主题和目标，以便于参与者做好相应准备。

2. 确定头脑风暴的方式

组织者要基于要解决的问题和达成的目标，充分考虑参与者的人员结构及特点，分析影响头脑风暴氛围的因素，选择最恰当的头脑风暴形式。例如，如果有领导或权威专家参与，参与者的创新思维或性格多偏内向、不善表达，则卡片法方式应是较优选择。

3. 选择合适的参与者

头脑风暴活动参与者以 6～8 人为宜。在角色结构上，一般要有主持人、专家、行外人士和记录员等参与者。在人员的专业或能力要求方面，所有参与者都应拥有较高的联想思维能力，同时最好选择对本次风暴的主题有深刻理解（设想产生与分析）、有方法论（主持）和逻辑思维（演绎）等特长的人员。

4. 充分准备相关资料

头脑风暴组织者，要注意搜集整理与风暴主题相关的信息和资料，并提前把这些材料发送给参与者。相关性资料越多越好，方便参与者理解主题并提前做好思考。同时，要注意给参与者充足的时间理解、把握相关信息，以免在实施头脑风暴时偏离主题或脱离活动目标。另外，还应准备好咖啡（茶）、零食、纸笔（彩笔）、白板、电脑及投影仪等相关物品。

5. 确定合适的场地

头脑风暴的场地环境选择也很重要，活动场地会影响参与者的心态和思维活跃度，间接影响头脑风暴活动的组织效率与结果质量。一般来说，宜选择相对封闭、远离干扰、宽敞明亮、氛围轻松温馨并配有白板、纸张、咖啡、网络等的场地。

（二）头脑风暴中

1. 宣布规则

头脑风暴活动开始的第一步是主持人或组织者将本次活动采用的方式、规则、流程、时长、分工和注意事项向参与者介绍清楚，以便于活动的顺利高效开展。特别是要强调头脑风暴的基本原则，如鼓励疯狂和借题发挥、重数量轻质量和延迟评判等操作注意事项，提醒并激励参与者积极参与，营造良好的氛围。

2. 暖场热身

为使参与者尽快进入状态并打开思路，可适当开展短时间的破冰、创新思维小游戏等暖场活动。破冰可以采用“相识有创造力的我”等类似的小游戏，既可以增进相互了解，还可以激发创造性思维，营造自由、默契、放松的氛围，使参与者尽快进入无拘无束、自由想象、相互启发的状态。为打开思路，也可以采用创新思维训练的小游戏（如故事接龙），在轻松有趣的氛围中活跃大家的思维。

3. 调动控制

在头脑风暴开始阶段，为引导参与者积极发言，组织者可以事先安排好第一个发言者，也可以自己带头抛砖引玉，使活动尽快打开局面并进入“风暴”状态。如果头脑风暴开局不理想，主持人或组织者也可以采取询问、指定发言（较活跃的人）和自己先抛出观点想法等方式，激发或激励参与者踊跃发言。

头脑风暴进入“风暴”的良性状态后，组织者只需要根据现场情况，依据头脑风暴的原则来进行适当的提醒、梳理、控制和总结即可，引导平等参与，避免形成少数派“独角戏”局面，保证讨论不偏离主题，层层推进。需要指出的是，在头脑风暴过程中，不要担心冲突，积极的冲突是必要的（对事不对人），有时候还可以适当、主动地制造些许冲突，以激发参与者进入积极的心理状态。如果出现类似人身攻击或动作幅度过大引起负面效应的情况，组织者应立即采取引导、提醒或停止讨论等措施，以控制局面。如果头脑风暴过程中出现冷场情况，组织者要重新表述主题并引导反思是否需要调整问题及讨论的思路，也可以通过中场休息等形式调整节奏，打破停滞状态。另外，有时候还需要注意控制时间与节奏，避免没完没了的细节讨论、原地打转或浪费时间的拖沓。

4. 做好记录

每个人的想法都很珍贵，参与者中的“记录员”角色不但要做到不遗漏，还应尽量运用图表、不同颜色标识关键词等方法，做到层次分明、逻辑清晰且直观地表达出来，以方便参与者理解并引发新的想法。另外，在头脑风暴过程中，如果受到他人启发，要尽量记录下来，以免错过突发灵感。

（三）头脑风暴后

1. 梳理筛选

头脑风暴产生创意想法后，首先要将产生的诸多设想进行梳理，按一定标准形成分类。对同类别的设想通过核实，进一步表达准确，对重复的进行删减。然后，对各类别的设想进行初步定性筛选，形成较优创意设想清单。

2. 分析综合

按照较优创意设想清单，逐一进行重新表述，运用质疑头脑风暴法或平行思考法等方式深入分析其影响因素及可行性，然后做出取舍。接着，将深入讨论分析后的创意设想尝试进行不同逻辑、不同方式的排序与组合，综合大家意见整理成若干方案，再根据头脑风暴目标实现程度的评价标准，如创新性、可执行性及问题解决程度等标准进行方案的优先排序，然后进行反复比较和筛选，最后确定1～3个最佳方案。

3. 形成结果

头脑风暴后形成的最佳方案，还不是最终的结果。头脑风暴组织者一般会将方案交由专家（或领导）评审指导，整合专家意见后最终形成结果。有时候，对方案的最终评审也可由头脑风暴参与者再次举行专题决策会议，做出对方案的评价与处理。形成最终结果后，组织者要将结果分享给每位参与者并致谢。

实践活动

头脑风暴比赛

如今，空气中的雾霾很严重，分组运用头脑风暴法，看看自己的小组能想到哪些治理方法。30分钟后，统计小组内产生了多少种方法，再与其他小组对比，看哪个小组想出的方法最多，并分析哪些方法是不同的，最后形成一个较优的解决方案。

第二节 思维导图

一、思维导图简介

思维导图（the mind map），又称心智图、心智地图、脑图、思维地图等，是由英国的托尼·博赞（Tony Buzan）提出的辅助思考并以图像化表达的一种工具和方法，也指利用思维导图法进行思考所产生结果的图形化记录内容。思维导图的思考方式是思考者围绕一个中心关键词或主题，综合运用发散思维和逻辑思维，通过联想、构造、分类梳理等思维过程产生想法的一种模式，其结果用中心关键词或主题以辐射线条连接所有关联内容的图形呈现出来。

通过思维导图的架构与图像、线条、颜色和文字等视觉化呈现，可将原本杂乱的思绪和信息做条理化整理，形象、简洁地表达出基于中心关键词的各个点之间的内在逻辑联系，以及各子关键词的重要性及其层级关系。在此基础上，可重新检视想法与信息是否有遗漏或新的内容。因此，思维导图在思维模式方面具有聚焦性、发散性、逻辑性和系统性的特点，在呈现方式方面具有形象化、结构化、视觉化和简洁化等特点。思维导图有助于帮助使用者突破思维限制、提升创新思维和逻辑思维能力及其效率、提高分析与归纳总结能力、增强记忆力和提升工作效率。

理论上讲，思维导图可以应用于生活、学习和工作的任何领域。思维导图应用最多的领域是理清思路、策划活动、准备演讲或演示、做学习笔记、分析解决问题、管理工作计划与任务、做决策、管理知识信息、开发新产品、管理项目和创意写作等。对于个人来说，思维导图可用于理清计划、做好项目管理、提高沟通效率、改进组织工作和分析解决问题等方面。对学习者而言，思维导图可用于记忆学习内容、做笔记、撰写报告和论文、准备演讲、思考分析问题和集中注意力等方面。职场人士在制订工作计划、与他人沟通、管理项目、举行会议、实施培训、参与谈判、面试、评估工作和组织头脑风暴等工作过程中，也可以运用思维导图来提高工作效率。

由于思维导图可同时调动人脑的水平思维（发散性联想）和垂直思维（逻辑推理）两种思维模式，并能够结合图形化的表现形式，因此在产生创意方面具有独特优势。在创业过程中，思维导图经常用于产生创业想法、分析市场信息、细分客户、设计与开发产品和梳理创业思路与计划等方面。图 2-1 所示为思维导图应用案例。

二、思维导图的绘制方法与步骤

思维导图的绘制方法有手绘和软件绘制两种。用软件绘制思维导图更加方便快捷，而且修改起来更加简单。

互联网上提供了众多的思维导图制作软件，如办公软件中常用的 Word、PowerPoint 和金山公司的 WPS 等都可以用来制作思维导图。目前，专门针对思维导图的特点而设计开发的专业软件也很多，如 MindManager、iMindMap、XMind、FreeMind Mindomo 等，大家可以很方便地使用这些软件来绘制思维导图。

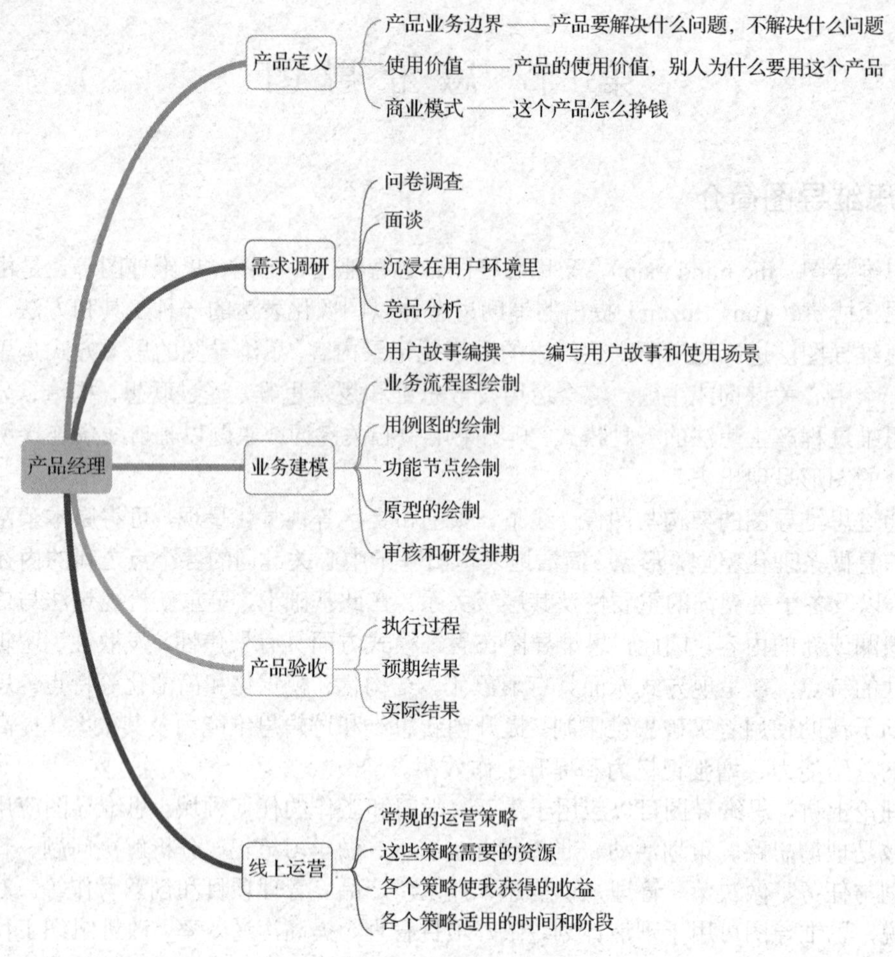

图 2-1　思维导图应用案例

不管使用哪种软件绘制思维导图，最根本的是在于将自己的思维过程进行可视化的展示，把自己的心门打开，提高自己的思维水平，改变自己的思维方式和思考模式。下面重点介绍手绘思维导图的方法。

手工绘制思维导图需要使用白纸、橡皮擦、铅笔、钢笔、彩色水笔及涂色笔等工具，具体的绘制步骤如下。

1）绘主题。在白纸中心画主题中心图，整个思维导图将围绕这个中心主题展开，周围留出足够的空白，以便使你的思维向各个方向自由发散，能更自由、更自然地表达自己的想法。

2）画主干。主干是从中心主题延伸出来的几条分支，是大的分类。主干分类的标准可根据主题性质来确定，通常按照时间、地点、人物、事件、对象、内容等进行分类，一般一个思维导图的主干只按一个标准来分类绘制，主干线条要粗。

3）画分支。每个主干引出若干分支，每个分支又可延伸出二级分支和三级分支，依次类推。分支线条要细于主干。在绘制过程中应及时记录下瞬间闪现的灵感，分支之间应留有适当的空间，以便随时增加内容。分支内容应进行归类整理，寻找它们之间的关系，并且要善于用连线、颜色、图形等表示。不同的分支使用不同的颜色，每条线上注明一个关键词，按照从左到右的方式书写，线条应使用美丽的曲线，不用或尽量少用直线，线条应彼此相连并保持洁净。

4）绘插图。绘图时尽可能地使用多种颜色，插图最好绘制在最需要记忆或需要特别提醒的位置，以达到方便记忆、利于提醒的目的。

三、思维导图的特点

思维导图的核心思想就是把形象思维与抽象思维紧密结合起来，左、右脑同时运作，将思维痕迹在纸上用图画和线条形成发散性的结构。因此，一幅优秀的思维导图应具备以下特点。

1. 重点突出

为了方便记忆和提高创造力，思维导图必须重点突出。重点突出的方式有如下几种。①应尽量使用图形，不仅中心主题中用图形，在整个思维导图中都要尽量采用图形。因为图形能够最大限度地吸引眼睛和大脑的注意力，可以触发无数的联想，而且图形也是帮助记忆的一个极有效的方法，还能够使人感到愉悦。②使用多种颜色。③设置层次变化及间隔。④采用不同粗细的线条。

2. 发挥联想

联想是改善记忆和提高创造力的一个重要方法。强调重点的各种方式有利于产生联想，同样，用于联想的方法也能用于强调重点。箭头能够引导眼睛，因此可以将思维导图的一部分与另一部分用箭头连接起来，给思想一种空间指导。此外，还可以通过使用色彩、圆圈、三角及下画线等方式来拓展联想。

3. 清晰明白

清晰明白的思维导图能够给人以美感，增强感知力。为了达到清晰明白的效果，分支上最好使用关键词，书写要尽量工整，线条的粗细要有区别，特别是与中心主题相连的主干线条要粗。图形要清楚，能够表达相应的含义；横放纸张能够让思维导图有更大的空间。

4. 形成特色

思维导图是绘制者脑力工作的成果。不同人绘制的思维导图，最好能体现不同的个人风格和特色。

实践活动

绘制自己的思维导图

绘制本章第一节【实践活动】头脑风暴比赛结果的思维导图。

第三节 六顶思考帽

一、六顶思考帽简介

“六顶思考帽”是用六顶不同颜色的帽子来比喻六种不同的思维方向与模式。运用六顶思考帽进行思考和分析问题时，要求使用者在一定时间内只扮演一种角色，即使用一种思维方式（只戴一顶帽子）来考虑问题，按此规则依次使用不同思维方式对同一问题进行多方思考，以克服主观情绪影响、破除思维障碍与混乱状态、避免片面观点和自负心理，建立起集中、有序、具体、积极而全面的思维模式，从而找到创新、可行、更优的解决方案或创意。对团体使用者而言，六顶思考帽有助于避免参与者之间的思维与情感对抗，有序地引导并激发大家产生更多想法和观点，使问题分析与思考更全面、更清晰并更具创造性，可大大提高团队协作效率与思维质量。实践证明，六顶思考帽是一个简单可行的思维管理工具，无论是对个人还是对团队都极其有效。六顶思考帽现已广泛应用于思维训练、问题解决、科学决策、沟通谈判、创意策划和创新创造等场景。

二、六顶思考帽的运用原则与方法

（一）白色思考帽

1. 白色思考帽的含义与特征

白色思考帽（简称“白帽”）是使用者以“中立且客观”的立场与角度进行思考，努力寻求并展示出与问题（或观点）相关的客观信息、事实和数据的思维方式。白帽思维的根本特征是中立。

2. 白帽的运用原则与方法

（1）紧紧围绕主题搜集信息

运用白帽时，要求使用者将注意力聚焦于主题，切忌信马由缰地脱离主题。使用者要紧紧围绕以下几个问题进行思考与呈现：目前有哪些事实与信息？还缺少哪些信息？如何获得这些信息？为避免被过多冗余信息干扰，可通过以上问题，对相关信息进行相关性与准确性评估，做到对所需信息进行集中筛选与优化梳理。

（2）摒弃主观，做到中立客观

运用白帽时，使用者要把自己想象成无情感的电脑或网络，通过“输入”主题关键词或问题，即可“输出”相关的数据或事实信息，而非基于个人知识经验做出推理或预测。列出的这些事实与数据，不需要任何解释，只需要标明出处，这样才能消除主观影响，做到中立而客观。

（3）有效运用信息搜集与分析工具

为保证所提出的事实信息客观、真实，避免主观推理判断与认知偏差，做到对事实与数据的“镜像”反映，使用者可采用一些必要的搜集、分析信息的工具做辅助，如调查问卷、网络搜索引擎和数据库等。有效运用这些工具，既可保证信息对称、做到事半功倍，又可增强信息的客观真实性与准确性。

（二）红色思考帽

1. 红色思考帽的含义与特征

红色思考帽（简称“红帽”）是使用者以个人“情绪、感觉和非理性”的主观立场与角度出发，直接表达出对问题或观点的主观直觉、感受、看法和预感等信息的思维方式。红帽与白帽的中立、客观和不带个人感情色彩恰恰相反，直接表达个人情绪与直觉判断。

2. 红帽的运用原则与方法

（1）非理性思考，不必合乎逻辑

人是感情动物，红帽的思考方式是人运用情绪感觉进行非理性层面的一种思考，是完全没有分析与逻辑推理的过程。红色代表激情与感性，红帽的使用者需要以非理性方式进行思考与表达，并从“我现在的感觉是什么”“我的直觉判断是什么”“我的第一直觉反应是什么”等方面进行思考，给出带有个人感情色彩的认识。表达这些认识时，无须考虑是否理性，是否合乎逻辑。

（2）直觉思考，不必论证或解释

红帽的思维方式是把个人的情绪、情感作为提升思维质量的积极因素，并将其作为一种思考角度和工具加以利用。运用红帽时，使用者利用个人直觉进行思考。在思考与表达过程中，使用者不需要考虑观点是否正确、是否经得起论证，也无须对观点进行解释说明，不必陈述理由，更无须修正与争辩。总之，将自己的直觉或感受清晰表达出来即可。

（3）限定时间表达，合理决策运用

运用红帽时，为避免理性思维的干扰，使用者须在短时间内（一般时间限定 30 秒以内）立即表达出感性判断或直觉预感。由于红帽的使用者给出的是情绪反应，感觉都是有价值的，而直觉未必都是正确的。我们认可预感的价值，但不能凭此就做出最终决定。因此，运用红帽思考方式产生的感觉信息，仅可作为最终决策的参考，往往用在做出决定之后使用，即用非理性的直觉思维来验证决策的合理性。也就是说，红帽是决策思考的组成部分，常用于决策思考的修正、补充与非逻辑检验等环节。在决策思考时，要尽量避免过度使用红帽。

（三）黄色思考帽

1. 黄色思考帽的含义与特征

黄色思考帽（简称“黄帽”）是使用者从正向、积极的一面出发，尽力寻求、产生并论证问题或观点，是一种充满希望、积极乐观、有建设性与价值贡献的一种正面思考方式。

2. 黄帽的运用原则与方法

黄色代表明亮的阳光。黄帽思维具有积极乐观、正向肯定和推测价值实现的建设性思维特征。

（1）从积极乐观、最好的可能性方面思考

任何事物都具有积极与消极两个方面的特征。即使那些乍看上去没有任何积极价值、负面特征明显的事物，如果从积极的一面进行思考，也必然能找到有利的价值点。用充满希望的眼光和追求成功的积极态度去看待事物，往往可以发现从未想到过的价值。黄帽要求使用者以积极、乐观的态度去思考。

（2）从建设性、最理想的前景层面思考

有些事物或问题观点，从当前或短期利益来看，可能没有积极价值和可实现性，但黄帽思维更侧重于未来利益，而不是仅局限于当前现实。黄帽思维要求着眼于长远发展，从长期建设性和理想价值层面进行思考与推理。

（3）为逻辑性、可实现的条件提供理由和证明

黄帽的思考方式本质上是一种理性的逻辑性思维。因此，要避免没有实现可能性的“胡思乱想”，而要尽力思考获得积极的价值与结果的可能性有多大，实现目标的条件有哪些。黄帽思维要求为正向判断和积极想法提供理由证据和可行的逻辑证明。

（四）黑色思考帽

1. 黑色思考帽的含义与特征

黑色思考帽（简称“黑帽”）是使用者以小心谨慎、警惕、审视的态度，对事物或观点进行质疑反思和分析，力求找出错误和问题、分析风险与困难的一种批判性辩证思考方式。

2. 黑帽的运用原则与方法

（1）用严谨的逻辑进行否定与纠错

运用黑帽思考时，使用者是以否定的眼光去看待一切，尽力发现各种错误和可能存在问题的方面。具体思考时，可以采用先假定是不成立的，然后寻求证据或理由，通过逻辑分析与检验证明该假定是否能成立。如果可以轻易证明假定成立，则说明原结论存在错误或严重问题。如果很难证明假定成立，则说明原结论基本没有问题。需要注意，否定是建立在严谨的逻辑分析基础之上的，不能凭空断言。黑帽思维的主要价值之一是通过逻辑否定的分析过程，发现错误与问题，然后进行纠正。

（2）用理性的思考进行批判与质疑

黑帽是运用消极、负面和批判的方式去思考问题。黑帽使用者总是思考最坏的结果是什么，存在哪些风险与困难，质疑可行性与确定性程度，发表各种负面反向的意见。

需要注意，这种批判与质疑不应是带有情绪的偏见或成见，而应是无情感色彩的理性、客观思考与分析。

（3）用谨慎的态度进行推理与论证

黑帽思维的原则是大胆进行否定假设，严谨、系统地进行求实论证。黑帽使用者提出的怀疑与否定，是建立在一定知识经验基础上的逻辑判断，可大胆假设想象（但不能是毫无边际、毫无根据的）。提出质疑和问题后，需要全面思考这种质疑是否有足够的理由和逻辑证明其成立，分析这些问题出现的可能性及条件，以证明质疑或否定的合理性与正确性。

（五）绿色思考帽

1. 绿色思考帽的含义与特征

绿色思考帽（简称“绿帽”）是使用者运用创造性思维和创新方法，不拘泥于现实情况，为改变现实情况而提出新的想法、观点，列举并对可能实现的新选项进行排列，以改变、修正和完善既有的思考，找到解决问题的新途径和新思路。

2. 绿帽的运用原则与方法

（1）寻求更新更优选择

运用绿帽进行思考时，要求使用者往两个方向进行集中思考：一是思考产生全新的创意、想法或方案来替代现有的、旧的解决方案；二是思考产生更好的、更现实可行的创意来进一步拓展、优化现有的想法或方案。因此，绿帽使用的重要原则是产生更多、更新、更优、更可行的创意方案选项。

（2）以假设诱发假想

运用绿帽寻求更新、更优的可能性方案选项时，往往需要通过假设和假想来激发创新思维。假设是对可能的选项定义出一个假定的设想，以由此产生诸多创意。例如，假设智能手机作为手表的一部分，就可以引出更多创意或解决更多问题，由此可拓展创新的想象空间和产生诸多全新联想。假想是在假设的情景下产生的多种可能结果，是具体的场景、情形或状态。总之，为产生创新想法，需要利用各种假设诱发各种假想，以此调用思维的想象力。

（3）以发展取代判断

一般来说，我们的思维习惯于判断，用已有知识经验检验想法或观点是否与之相符。如这个想法好不好，可行不可行，就是运用思维判断力。运用绿帽时，需要以发展的思维来代替判断思维。也就是说，运用绿帽思考，暂时不考虑想法的是非优劣，而着重于思考由此能否发展出有价值的想法，能带来哪些进步效应。发展性思考方式，是基于新的想法产生更多、更好的想法，把某些想法作为思维的“踏板”或“种子”，以帮助绿帽使用者打破旧有思维限制、进入创新思维模式，达到发展改进想法或产生全新想法的目标。因此，绿帽运用的一个原则是，不能对想法进行评论、负面判断及直接否定，而是要在想法基础上进行发展，以得出新的想法。

（六）蓝色思考帽

1. 蓝色思考帽的含义与特征

蓝色思考帽（简称“蓝帽”）是对思考本身进行思考，通过对思考的总体管理与控制，让思考过程更有序、更有效。蓝帽就像“乐队指挥”：一方面要定义思考主题，明确思考的目标与任务，将思考过程集中于核心主题与目标；另一方面要整体组织安排思考过程及程序，根据思考任务设计其他思考帽的运用时机和顺序，并在思考过程中观察、评论、整理概要与结论，实时控制与监督思考过程。

2. 蓝帽的运用原则与方法

（1）准确定义问题并围绕问题思考

运用蓝帽，首先要理清问题的背景及相关信息，明确要解决和思考问题的关键，清晰表达并给出问题准确而具体的定义。其次，要紧紧围绕定义的问题进行思考，指挥并注意集中参与者的思维，引导大家问正确且与主题相关的问题，切忌思维过于发散跑偏。

（2）系统组织并控制思考过程

蓝帽的主要作用是让思考更有序、更高效。设定思考工作，就要知道什么问题、什么时候、用何种思维可以解决，每一步应该用哪种思考法。

例如，要解决表在黑暗的情况下也能看时间的问题，由于问题比较有限，不是一个非常大的问题，就不需要用蓝帽来思考了。蓝帽就是根据情况和具体问题，掌握在什么时候应该用什么样的思维。

（3）实时总结归纳并形成结果

在所有的思维过程中不光要提出想法，还要提出实现想法的可能性。这需要做很多总结归纳工作，也是蓝帽的一个重要责任。因此，运用蓝帽时，要根据思考过程，尽量把各种想法与观点记录准确，并适时进行总结归纳，以保证达到目标和期望的结果。

产生创业机会

运用六项思考帽思考工具，结合大学网络课程现状与问题，思考、分析存在哪些创业机会。

实践训练

活动一　头脑风暴：为某品牌男士洗面奶设计一句广告语

1. 活动目标

锻炼学生头脑风暴应用能力。

2. 活动主题

设计一句男士洗面奶的广告语。

3. 活动要求

1）此广告语不能超过 10 个字。

2）此广告语要朗朗上口，便于记忆。

3）突出该洗面奶控油、保湿的特点。

4. 活动进程

1）根据班级人数进行分组，每组 6～8 人。

2）每组选出一名主持人。主持人先说明会议的主题和议事原则，简洁、明确、扼要地介绍需要解决的问题。然后随便谈点轻松、有趣的话题，让小组成员的思维处于轻松和活跃的状态。

3）小组成员进行头脑风暴。进行头脑风暴时应注意以下问题：一是只谈自己的想法，不去评论他人发言；二是不私下交谈，以免分散注意力；三是不应阻碍他人发言。在发言阶段，主持人只主持会议，对每位发言者不做评论，认真记录每一个设想。

4）通过投票的方式筛选出最具创意的广告语。

活动二　全脑思维模式分析：思维导图法

1. 活动目标

通过思维导图法，发现新的创意。

2. 应用场景

应用于希望找到看起来非常离奇的新创意的场景。

3. 持续时长

30～60 分钟。

4. 参与人数

每组 4～10 人。

5. 道具

白纸最少 10 张，黑色小双头记号笔每人 1 支，各种彩色记号笔每种颜色最少 1 支，6 种颜色便签贴每色各 2 包，宽胶带 1 卷。

6. 活动进程

1）用 10 张白纸在墙上拼成一张更大的白纸，在其中间标上讨论的“目标”。描述要讨论的目标或主题的含义，如“如何做好头脑风暴”，然后用笔将其圈起来。

2）围绕要讨论的“目标”，每个人将自己想到的关联词（一般不超过 10 个字，最好写下关键词即可）即“子主题”写到便签贴上，如“参加人”“规则”“环境”等，贴到“目标”的周围。

3）将想到的关联“子主题”进行聚类，并将其相近的聚到一起，相同的撕掉。

4）“子主题”最好 6～8 个，然后用彩色记号笔将“子主题”与“目标”连接起来。

5）针对每一个子主题，大家将头脑中任何一个“想法”写在便签贴上，然后贴到该子主题的周围。例如，由“环境”联想到“地点”“办公室”“时间”“桌子”“树木”

“开阔”“竹子”等，然后将相关的“想法”用彩色记号笔连接起来。

6）对于每一个“想法”，将其聚类，贴到一起，用连线连接起相关者。

7）继续对“想法”进行联想，并把联想到的想法写在便签贴上，然后贴到墙上相关的位置进行分类，用彩色记号笔连接起来，直到大家觉得足够多了，这时就获得了一个关于目标的思维导图（图 2-2）。

8）从这个导图出发，检查每一个相互连接的分枝，研究其含义，找到创新点。例如，在有“树木”的环境下，找到旁边一个“开阔”的空间，要求公司的“高层”在“周五”进行公司“营销策略”的头脑风暴，在这期间，大家“没有领导与员工之分”，“自由发言”，以“民主集中制”获得最后结果。

7. 结果

通过思维导图，将看起来可能是完全不相干的“想法”连接起来，获得任何一个讨论主题的创意或解决方案。

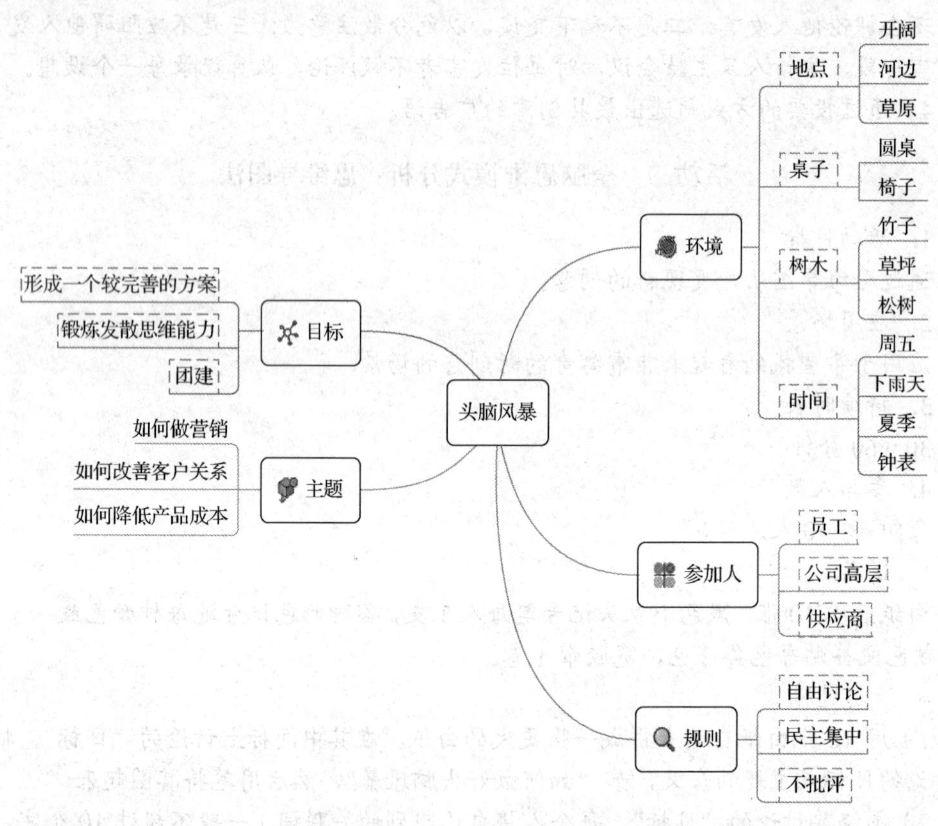

图 2-2 思维导图示例

实践拓展

废旧物品的艺术化再利用

我们身边有很多废旧物品，如淘汰的手机、iPad、笔记本电脑等电子产品，还有旧衣服、用过的纸张、饮料瓶等。世界上没有绝对的废弃物，只有放错地方的资源。现在，让我们从创新资源利用的角度，搜集身边的废弃物，充分利用本章学习的创新方法与工具，通过艺术化设计与再创造，看看如何将这些废旧物品再循环利用，可产生哪些意想不到的创意。

建议以小组来完成该项实践任务，完成后，展示、分享各组的“作品”，通过交流与反思，看看又收获到了什么。

第三章 创业基础与人生发展

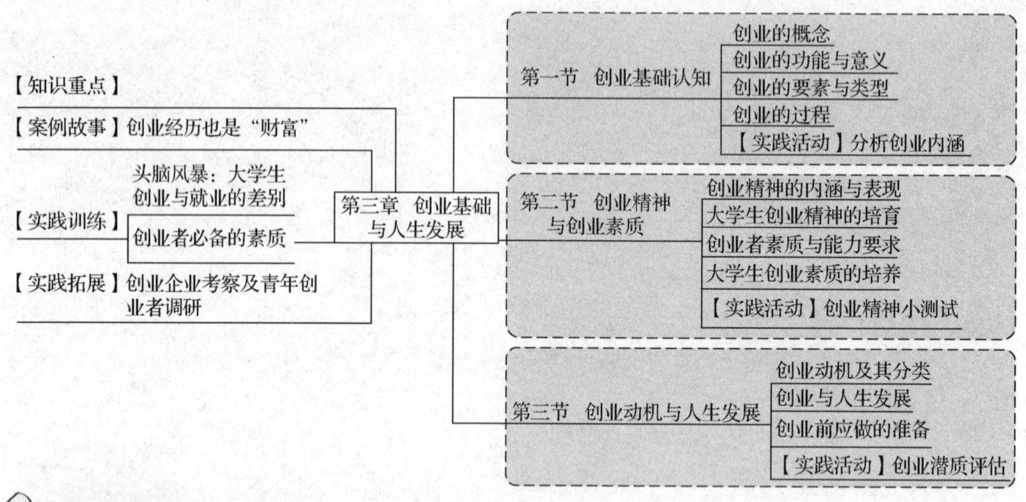

知识重点

1. 创业的内涵、特征、功能和常见类型。
2. 创业的一般过程和主要阶段，以及创业的要素及其相互关系。
3. 创业精神的内涵、作用、主要表现及特征。
4. 创业者应具备的素质与能力及创业素质培养的途径和方法。
5. 创业动机的内涵与分类及创业动机对创业的影响和作用。
6. 创业与人生发展的内在关系及创业前应做的准备。

【案例故事】

创业经历也是“财富”

西南财经大学有一所大学生实验超市，该超市完全由学生自主经营管理，大量的学生在这个平台上得到了很好的锻炼，何贵钦就是其中一员，他从基层做起，经过自己的努力成为大学生实验超市总经理。这段经历对他来说非常宝贵，不仅极大地提升了他的综合素质，也锻炼了他的市场意识。毕业时，何贵钦成为众多企业争夺的目标。

刘彤在大二时就和同学合伙开了一家广告策划公司，在随后的两年里，公司业务逐渐稳定，规模也越做越大，大四毕业时他已经积攒了五十多万元。同学们都以为大学毕业后他会继续创业，但是刘彤却放弃了经营两年的公司，进入职场。当被问及原因时，刘彤说：“这两年的经历让我明白，经营一家企业是多么不容易，也让我认识到了自身实力不足，所以我才会做出这个选择。”后来，一家大型互联网公司因为他的这段创业经历，给他提供了一个管理岗位。

对温州大学的刘聪而言，“大学期间创业实践的最大意义，是让创业精神在自己心中生根发芽，成为自身性格的一部分，让自己拥有开拓进取、百折不挠的生活态度”。

有创业梦想的张辉大一下半学期就开始在学校摆地摊卖衣服，虽然很辛苦，但是每天过得都很充实。后来，张辉成为学校创业培训班的班长，并在升级创业大赛中获得二等奖的好成绩。大三上半学期，张辉和创业培训班的同学合伙开了一家管理咨询公司，但是毕业后他没有继续创业，而是进入当地最大的民营企业。因为有两年的创业经验，张辉一上岗就被委以重任，担任销售部总经理助理。张辉认为：“我在大一时就开始创业，大三时和同学一起开公司，这段经历极大地锻炼了我的能力，也让我找到了人生的方向。其实创业并非一定要开公司当老板，只要有创业精神，在岗位上也能创业，也能实现人生价值。”

（资料来源：徐俊祥，徐焕然，2017. 创未来：大学生创业基础知能训练教程[M]. 2 版. 北京：现代教育出版社.）

启示：

创业教育被联合国教科文组织称为教育的“第三本护照”，和学术教育、职业教育具有同等重要的地位。创业并不只是开办一家企业。大学生通过创业教育和创业实践，有助于创业精神、创业素质与能力的培养，而创业精神、创业素质与能力对其职业生涯发展起着积极作用。

创业教育不仅有助于优化个体素质，激发青春能量，而且有助于把知识转化为国家的实力、社会的财富。高校作为高层次人才培养主阵地，都在积极探索推进授业、就业、创业的相互作用和运营机制体系的构建；积极通过第一课堂、第二课堂和各种社会实践活动引导学生强化创业意识和创业能力，让学生敢于创业、勤于创业、善于创业。

第一节　创业基础认知

一、创业的概念

创业有广义和狭义之分。广义上，创业概念多是从社会学角度解读与引申，是指有开拓性、创新性和价值性的社会活动，可包含人类所有事业的创新和创造活动。狭义上，创业概念源于“entrepreneur”一词，多从经济学和创业学的视角来解读，是指创业者（个人或创业团队）不拘泥于当前资源约束，寻找和把握各种商业机会，投入已有的知识、技能和社会资本，调动并配置相关资源，创建新企业，为消费者提供产品或服务，以创造经济价值和社会价值为目的的行为过程。

二、创业的功能与意义

（一）创业的功能

创业具有增加社会财富和就业岗位、促进生产力发展和科技创新、推动经济发展等功能，同时也具有解决社会问题、推动社会进步和充分发挥人才价值的重要功能。

1. 增加社会财富，促进经济发展和社会繁荣

创业过程是增加社会财富的过程。创业过程中的生产经营直接为社会创造财富，增加国家财政税收，同时扩大了社会价值。创业是经济发展中最具活力的部分，是经济发展的原动力。创业活动通过创新，改变、升级甚至颠覆传统的产业格局，快速培育、发展了许多新兴产业，促进了经济发展与产业结构的调整。我国政府提出的“大众创业、万众创新”的国家战略，大大激发了创业活力，保证了我国经济的高速发展，同时提升了经济发展的质量。

2. 实现科技成果转化，促进技术进步和生产力提高

创业，特别是高新技术创业，直接实现了先进技术成果的市场转化，推动了新技术、新模式、新发明、新产品和新服务的快速涌现，创造了新的市场与消费需求。创业是通过新的理论方法、新的科学技术、新的知识信息和新的制度机制形成现实生产力的催化器和转化器，通过创业将新的技术与工艺、新的产品与服务、新的方法与模式推向市场。反过来，伴随着大量科研成果转化型创业企业的诞生与快速发展，创业在推动生产力的发展与提高的同时，也直接推动着技术进步。

3. 有效增加就业岗位，缓解社会就业压力

就业，是最大的民生。创业，不仅创造了创业者自身的就业岗位，也创造了大量保证创业活动的其他就业岗位，即为社会直接创造并增加了就业机会。据不准确测算，一个创业者可直接创造5～8个就业岗位，间接创造或增加20～40个就业岗位。据统计，2017年辽宁省有1.3万名创业带头人，带动了8.3万人就业，平均一名创业带头人创造出6.38个就业岗位。

据教育部统计，近年来我国高校应届毕业生人数持续增长，就业形势持续严峻。我国政府也推出了若干提倡和鼓励大学生自主创业的积极扶持政策，引导大学生通过创业来解决就业问题，取得了很好成效。总之，创业可有效扩大就业范围，降低劳动失业率，可大大缓解社会就业压力，从而稳定社会秩序。

4. 创业具有充分发挥人才价值，推动创业者实现人生事业成功的功能

许多上班族之所以感到倦怠，没有积极性，其中一个重要的原因是给别人“打工”，受职业平台限制，个人的想法得不到充分肯定，很多想法得不到实现，不能充分发挥才能，没有成就感，没有完全体现出个人的价值，而创业可以帮助他们摆脱原有的束缚，不再受制于人，充分发挥自己的最大潜能，更好地体现自己的人生价值。通过创业，可

以大大地促进创业者积极性、主动性和创造性的发挥，为社会贡献经济价值与社会价值。

大多数创业者在创业时，会选择自己喜欢且擅长的领域，因为是自己感兴趣并有优势的领域，所以创业过程对创业者而言是一种享受、释放能量的过程。创业无论成败，创业者在创业过程中都可收获丰富的人生阅历与经验。因此，创业具有推动创业者实现人生理想与价值、获得自身全面发展的重要功能。

（二）创业对大学生的意义

1. 有助于提升大学生的综合素质与能力

（1）锻炼心理素质

创业过程充满不确定性，创业者会面临各种挑战和风险。大学生在创业活动中，会深刻体会到创业的复杂艰难与市场竞争的残酷，形成自立自强和风险危机意识，从而锻炼并提升抗挫折、抗压、积极进取和开拓前进等优秀心理素质。

（2）完善知识结构

创业是一项复杂而系统的工程，往往需要创业者具备多方面的知识和技能，如一定的管理、商务、投资、市场营销、企业运营和法律等方面的知识和技能。大学生在创业过程中，必然会根据创业面临的问题和需求，积极主动地学习。创过业的人，往往会成为“百事通”，即创业者在创业过程中会快速学习、积累各方面知识，完善自己的知识结构。

（3）塑造人格品质

创业是一种社会化与市场化的行为活动。创业发展与成功往往有赖于创业者的人格魅力和优良品质。创业从来都不是一帆风顺的，因此需要创业者具备坚忍的意志品质。创业活动是在社会中进行并服务于社会的。一方面，创业活动受法律法规、社会道德规范和市场规则等约束；另一方面，在创业过程中，必须以诚信立业，以契约进行合作与交易，这些是创业的基本规则和必然要求。因此，大学生通过创业，可培养自己的坚强意志和契约精神，塑造诚信正直和社会责任感等优良人格品质。

（4）提升多种能力

创业需要创业者具备多方面的能力，才能有效组织创业活动，解决创业过程中的困难与问题，顺利推进创业活动。大学生在创业过程中，其领导能力、组织管理能力、团队协作能力、创新能力、问题解决能力、沟通谈判能力、社会交往能力和资源整合利用能力都会得到极大的锻炼和提升。

2. 有助于大学生加速成长与社会化

对于大学生来说，创业可被看作一种实践性学习。这种完全实战、具有风险与压力的创业活动，迫使大学生在高度紧张与压力下进行快速学习。因此，创业是大学生学习成长的最佳平台，使大学生的心智、能力和社会经验获得最快速度的成长。创业是直接面向社会的真实场景，区别于相对单纯的“象牙塔”，大学生在创业过程中，随时需要与团队、客户或用户、供应商、政府等打交道。经过创业的磨炼，大学生的社会化程度会大大提升。

3. 有助于大学生打造核心竞争力

一般来说，敢于创业的大学生都比较有想法，相对来说更优秀。在校创业的大学生，少数毕业后会继续创业，绝大部分学生仍会选择就业。用人单位在招聘大学毕业生时，特别看重其社会实践经验，而创业经历是所有实践经历中最具说服力的。近几年，越来越多的招聘企业更青睐有创业实践经验的毕业生。有统计显示，有创业经历的大学毕业生就业质量明显高于无创业经历的大学毕业生。可以说，创业可有效打造大学生的职业核心竞争力，形成就业的独特优势。

4. 有助于大学生发挥才能，实现理想

有人说，创业者选择创业是生活方式的选择，创业可帮助创业者实现四个自由：财务自由、时间自由、管理自由和心灵自由。不论这种说法是否严谨，至少可以说明一点：大学生创业基本都是基于个人兴趣、专业技能和资源优势的机会型创业，而鲜见迫于生计压力的生存型创业。结合兴趣与优势的大学生创业，可大大激发其创造力，释放自我潜能，实现自我价值与理想。另外，大学生选择自主创业，也是一个深入认识自我、完善自我和实现自我的过程，是发挥个人才能与实现个人理想的有效途径之一。

三、创业的要素与类型

（一）创业的要素

创业学发展至今，对创业要素的分析和概括中，人们比较公认的是美国百森商学院杰弗里·A. 蒂蒙斯（Jeffry A. Timmons）教授提出的创业管理模型（创业要素及其关系模型），如图 3-1 所示。该模型提出了创业活动至少需要机会（商机）、创业者（团队）和资源三个关键要素。

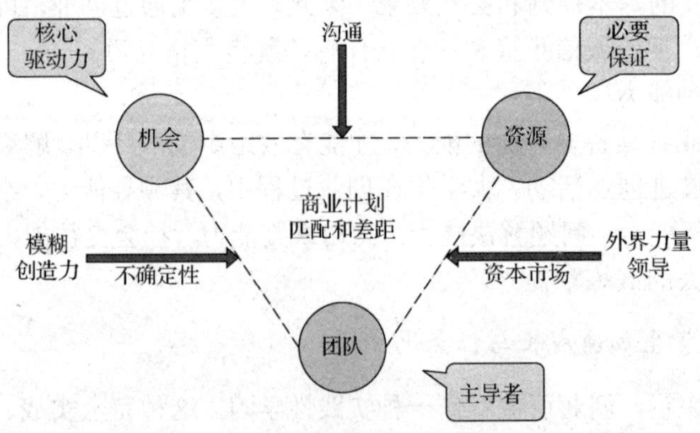

图 3-1 创业要素及其关系的蒂蒙斯模型

蒂蒙斯认为，创业过程是三个要素之间相互作用、相互影响，由不平衡向平衡方向发展的动态过程。成功的创业活动必须对机会、团队和资源三者进行最适当的匹配，并且还要随着创业阶段的发展变化而做出动态调整。

在蒂蒙斯提出的创业管理模型中，机会、资源和创业团队这三个关键要素构成一个

“倒立的三角形”，创业团队位于三角形的支撑点。在创业初始阶段，创业机会尚待开发，与开发机会所需的资源相比，创业资源相对缺乏，于是“三角形”会向左倾斜，呈现机会与资源的不平衡状态；在创业后期阶段，创业机会则被充分开发利用，创业者拥有并可支配的资源不断积累，此阶段“三角形”将向右倾斜，代表机会与资源不平衡的一种状态。此时，创业者需要寻求更大的商业机会，合理使用资源，以保证创业活动的持续开展。创业的过程，就是创业者发挥主导作用、平衡并实现三个要素间动态平衡关系的过程。

（二）创业的类型

创业从不同的角度、根据不同的标准有多种不同的分类方式。下面重点介绍基于创业项目性质而归纳的常见创业类型。

1. 传统技能型创业

传统技能型创业是指运用传统的技术、工艺为人们日常生活需求提供产品服务的创业项目，如酿酒、手工饮料、中草药、手工艺品、服装、传统食品加工、建筑装修及物品维修等相关的创业。传统的技术和工艺与工业化生产相比，往往具有独特的魅力和附加的文化价值，显示出独特的竞争力。

2. 高新技术型创业

高新技术型创业是指专门从事前沿高科技、新技术的研发、服务或运用高新技术进行新产品的生产、销售和技术服务等的创业项目，如移动通信、大数据、云计算、物联网、新能源、新材料、生物医药、航空航天等领域的创业。高新技术创业具有知识密集、资本密集和技术密集等特征。高新技术创业要求研发的产品服务所运用的主要技术必须是该技术领域的前沿工艺或突破性技术，因此该类创业具有技术门槛高、产品研发与孵化周期长、竞争壁垒高等特点。高新技术创业目前主要集中于新信息技术、新生物技术和新材料技术三大领域。高新技术创业在国民经济和国际竞争中的地位至关重要，我国政府颁布了很多扶持高新技术创业的优惠政策。

3. 知识服务型创业

知识服务型创业是指专门为人们的工作生活提供特定价值的知识和信息的创业项目，如法律事务、会计事务、管理咨询、教育培训、公关广告、经纪中介和信息平台等领域的创业。知识服务型创业具有专业性强、知识智力要求高、依赖于精通某领域的专业人员、资金需求量少和风险小等特点。

四、创业的过程

创业的过程是指创业者从有创业想法开始到创业成功所经历的一系列流程和步骤，主要包括产生创业想法、识别并评估创业机会、整合资源实践试错、创办新企业、运营管理新创企业和企业发展成功后获得回报等。

1. 产生创业想法

创业者是创业活动的主体，创业活动发端于其强烈的创业想法和动机。不管创业者是出于哪种想法和动机，都必须有明确的创业意愿才会有后面的创业行动。创业者有了创业想法和意愿，主动去评估自身条件和创业外部环境，做出最终的创业决策，做好创业的心理准备。这是创业的第一步，也是关键的一步。走出这一步，才会有后面一系列的创业活动。

2. 识别并评估创业机会

创业者决定创业之后，首先要识别并找到适合自己的创业机会，即创业者要在这一步确定创业到底创什么。创业机会的寻找甄别是创业过程的关键环节，创业者既要发挥主动性和创造性去识别有价值有潜力的、好的创业机会，又要分析自身情况，确保自己能把握并有能力开发这个创业机会。识别、分析和评估创业机会有相应的标准、方法、工具和步骤，这部分内容将在后面的章节进行系统阐述。

3. 整合资源实践试错

创业者在找到创业机会并确定创业项目或方向后，需要整合资源并以精益创业方式对创业机会实施实践检验，探索各方面的需求条件并验证商业模式，以确保创业项目可行，从而降低创业风险。

这一步是创业过程中最为重要的一步，其结果直接决定着创业活动能否顺利推进，是否能达成预定的创业目标。首先，创业者基于创业项目的基本需求，需要整合实践检验项目所必需的人、财、物、技术和场地等资源，同时盘点并判断出创业资源需求与自己拥有的资源及整合能力是否匹配。其次，创业者需要分析目标用户或客户需求、细分目标市场、开发原型产品、做小范围市场实测和登陆市场的销售检验。通过一系列的实践试错，创业者可对用户、市场、产品、技术、供应商、销售渠道和财务成本等关键问题做出理性、客观的判断，以调整、完善创业思路和计划，切实做好创办企业的准备。

4. 创办新企业

当创业者找到合适的创业机会，并通过实践试错的方式实际验证后，可确定这个创业项目及其计划方案大致是可行的。接下来，创业者就可以筹备创建新企业了。创办新的企业是创业过程中具有里程碑意义的一步，标志着创业活动步入正轨。在这个过程中，创业者需要做好组建创业团队、筹集资金和为企业起名等准备工作，按新企业注册的流程和规范完成企业注册工作，以及新企业开张与初期运营准备工作。

5. 运营管理新创企业

企业成立后，创业者已成为企业的拥有者和管理者。创业者需要打造并管理好团队，组织产品研发与生产，做好市场营销、销售管理和客户服务，管理好企业战略、行政事务和财务等各方面企业管理工作。在这个环节中，创业者要首先保证企业的生存，保证企业现金流和一定利润，逐步将企业做大、做强。

6. 企业发展成功后获得回报

如果企业运营比较顺利，在创业者及其团队的努力下，企业会获得发展和快速成长。在比较理想的情况下，经过一段时间的发展，企业有可能实现上市。可以说，只要能正常运营和发展，创业已经可以算成功了，不能用赚取多少利润、创造多少价值、是否上市来衡量。在这个时候，创业者可选择继续运营，也可以以某种方式退出。无论哪种结果，创业者都可以收回投资和创业回报，可以收获创业成就了。

实践活动

分析创业内涵

以下情形，属于狭义的创业吗？为什么？

1）某同学毕业后，进入一家企业，经努力奋斗，成为该企业的总经理。

2）某同学在校内开了个“诚信小店”，无人值守卖文具。

3）扎克伯格创建Facebook公司。

4）某公司员工有一项发明专利，将其卖给了公司，由公司提供资金、技术、市场调研完成产品开发，并合作将产品进行销售。

第二节　创业精神与创业素质

一、创业精神的内涵与表现

创业精神，也称为企业家精神，是指创业者自身具有的、在创业过程中表现出来的思维理念、人格特质、意志品质和处事态度等方面心理和行为特征的总体概括，主要表现为抱负远大、社会情怀、开拓创新、勇于冒险、善于合作、坚忍不拔及敬业诚信等。创业精神最重要的特点是其必须是在创业过程中的行为表现，而非仅仅是在头脑意识中或者挂在口头上的。

创业精神的内涵丰富，具体表现也很多，下面主要介绍其中最重要的四种表现。

1. 创新精神

创新是创业精神的本质与灵魂，也是创业精神的具体表现。创业活动本身要求创业者不断突破资源束缚，变革或创新技术、产品服务、市场、商业模式和组织形式等，以构建创业企业的核心竞争力，并推动其快速成长和可持续发展。

2. 冒险精神

俗话说，如果你不想冒险和犯错，那你什么都别干。没有敢于冒险和勇于承担风险的魄力，就不能成为真正的创业者。创业过程充满各种不确定性因素、风险和挑战，创业过程是冒险与应对各种挑战的旅程。冒险精神能让创业者大胆抓住机会，敢为人先，想人之不敢想、做人之不敢做之事，大胆尝试和开拓，超越历史和自我局限，开创出自己的事业天地。

3. 合作精神

当今时代，行业与分工越来越细，任何活动或工作都需要协作才能完成并做好。对于创业而言，创业者不可能单枪匹马，一个人完成所有创业工作，依靠团队并发挥各自优势才能将事业做大做强。成功的创业者不但自己要善于合作，还要注意激励团队成员使其充分发挥合作意识与协作精神。同时，会构建团队合作机制，增强团队凝聚力，实现“1＋1＞2”的团队绩效。创业成功要靠集体智慧和力量，个人英雄主义不利于创业事业的成功。

4. 社会责任

一方面，创业者创业不能只追求财富，还要担当必要的社会责任，为他人和社会奉献应有的价值；另一方面，创业者要成长为伟大的创业者，必须有大格局，要有“济天下”的情怀和梦想，把个人价值和社会价值有机统一起来。创业者如果只关注赚取利润，有可能会欲速则不达，甚至走入歧途，违反社会道德甚至法律法规，从而造成负面影响并导致创业失败。

二、大学生创业精神的培育

创业者的创业精神一方面来源于内在的“天赋”，另一方面来源于外在环境的影响和培养。创业者的创业精神的培养和提升，是一个潜移默化、逐渐积累的过程，不可能一蹴而就。大学生的创业精神，需要大学生在日常工作和生活中通过有意识地学习与实践获得。大学生要从以下几个方面努力，培养并提升自己的创业精神。

1. 完善创业人格，锻造创业精神

创业人格是指创业者在创业过程中表现出来的人格特质。一般来说，具有激情自信、勤奋踏实、专注执着、开拓创新和挑战冒险等个性特质的人更适合创业，相对比较容易获得创业的成功。大学生一方面可通过学习创业知识和技能，培养创业意识，提升创业能力，从而完善创业人格；另一方面可通过心理训练，提升心理素质，增强抗压、抗挫折和心理调适能力。更为重要的是，大学生要在日常学习工作与生活中，有意识地磨炼自己的意志，养成独立、坚持、敢为和艰苦奋斗等优秀人格品质。

2. 提升创新能力，强化创业精神

创业精神的核心内容之一是创新精神。创新精神的培养与创新能力的提升是相辅相成的。大学生培养与提升自我创新能力的途径主要有三种：一是要保护并保持自己的好奇心与求知欲，对变化和新体验持开放心态，主动探索未知，永葆进取心和旺盛的事业心；二是要勇于打破权威，破除思维定式的影响，刻意训练自己的创新思维能力，掌握必要的创新方法和工具；三是多去实践试错，在做的过程中不断尝试新思路、新想法和新方案，养成实践创新的行动习惯。当然，通过选修一些创新创造类课程，参加创新创业社团、创新技能比赛和各种实践活动，也是有效提升创新能力的途径。

3. 感受创业文化，培养创业精神

创业文化包含创业精神，创业精神是创业文化的一个重要内容。创业文化是创业活动外部环境的一部分，对创业活动有着引导、激励和支撑等作用，同时影响并塑造着创业者的创业精神。大学生要积极融入社会、学校营造的创业文化氛围中去，感受成功创业榜样的创业激情，以激发创业意识，提升创业素质，培养创业精神。

4. 参加创业实践，提升创业精神

创业精神是在实践活动中表现出来并发挥作用的，因此，提升创业精神的最佳途径是创业实践。大学生的创业实践除了直接创业外，还有与创业相关的社会实习实践活动、创新创业社团活动、创业实训与创新训练、素质拓展训练、创业大赛、创业讲堂、创业沙龙和创业基地参观考察活动等多种实践形式。大学生要及时关注并积极参加这些活动，在实践中锻炼并强化能力，培养创业精神。

三、创业者素质与能力要求

创业过程是一个面对不确定性未来的动态实践过程，该过程往往不是一帆风顺的。面对创业的挑战，创业者不仅要具有创业精神，还要有相应的素质与能力去解决创业过程中遇到的各种问题与挑战，保障创业活动的顺利推动与目标的实现。创业者为做好创业准备，应具备以下几方面的基本素质与能力。

（一）创业的激情与创新意识

创业的激情并不是头脑一时的冲动，而是对所创事业长久的坚持与追求。成功的创业需要创业者有坚持不懈和顽强拼搏的毅力。创业是一个长久奋斗拼搏的过程，在创业过程中，很少出现立竿见影、毫无挫折或迅速成功的情况。因此，在长期的创业过程中，创业者始终保持对事业的激情是很难的，不少的创业者就是因为创业过程中的一些挫折而半途而废，所以说，创业的激情是创业成功的关键因素之一。

创新意识也是创业者所需具备的重要素质之一，市场的瞬息万变是对每一个创业者的考验，能够在瞬息万变的市场中生存下来也是创业者的能力所在。在瞬息万变的市场中仅仅生存下来还不够，创业者在生存下来的前提下，还要做到推陈出新，不断地创造出新的产品和服务来获得更大的生存空间和发展空间，而新产品和新服务的推出就需要创业者具备创新意识。

要想成功创业，创业者必须有强烈的自我成就感和强烈的创业意识。强烈的创业意识可以帮助创业者克服各种困难和障碍，开创自己的事业。创业的成功是意识上长期准备的结果，事业的成功始终留给有创业思想、创业意识的人。

（二）专业知识技术与创业知识素养

创业者通过自己的产品为社会做出贡献，需要以专业知识为基础。如果一个管理者不熟悉、不了解专业知识或职业的特殊性，就不能充分利用和发挥管理能力和综合能力。只有掌握一定的专业技术能力，才能找到问题的症结，因事制宜，采取适当的管理方法。从这个意义上说，一定的专业技术能力是最基本的创业能力。

创业知识是创业的基本要素。创业需要技术知识、管理知识和综合知识。创业实践证明，知识结构在一定程度上决定了企业的成功与否。因此，创业者不仅需要具备对所创事业的专业知识，还需要对科学、文学、艺术、社会学、哲学及经济学等知识进行一定的了解与掌握。

（三）经营管理与领导决策能力

在当今市场经济社会中，企业要生存发展，创业者必须具有良好的经营管理能力。俗话说“麻雀虽小，五脏俱全”。企业虽小，但它也和大中型企业一样，每天与人、财、物打交道。如何通过管理现有的人、财、物来赚取最大的利润，如何有效激励每一位员工为企业积极工作，如何使产品或服务得到社会认可，受消费者欢迎，这些都需要创业者良好的经营管理能力来实现。另外，创业企业的管理，涉及企业战略规划、产品研发与生产、市场推广与销售、融资与财务管理、人力资源与部门管理等，创业者不一定需要精通各项工作，但必须了解大致情况和管理安排要求，以做好统筹管理。

在创业过程中，不仅需要处理大量的事务问题，还需要为企业制定规章制度，即使是人数很少的小型商店也不例外。创业企业规模虽小，但面对环境和管理发展的变化却和其他大企业是一样的。因此，创业者还需要有一定的领导能力和决策能力，能够对企业人员和企业经营进行合理的安排，并能及时解决问题。

在创业活动中，综合能力是一种最高水平的能力，具有较强的综合特点。它主要包括把握机会的能力、获取并处理信息的能力、沟通与公关能力、创新能力等。一旦这些特殊能力和管理能力相结合，对创业实践施以全面影响和作用，就可以使创业管理水平在方式和效率上有较大提升。

四、大学生创业素质的培养

通过上文相关阐述可知，创业活动对创业者素质与能力的要求很多，也很高。对于将来可能创业的大学生，需要通过各种途径和方法提高自己的创业素质，为未来做好充分的准备，以降低创业的风险和失败的成本。

（一）提升完善创业基本素养

创业基本素养是指创业者应具备的基本修养，本书主要是指创业意识、创业思维、创业精神和人格修养等内容。大学生创业者或未来的创业者，认同创业的意义、功能和价值，深入客观地分析自我发展与成就的需要和动机，厘清自己的兴趣特长、理想信念和价值追求等内在动力，树立开拓进取、拼搏奋斗的创业意识，是构建并发展创业基本素养的重要基础和内容。创业思维，这里是指创业者应具备的创业理念和思考创业问题的方式。创业思维具体包括，创新创意思维、价值创造思维、目标迭代思维、趋势机会思维、契约责任思维、实践行动思维、成本绩效思维、竞争合作思维、资源整合思维、资本财务思维、移情换位思维、风险承担思维等。大学生在学习与实践过程中，应注意创业思维的培养，以完善自己的创业素养。

（二）学习积累创业基本知识

创业是有规律和方法的，而规律和方法的理论总结就是知识。创业者在创业过程中需要掌握很多方面的知识，除了基本的专业知识、行业知识、企业经营管理知识、商业知识和法律知识外，还需要了解掌握关于创业的基本知识。创业基本知识主要是指创业的基本规律、基础理论、基本流程和基本方法。掌握必要的创业基本知识，有助于创业者加深对创业的认识理解和把握创业过程，指导创业实践。学习和积累创业基本知识，大学生可通过学习课程、聆听讲座、阅读图书、浏览媒体和利用互联网等途径，也可通过与创业或商业人士交流、参观考察众创空间（孵化基地）、参访企业等形式。

（三）训练强化创业基本能力

前面已经介绍过，创业者需要具备时间管理、高效沟通、团队合作、创新思维、领导决策和管理执行等基本能力，才能有效带领团队去创业，这些通用能力可在专业学习与实践、活动参与和日常生活中培养与训练。这里所说的创业基本能力，除了这些通用技能外，还包括从事创业活动所需的商机识别与评估、市场调查与分析、团队组建与管理、资源整合与利用、商业模式设计和创业计划等方面的能力。这些与创业活动直接相关的能力可通过实习实训、模拟推演和创业实践等形式进行训练和强化。

（四）实践锻炼储备创业经验

创业可看作特殊的“工种”，可通过实践积累经验并熟练掌握它。有研究表明，二次创业、连续创业与初次创业相比，成功概率要大得多。这就是说，创业经验是非常重要的。大学生准备创业，可通过一段时间的工作或到意向创业的单位做兼职，以获得直接的创业经验，打好创业基础。这些工作经历，不仅可积累创业经验，加深对拟创业领域的了解并锻炼自己各方面的能力，同时可积累创业启动资金、人脉和市场渠道等资源，为创业做好充分准备。

实践活动

创业精神小测试

根据自己的第一印象，从下面的四道题目中选出符合自己情况的答案。

第一题：假设你面前有一瓶能预测未来的魔法药水，喝掉一整瓶就会知道自己一生所有的事情，你会如何对待这瓶药水？

A. 一饮而尽

B. 只喝一点

C. 喝一半

D. 不喝

第二题：当你听到“创业的定义是什么？”这一问题时，你的第一反应是什么？

A. 马上翻书或看讲义

B. 马上思考和回忆之前讲的概念

C. 马上闪现某个熟悉的案例或创业领袖

D. 马上想到身边的某个人、某件事、某个场景……

第三题：假如你所在的小组因某人违规被罚，你会怎么想？

A. 觉得无所谓，罚不罚与我无关

B. 觉得这人太可恶，连累我们小组整体成绩

C. 觉得没关系，我们还可以共同努力

D. 我一定要把被罚的赢回来

第四题：现在，有以下四个创业机会，你会优先选择哪一个？

A. 在学校门前开网吧，利润丰厚

B. 开办一家培训学校

C. 开网店或微店

D. 成立一家帮助贫困生就业的公司

分数统计：按以下选项的得分进行统计。

第一题：A=2　B=3　C=1　D=0

第二题：A=0　B=1　C=2　D=3

第三题：A=0　B=1　C=3　D=2

第四题：A=0　B=2　C=1　D=3

结果说明：

如果得分在6分以上，说明你具备基本的创业精神，可以通过学习和历练，开启自己的创业之旅；如果得分在6分以下，说明你比较欠缺创业精神，需要重视并通过各种途径不断培养和提升能力。

第三节　创业动机与人生发展

一、创业动机及其分类

（一）创业动机的含义

动机是指由特定需要所引导、激发和维持个体活动的内在心理过程或内部动力，是想要满足这种需要的特殊心理状态和意愿。动机通常是行为的基础，是为实现特定目的而行动的原因。动机激发并驱动着个体行为向着目标前进。产生动机的条件有内在需要和外部诱因。

创业动机是动机的一种，指的是引发并激励、维持创业者进行创业活动的内在需要和内部动力。简单说，创业动机就是创业者愿冒风险去创业的需求和动力，是创业者顶着压力、担负责任去坚持创业的激励因素。创业动机为创业者选择创业提供理由和目的，支撑创业者不懈追求创业成功。创业动机既来源于内在需要，也受外部环境因素的激励和影响。

（二）大学生创业动机的类型

由于大学生群体接受了高等教育，具有相对较高的社会责任感、专业知识技能和综合素质，其创业动机有自己的特点。大学生的创业动机主要有以下几种类型。

1. 赚取学习生活费用

大学生已经成年，有了独立自主和承担责任的意识。很多学生为了分担或缓解学业和生活方面给家庭带来的经济压力，通过兼职工作或做小生意赚钱。在此过程中，一些具有商业头脑的同学，勇于尝试，逐渐走上了创业道路。这类大学生创业者通常是兼职创业，学业仍然是其主要目标和任务，通过创业赚取一定学习生活费用是其主要创业动机。

2. 成长成才的“踏板”

创业实践是最好的学习途径。大学生通过创业活动，可获得快速成长，打造个人核心竞争力。认识到创业对自己成长成才有重要价值和作用的大学生，为了增加实践经验和丰富社会阅历，积累资源，奠定未来发展的良好基础，积极进行创业实践和尝试。这类大学生创业者的主要创业动机是锻炼能力、积累经验与资源，将创业作为个人成长成才的“踏板”，通常不会将创业作为长远目标。

3. 成就自我与梦想

大学生正值青春年华，朝气蓬勃，极富创新精神和创造力，充满对未来美好生活与事业的憧憬。每个人都想得到社会的认同，得到别人的尊重，都想展现自我价值，那么创业无疑是一条最好的道路。一部分大学生就是为了成就梦想，展现自我价值，挑战自我，勇敢地选择了创业。另外，大学生思维活跃、视野开阔，掌握一定的专业知识与技能，更易发现有价值的创业机会。例如，有的大学生通过参与科学研究取得了可转化为市场价值的成果或掌握了某方面的核心技术，抓住机会，开启了自己的创业生涯。这类大学生具有明显的创业倾向，通过外部环境激发，一旦遇到合适机会（如参加创业比赛找到了合适的项目和团队），就会选择创业。

4. 生活方式的选择

大学生好奇心强，易于接受新生事物，具有较强的市场观念，个性张扬，追求独立自由。有些大学生不喜欢朝九晚五的程式化生活，追求时间管理自由；有些大学生不喜欢受管理约束而追求自由自在；有些大学毕业生没有找到令自己满意的工作，他们宁愿选择相对自由的自主创业。这类大学生创业者将创业视为“自由职业”，以自我雇用的方式让自己有事做，而不是渴望追求财富自由、成就事业和实现远大理想。

5. 担当社会责任

当代大学生受过良好的高等教育，具有一定的社会责任感，部分大学生具有奉献爱心、济世情怀及热衷公益的价值追求。这类大学生经常参加或组织开展支教、支医、赡老、环保及救助帮扶弱势群体等公益服务活动。近几年，出现了很多大学生公益创业项目与社会公益创业组织，已经成为创业潮流中一道亮丽的风景。这类大学生受社会责任感和公益价值观的驱使，不断探索解决社会问题的新路径和新模式，在条件成熟时就会成立社会公益企业，开展公益创业。

二、创业与人生发展

（一）人生就是一场创业

人生与创业具有相似的逻辑、阶段、特征和发展要求。人生发展的整个过程，是面向未来的不确定性环境、不满足于现状、在一定资源条件约束情况下寻求发展机会，努力整合资源，通过创造价值实现人生理想与目标的过程，即人生发展的过程与创业的过程在逻辑上是完全相通的。人生发展与创业过程，都会经历探索、准备、起步、发展、成熟、衰退和退出等阶段，具有相似的发展历程；人生与创业都具有社会性、发展性、实践性、曲折性、价值性和风险性等共同的特征。在发展要求方面来看，人生与创业都需要个体发挥其积极性、主动性和创造性，需要依靠个体的精神动力、优势能力、资源经验和努力付出，去捕捉机会，创造价值，成就属于自己的事业。

（二）精彩人生需要创业

一方面，新时代对劳动者的要求，不仅需要劳动者具有必需的就业与职业素质能力，还需要具备一定的创业素质和能力，才能适应并保持岗位的发展要求，从而获得良好的职业生涯发展。劳动者需要具有就业与创业的双重素质能力，是经济发展、社会进步对劳动者的基本要求，也是人们获得良好自身发展的必然要求。

另一方面，劳动者需要充分发挥个人的创业精神去开拓进取，运用创业思维去对待工作和思考人生，以创业的行为方式去主动奋斗和参与竞争，才能赢得精彩而有价值的人生。

（三）以创业来经营人生

成功的人生与创业一样，是需要经营的。我们可以把人生当作新创企业一样来经营，而且借鉴和利用创业的思维理念，可以更好地经营自己的人生。无论我们的职业是医生、律师、教师还是工程师、公务员，为适应新时代的职业发展要求，我们要把自己当成真正的创业者一样，运用创业者的思维与行动方式，发挥创业潜能，不断推进事业发展，而这个“事业”就是我们自己的职业生涯。我们还要把自己当成创业企业的“测试版产品”，面对发展机遇和挑战，需要承认并认识到自己的“缺陷”，迫使自己不断学习和成长，以获得持续的进步和优化。

因人生发展的不确定性、环境变化和限制，仅靠创业思维还不够，还需要掌握经营人生的方法、工具和技巧，以有效积累并利用生涯贵人和发展机会，获得并保持人生发展的竞争优势。例如，可用创业规划中的商业模式画布（详见第八章第二节）来设计人生的发展规划。在人生规划的“商业模式”中，核心资源是指我们自己的兴趣、技能、个性及掌握的资源（我是谁、我拥有什么），关键业务是我们为他人或社会贡献价值的活动与方式（我要做什么），客户关系是指我们的服务对象（我能帮助谁），价值主张是指我们如何提供个人价值（我怎样帮助他人），渠道通路是指如何让别人认同并获得我们的价值（怎样宣传自己和交付服务），客户关系是指如何维护并扩大个人价值的服务对象（怎样和对方打交道），重要伙伴是指支持人生发展的人脉（谁可以帮我），收入来源是指个人收益或收获（我能得到什么），成本结构是指个人付出（我要付出什么）。运用创业的方法和工具，有助于提升经营人生的效率和质量。

三、创业前应做的准备

创业是一项极其复杂且风险很高的实践活动。创业者在创业前，要做好各方面的准备，才能规避一定的风险，降低失败的成本，提高创业的成功率。创业者可从以下四个方面进行创业的准备。

（一）自我条件准备

创业者在决定创业前，首先要深入分析自我，将自己作为创业者来评估，看看是否具备创业者应具备的基本素质与能力。如果还存在一些不足和问题，需要找出弥补和解决的具体办法。同时，看看自己哪些方面还需要提升，通过各种途径和方法做好准备。一般来说，可通过以下几个方面进行检视并做好准备。

1. 创业动机和目标

要探索并明晰自己的创业动机是什么，给出可说服自己创业的充分理由，即要明白自己为何要创业，希望创业给自己带来什么利益和回报。清晰准确的创业动机，不仅可让自己明确创业的目的，而且有利于在遇到创业困难时，让自己坚守当初的创业选择，将创业活动坚持下去。另外，还要理清自己的创业目标，看看创业目标是否具体、清晰和合理，尽量避免制订口号式、大而空且很难实现的目标。

2. 身体和心理准备

创业艰难，需要付出长期而艰苦的努力。对于创业者而言，创业消耗其体力、心力和“元气”。良好的身心素质是创业者承受高强度的创业工作及压力的基础和保证。创业前，创业者要多锻炼身体，多训练自己的心理素质，做好身体和心理的充分准备。

3. 胜任素质和能力

前文已经详述过创业者应具备的各方面素质和能力，创业者可对照分析自己的现有素质与能力是否能满足创业的要求，是否能让自己马上开始创办企业。如果有些不足，就要研究可通过哪些途径和方法快速提升。

4. 知识技能和才智

创业需要创业者具备多方面的知识技能，既包括一定的专业知识技能，也包括创业所需的知识技能和行业、职业知识技能。创业者在创业过程中，需要根据实际情况和遇到的问题做出各种决策，需要发挥个人聪明才智才能把握机会，做出各种正确决定。

5. 风险损失与代价

创业过程具有高度不确定性和风险性。创业者在创业前，需要评估个人在财务、心理等方面的承受能力，明确自己在创业最糟糕甚至失败的情况下，所能承担和接受的风险、损失和代价的底线。创业者在准备创业时，要分析项目的可能风险和失败带来的后果，更为重要的是要提高个人风险承担能力，做好两手准备。

（二）创业项目准备

创业者创业，必须有可行的、有价值的和具体的创业项目，即要做好创业项目的准备。创业机会的识别与创业项目的分析，将在本书第四章详细介绍。

（三）创业资源准备

创业需要创业者具备一定的资金、技术和场地等人、财、物方面的资源。创业资源要与创业项目相匹配，即至少要具备启动创业项目的必要资源。创业资源的相关内容，将在本书第七章详细介绍。

（四）创业团队准备

创业活动需要由创业团队来完成。创业者可根据具体创业项目的实际需求，分析需要的核心角色有哪些，是否已经具备，如果尚不具备，可通过哪些途径找到合适的团队成员。在创业前，创业者可有意识地梳理并沟通可能合作的人，积累创业人脉。创业团队的相关内容，将在本书第六章详细介绍。

（五）创业计划准备

俗话说，预则立，不预则废。创业者在创业前要尽量规划好创业活动，梳理出清晰的创业思路，安排好各种创业事宜，计划好创业行动方案。有关创业计划的详细内容，将在本书第九章详细介绍。

实践活动

创业潜质评估

创业充满了诱惑，但并非每个人都适合走这条路。美国创业协会设计了一份测试题，假如你正准备创业，不妨做做下面的题。

以下每道题都有四个选项：A. 经常；B. 有时；C. 很少；D. 从不。

1）在急需决策时，你是否在想“再让我考虑一下吧”？

2）你是否为自己的优柔寡断找借口说“得慎重，怎能轻易下结论呢”？

3）你是否为避免冒犯某个有实力的客户而有意回避一些关键性的问题，甚至有意迎合客户呢?

4）你是否无论遇到什么紧急任务都先处理日常的琐碎事务呢?

5）你是否非得在巨大压力下才肯承担重任?

6）你是否无力抵御妨碍你完成重要任务的干扰和危机?

7）你在决策重要的行动和计划时，常忽视其后果吗?

8）当你需要做出很可能不得人心的决策时，是否找借口逃避而不敢面对?

9）你是否总是在晚上才发现有要紧的事没办?

10）你是否因不愿承担艰巨任务而寻找各种借口?

11）你是否常来不及躲避或预防困难情形的发生?

12）你总是拐弯抹角地宣布可能得罪他人的决定吗?

13）你喜欢让别人替你做你自己不愿做而又不得不做的事吗?

计分规则：选 A 得 4 分，选 B 得 3 分，选 C 得 2 分，选 D 得 1 分。

分析:

50 分以上，说明你的个人素质与创业者相去甚远，需要加强学习和实践，培养创业素质。

40～49 分，说明你不算勤勉，应彻底改变拖沓、低效率的缺点，否则创业只是一句空话。

30～39 分，说明你在大多数情况下充满自信，但有时犹豫不决，不过没关系，这也是稳重和深思熟虑的表现。

15～29 分，说明你是一个高效率的决策者和管理者，有望成为成功的创业者，一旦有合适机会，不要错过。

（资料来源：陈文华，陈占葵，2018. 大学生创业思维与能力训练教程[M]. 北京：现代教育出版社.）

实践训练

活动一　头脑风暴：大学生创业与就业的差别

1. 目标

填写表格，体会大学生创业与就业的差别。

2. 时间安排

20 分钟。

3. 活动进程

步骤 1：根据全班学生总人数确定分组数，每组以 4～6 人为宜。

步骤 2：分组讨论大学生创业与就业的差别，把讨论结果填到表 3-1 中。

表 3-1 大学生创业与就业的差别

分类	创业	就业
担当的角色		
要求的技能		
收益与风险		
成功依赖的因素		

步骤 3：教师对本次课堂活动进行总结。

4. 风暴观点与梳理

所谓大学生创业，是指大学生在学习期间创办事业或毕业后不选择就业而直接创办事业，是大学生主动参与社会竞争的一种尝试。就业与创业，是大学生选择出路的两种完全不同的方式，主要有以下几个方面的差别。

（1）担当的角色差异

两者在企业中的地位、肩负的责任和使命均有较大差异。创业者通常处于新创企业的高层，在企业实体的创建过程中，创业者始终是负责人，始终参与其中，对企业的发展起着举足轻重的作用；就业者通常处于中低层，到达高层需要一个过程，对企业成长的贡献相对较少。

（2）要求的技能差异

创业者通常身兼多职，既要有战略眼光，也要有具体的经营技能，因此创业者应具备相当全面的知识和技能；就业者通常具备一项专业技能即可开展自己的工作。

（3）收益与风险差异

就业的主要投入是数年的教育成本，而创业除了教育成本外，还包括前期准备中投入的人力、物力和资金成本。一旦失败，就业者并不会丧失教育成本，但创业者会损失在创业前期投入的几乎一切成本；一旦成功，就业者只能获得约定的工资、奖金及少量的利润，创业者则会获得大多数经营利润，其数额理论上没有上限。

（4）成功依赖因素的差异

就业很大程度上依靠企业实体，但创业更多要考虑自身的经验、学识与财力，以及各种需求和各种资源占有等条件。

在人力资源管理中，有职业生涯规划的相关理论。该理论主要阐述的是，如果所选择的行业和工作与个人性格、兴趣和特长相匹配的话，会比较容易获得成功。创业也是一样，如果具有如下五种个性，而且也并不打算花大力气去改变，那么就不适合自己创业。

第一，想到自己要管理别人，就会感觉到紧张和胆怯；第二，喜欢保持现状和一切顺其自然；第三，总认为自己是个很稳重的人，对某种生意没有十分把握，绝对不去尝试；第四，除非事先有一个周密的计划，否则不会贸然行动；第五，热情来得快，去得也快，做事没恒心，常常凭自己的兴趣去工作。

如果具有上述五种个性，基本上就不适合创业。但具有类似个性特征者也不必灰心，如果着手改变，一切都有希望。要知道展现创业的才能有很多种形式，如果不能自己创办并带领一个企业，还可以通过与人合作来弥补自己的弱项，同样也可以成为创业者。

活动二　创业者必备的素质

1. 目标

通过搜集和分享相关创业成功者的案例，进一步熟悉和掌握创业者应该具备的条件。

2. 时间安排

30分钟。

3. 活动进程

1）根据全班学生总人数确定分组，每组以4～6人为宜。小组成员既可以自由组合，也可以由教师指定组合，每个小组推选组长一名。

2）同一组的学生围坐在一起，教师向学生说明本次课堂活动的目的与要求。各小组自行通过网络等渠道搜集创业成功者的案例，以小组为单位制作PPT。

3）各小组派一名代表向全班陈述案例，并分享案例中创业者的特征。

4）其他小组成员就案例所涉及的创业者的特质问题进行提问，由陈述小组的成员有针对性地进行解答。

实践拓展

创业企业考察及青年创业者调研

本次课外实践任务通过创业企业考察与青年创业者访谈活动，走出校园，深入了解创业的宏观、中观和微观环境，考察体验真实创业企业的起步与运营实际状况，以加深对创业的认知；在访谈真实创业者的过程中，加深对创业者创业素质、创业选择与决策、创业动机、创业模式和创业真实过程的理解与体验，积累创业经验，提升创业素质。

各组学生在进行采访时要与创业者合影，并把采访的最深感受与心得制作成PPT在课堂中与大家分享。

（一）实践操作要点

1. 创业企业考察的小组任务布置

1）划分区域。为避免出现创业对象被重复采访，各小组预先选定采访区域，采访区域不要出现重叠或交叉。

2）布置任务。老师给各组学生布置创业企业考察的任务。

3）小组讨论。各组学生讨论如何完成此次考察任务。

4）提交方案。将讨论结果形成书面方案，提交给老师。

2. 创业企业考察的任务目标与要点

1）考察目的地环境、社群及层次定位分析。

2）考察目的地的结构布局、消费群体、流量统计及时段分析。

3）对重点对象、企业规模、主打产品、消费层次及营收情况进行考察。

4）形成考察报告。

5）以团队形式进行成果分享。

3. 青年创业者访谈的任务要求及说明

1）每组完成6名青年创业者调研访谈（指定人员）。

2）每位成员须完成1名青年创业者调研访谈（自主确定）。

3）对每名创业者调研对象完成一份1500字的创业者案例故事。

4）须采集每名创业者调研对象8～10张照片，主要反映调研对象的创业历程、调研过程、工作场景、工作过程和企业门面合影等。

5）确保访谈对象样本具有广泛代表性。主要考量因素包括人群类别（主要围绕大学生创业者，最好覆盖不同类型的院校和专业）、多样化的创业类型和行业、创业持续时间（初创为主）和创业处所（兼顾城乡、地区差异）。

6）须采集调研对象的个人信息，在线完成调查问卷的结果与相关记录。

7）选取有代表性的创业者，在访谈过程中进行录像，或选择有代表性的几个画面拍照，做成微视频。

（二）参考调研提纲

1）围绕创业历程，对典型青年创业者进行访谈，注意要深入挖掘创业活动，准确、全面地展示创业者的职业特征。

2）访谈内容包括但不限于如下几项。

- 创业者简历：姓名、学历、毕业院校、毕业时间等。
- 创业企业概况：企业名称、注册时间、注册资金、地址、企业性质与类型、经营范围等。
- 创业团队：团队成员、成员概况、企业规模等。
- 经营情况：区域布置、经营模式、年营业额和纳税额等。
- 项目选择：选择该项目的原因。
- 创业资源：资源的拥有、利用与整合。
- 创业决策：创业的决策过程、企业决策流程、采用的方式、企业的发展规划。
- 创业素质：创业者自身拥有的素质、创业者认为创业需要具备的素质、团队需要具备的素质。
- 创业环境：当前的创业环境、创业政策、需要考虑的环境因素。
- 创业寄语：对大学生创业的寄语。

第四章 创业机会及其识别评价

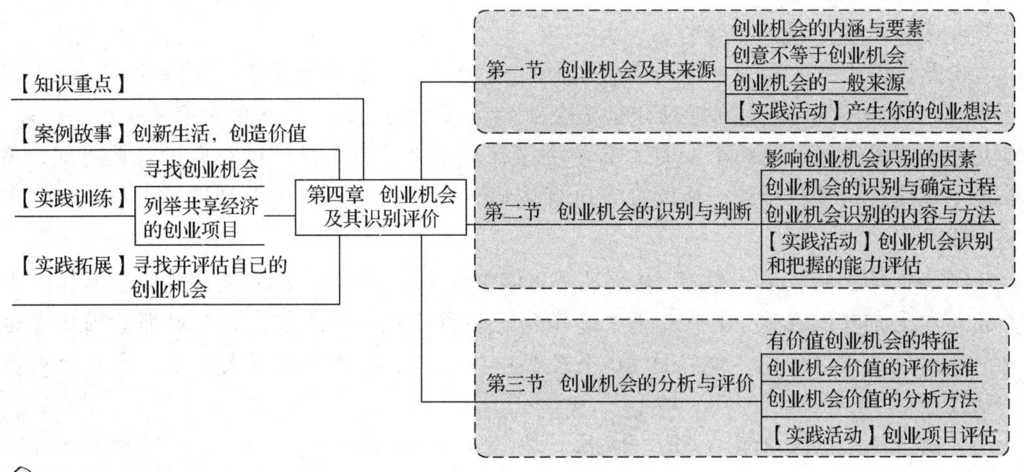

知识重点

1. 创业机会的内涵与要素以及创意与创业机会的区别。
2. 创业机会的四个主要来源。
3. 影响创业机会识别的因素、创业机会识别与确定过程。
4. 创业机会识别的内容与方法。
5. 有价值的创业机会的特征、创业机会价值的评价标准。
6. 创业机会价值的分析方法。

【案例故事】

创新生活，创造价值

人民大学信息学院毕业的谭中意曾担任 NEC 软件工程师一职，后来他辞掉了这份工作，选择了服装领域进行创业。结合互联网的服装创业让谭中意的创业获得了成功，2008 年，中意斯正装网开始运营。现在的谭中意与多家服装工厂进行合作，每天的订单都在逐步上涨。

有许多创业者对创业方向的选择受到自己在工作和生活中的某种不满足的影响，谭中意就是这些创业者中的一个。大学毕业后的谭中意打算买套正装为面试找工作做准备，在买正装的过程中，谭中意发现商场的正装普遍价格昂贵，作为一名刚毕业的大学生很难有充足的资金为自己购买一套合适的正装。就是因为发现了这一点，谭中意看到了商机，创业的想法在他的内心萌发。

创业初期，由于资金不足，谭中意把自己的企业设在了北京五环外，主要通过互联网进行服装销售，销售的对象主要是大学生。刚毕业的大学生如果需要面试找工作，就会通过互联网联系谭中意的网店，在网上下单后，谭中意的公司员工就会到该学生所在的学校宿舍测量尺寸，进而为该学生量身定制一套正装。

谭中意在创业的前几个月时间里，一直想找一个合适的服装厂进行合作，他把企业的优势介绍给各个服装厂，最后，终于有一家服装厂的老板认同了他的企业，就这样谭中意与这家服装厂建立了合作。

但是，谭中意的创业之路并不是这样就成功了。在企业运营了一段时间后，他发现企业的利润并不高，于是他仔细分析了企业的运营结构，发现了企业运营中存在的问题，在大学生下单之后，他的企业员工需要去学校测量尺寸，这样的过程太过耽搁时间，很难实现规模化运营。于是，他改变了运营策略，让自己的企业变成以提供成衣为主，定制为辅。

因为市场上的正装一般有 10 个尺码，谭中意做了 20 个尺码，这样就能基本保障大多数大学生都可以在这 20 个尺码中选择到适合自己尺寸的正装。只有对那些因体重过重、身高过高或过低而不能在这 20 个尺码中找到适合自己尺码的大学生，才提供量身定制服务。

（资料来源：徐俊祥，徐焕然，2017. 创未来：大学生创业基础知能训练教程[M]. 2 版. 北京：现代教育出版社.）

启示：

创业机会往往来源于生活中的问题。发现生活中的问题后，如果能找到用创新思维、创意方法和创新技术解决问题的途径，就基本找到了有价值的创业机会。所以，创业者不仅要有善于发现机会的敏锐眼光，还需要有抓住机会、实现创业梦想的方法与能力。

第一节　创业机会及其来源

一、创业机会的内涵与要素

创业机会，是指那些具有持久吸引力的商业机会。创业者抓住创业机会并利用其创造出可为客户或用户带来价值的产品与服务，同时谋求商业利润。创业机会也指有利于创业的一组条件的形成情况，其形成至少需要以下四个要素。

1）市场存在或出现了某种持续性需求。

2）创业者具有满足上述市场需求的新创意或解决方案。

3）创业者具有将前述创意或解决方案进行开发的能力和资源条件。

4）创业者可将创意或解决方案转化为具体的产品服务，且不需要投入过多的人力物力即可实现商业化运作。

只有以上四个要素都具备，才可认为客观上存在或形成了某种创业机会。

二、创意不等于创业机会

（一）创意的内涵

从不同的角度理解，创意有不同的含义。创意既可以指对已知事物的理解和重构，从而产生出新的思维和行为的过程，也可以指该过程的结果。还有人说，创意就是旧元素的新组合；创意就是让 100 万元花起来像 1000 万元；创意就是更好的解决问题的方法。一般来说，创意是运用创新思维和创造方法，产生新想法的过程及其结果。

创意活动是创业的开端，一个好的创意像一颗优秀的种子，是创业成功的前提条件。俗话说，没有饱和的市场，只有饱和的思想。一般来讲，创意来源于趋势的把握、没有解决的问题和闲置的资源这三个方面。

（二）创业机会与创意的关系

创业机会的发现与识别，往往源自创意的产生，而创业的创意则是同时具有创业指向和创新性的想法。在创意没有产生之前，机会的存在与否意义并不大。有价值潜力和创业实践价值的创意一般具有以下基本特征。

1. 新颖独特，难于模仿

创意的“创”字含有创新、创造的意思，新颖的创意不一定要开拓一个从未探索过的市场，还可以从技术工艺角度进行改良、从操作流程角度进行提升、从现有模式中去芜存菁得到更优方案等。新颖的创意也可以是一种思路上的创新，即更有前瞻性、更有市场洞察力，如国家政策扶持的领域、国外已现雏形而国内尚未开发的市场等。新颖的创意想法是自身发展和吸引投资的根本，越是新颖、别具一格的创意，就越难被其他企业模仿，也就越具有竞争力。

2. 客观真实，可以操作

创意可以漫无边际，异想天开，不一定注重创意实现的可能性，它远比市场机会丰富。创意不是空想，有价值的创意更不是。创意要客观真实，要有实现的可能性，可用于实践，将来可以转化为有形的产品与服务。判断一个创意是否真正具有创业价值，主要是看基于这个创意所研发出来的产品是否能够满足消费者的需求。

市场机会常指尚未满足的市场需求，这是创业者寻找机会的着眼点。这种机会非常宝贵，它们既可能是产品服务的升级换代需求，也可能是全新的产品服务需求，还有可能是全新的客户群体需求。

3. 创造用户与创业者双重价值

创业创意的最终目标就是抓住市场需求，实现企业盈利，因此能否产生真正的市场价值才是衡量创意价值的标准，而市场是检验其价值的唯一裁判。基于此标准，优秀的创意必然为创业者带来收益，盈利是创业动机产生的基石。

并非所有“点子”都能变成“创意”，创业者需要对创意进行仔细的甄别，判断其是否具有市场价值，是否有盈利空间，是否拥有市场前景……从发现机会到形成完整的创业规划，这中间需要创业者对创意进行反复研判。

三、创业机会的一般来源

（一）未被解决的问题与未被满足的需求

创业的根本途径是满足顾客的问题与需求。创业者可通过寻找自己和他人未被满足的需求或生活中遇到的问题与难处，在问题需求中发现创业机会。人们在学习工作与生活中存在的困境、难题，一些不协调现象和意外事件，某方面的特殊需要和问题瓶颈，往往都蕴含着创业机会。如果能解决前述这些问题，创业者往往就找到了适合自己的创业机会。例如，某毕业生发现很多高校的新校区建在远离市区的偏远郊区，师生往返市区十分不便，便萌生解决该问题而创办客运公司的想法。这是通过发现问题和需求，进而找到创业机会的典型案例。

（二）社会发展趋势与市场环境变化

创业机会本质上来源于变化和创新。著名管理大师彼得·德鲁克将创业者定义为“能寻找变化，并积极反应，把它当作机会充分利用起来的人”。变化，既包括宏观层面的环境变化（社会、经济、政治、生活等）、人口变化（数量、结构、思想观念、收入水平等）和科学技术发展，中观层面的产业结构调整、产业升级、行业新增与发展和区域经济发展，也包括微观层面的个体知识创新与升级、具体技术创新及发展和垂直市场细分等。例如，互联网技术的发明与提高，诞生了电子商务、网络社交、行业信息化等诸多创业机会。

（三）行业知识技能与工作经验能力

一方面，创业者个体所拥有的行业经验、工作经验、专业知识和技能、兴趣爱好及特长、能力优势、观念转变和创造力等知识经验可直接创造创业机会。例如，科研人员的发明专利和某项技术带来了技术创业机会，教师或医生拥有专业知识与技能带来了知识创业机会等。

另一方面，创业者利用其拥有的生活阅历、经验技能、能力特长和创造力，更容易发现和识别潜在的创业机会。例如，牛根生利用其在伊利的工作经验，创建了蒙牛；比尔·盖茨基于个人能力优势和创造力，创建了微软帝国；李彦宏发挥个人专业优势，创办了百度；等等。

（四）拥有的独特资源与社会网络

很多创业者的创业活动源于自己拥有相应的资源和社会网络。通常来说，优质的人脉网络、独有的业务渠道、技术资源优势和客户资源等，都有利于创业者利用这些资源，找到适合自己的创业机会。例如，雷军利用个人资本积累与投资圈人脉关系创立了小米，郭德纲利用个人“技术资源”创办了德云社。

大学生也拥有很多创业相关资源，如高层次的专家导师与科研技术资源、大学校园的市场资源、政府与高校对创业扶持的政策资源和低成本的校园人才等。充分挖掘并利用这些资源，有利于大学生创业者找到创业机会。

创业机会的四大来源如图 4-1 所示。

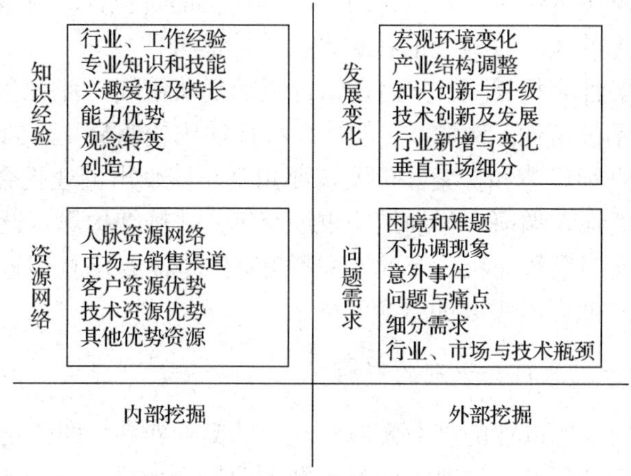

图 4-1　创业机会的四大来源

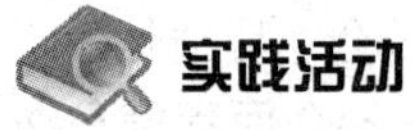

产生你的创业想法

1）仔细观察并思考大学校园内有哪些创业机会，通过头脑风暴的方式进行小组讨论，分享彼此的思考成果。

2）在上述的创业想法中，对你而言，最可能成功的一个想法是什么？

第二节　创业机会的识别与判断

一、影响创业机会识别的因素

创业机会是客观存在的，但创业者能否较早地发现、认识和把握创业机会，更多的是一种主观反应的结果。创业机会的识别与判断受到主观和客观因素的共同影响，因为每个创业者关注的创业领域不尽相同，即使是同一个创业领域，也会因为个人特质、思维方式与眼界的不同而有不同的结果。创业机会识别就是在主观、客观间不断进行权衡的复杂过程。

创业者识别创业机会，主要受以下几个因素的影响。

1. 创业者对于创业机会基本特征的认识

不少创业者简单地将细分市场中的某个商机误认为创业机会，而没有认识到创业机会是适当的商机、有价值的创意、可得的资源和团队的能力这四种要素的有机组合。实际上，当且仅当这四种要素处于匹配的状态时，对特定的创业团队而言，相应的商机才能够被称为“创业机会”。可见，首先会影响创业机会正确识别的，是创业者对于创业机会基本特征的理解是否到位，特别是对于具体商机的价值性、时效性、4 要素的匹配性，以及 4 要素匹配的风险收益性的认识是否恰如其分。

创业机会和一般性商机不同，其内在结构更加复杂精细，因此给创业者的辨别工作带来了很多困难和不确定性。例如，一般性商机往往比较明显，而创业机会往往潜藏在深处，需要创业者进行思考和探索。创业者要想真正鉴别出创业机会，需要反复探索、反复思考：一是需要深入调研、甄别细分市场商机，并精细构思、设计自己的创意；二是要反复考察、论证创意和商机二者的匹配程度；三是需要反复调查、分析能否在恰当的时间获得实施相应创意所需要的资源和能力。

2. 先前经验对于创业机会识别的影响

先前经验，即创业者以往的创业实践和其他的商业实践，即便是所谓打工，也会给创业者沉淀一定的商业经验，这对创业者识别创业机会形成一定影响。一般而论，创业者的商业实践越丰富，创业者越会从四要素的匹配上理解、考察和认识创业机会；反之，创业者的商业实践越初浅，创业者越会片面地理解、考察和认识创业机会；特别是，此前创业者在商业实践中的位置高低，也会影响创业者对于创业机会认识的全面程度和深刻程度。

3. 领域知识对于创业机会识别的影响

现代经济已进入“后工业社会”，领域知识对于创业活动的推动和组织越来越重要，相应也影响到创业者的创业机会识别能力。例如，一个精通软件技术的创业者，对于软件行业的创业机会的识别能力，多数情况下会强于不懂软件技术的创业者。道理很简单，精通软件技术的创业者，通常对软件行业的某个细分市场领域也会有较多了解，从而对这个软件细分领域的供求态势和竞争态势等多会有较为清晰的认识，在把握该细分市场的创业机会方面，也就会有较为独到的优势。相反，在该领域缺少专业、行业、市场知识的创业者，则很难拥有相近于前者的创业机会识别能力。基于此，创业者应该在自己更有专业领域知识的细分行业来发现创业机会。

4. 悟性及灵感对于创业机会识别的影响

悟性是指个体通过对事物的分析理解，产生感悟、觉悟和顿悟灵感的能力，也指触类旁通的思维方式。悟性高的人，通常对事物规律的把握更深入，更容易识别出一般人难以发现的潜在机会。灵感是指人们在探索过程中受某种机缘或事物的启发，而突然出现的豁然开朗、精神亢奋，取得突破的心理现象。灵感会给人们带来意想不到的创造，它通常是由人们超越理性的直觉情感所产生的，具有突然性、短暂性、亢奋性和突破性等特征。富有悟性和灵感的创业者，通常能比他人更快、更深刻地认识潜藏的创业机会。当然，悟性和灵感不会凭空产生，有赖于知识、经验、思索与智慧综合实践的积淀，有赖于悟性和灵感能力的训练和提升。创业者要想占得创业的先机，需要在工作生活与商业实践中不断培育和提升自己的悟性和产生灵感的能力。

5. 态度和意识对于创业机会识别的影响

个体对事物的态度，直接影响着其对事物的判断和机会的识别。一般来说，积极的人生态度有助于人们发现事物的有利因素和积极价值，从而有利于发现隐藏在风险和负面影响下的机会。创业机会具有不确定性和风险性，也往往披着“问题”“不协调”“困境”和“负面现象”的外衣。具有积极态度的创业者，会更容易发现和利用事物积极的一面，从而识别出创业机会。另外，积极的态度会让创业者积极、主动地去发现和识别创业机会。

意识对人们的思考与行动有着引导、指挥的作用。一般来说，具有强烈创业意识的创业者会比一般人更加渴望创业，更愿意在创业机会的搜索上投入更多的注意力，更易发现创业机会。总之，创业意愿会引导着创业者积极注意市场变化和需求，更易识别出创业机会。

二、创业机会的识别与确定过程

创业机会的识别和确定是一个发现、分析和决策的过程，一般可分为四个阶段。如果在某个阶段无法继续或确定并非好的创业机会，创业者需要返回创业准备阶段重新再来。

1. 做好创业准备

识别创业机会的前提是创业者做好了创业准备。创业者只有决定了创业，才能确定创业方向，有针对性地发现和识别创业机会。做好创业准备也有利于创业者提高创业机会识别的效率和准确程度。这是创业者识别创业机会的第一阶段。

2. 发现创业机会或产生创意

创业者做好创业准备后，有意识地通过各种途径和方法去寻找、挖掘有价值的创业机会。由于创业机会具有不确定性，创业机会的发现与识别往往存在一个反复探索的过程。创业机会既可通过外部机会来源的洞察和分析产生，也可“由内而外”产生或创造创业机会。例如，创业者通过有商业价值的创意，也可以找到创业机会。经过该阶段，创业者必须找到适合的、有价值的创业机会，否则就需要返回到第一阶段，继续准备，等待有利创业的机会出现。

3. 分析评估并确定创业机会

经过第二阶段，创业者找到创业机会之后，需要对获得的创业机会进行甄选和初步的分析评估，以确保创业机会的真实性和创业方向的可行性。并不是所有的创业机会都是有价值的、适合自己的和可行的，这个阶段不可逾越或忽略。否则，创业者因急于求成或唯恐落后或担心错过先机而马上去实施，往往会欲速不达，做了一段时间后，才发现创业机会并非可行或方向性错误，从而遭遇创业挫折或走弯路。创业机会识别与确定的过程，特别是分析评估阶段，是创业者将创业激情和冲动逐渐转化为客观理性的创业行为的过程，这个阶段是有必要且有重要价值的。

4. 阐述论证创业机会并决策

通过对创业机会进行大致、客观的分析评估并确认创业机会之后，创业者需要对创业机会进行准确的定义和阐述，进一步思考、分析和论证创业机会，可通过努力和资源整合，将其开发转化为可进行商业运作的可能，如开发出新产品、服务或商业概念。这个阶段是创业机会进一步条理化、创意化和商业化的论证过程，撰写商业计划书是其主要表现和有效方法。创业机会的系统、深入阐述与论证是对创业机会的开发落实和诸多问题解决的思路梳理过程，是创业机会最终选定和创业决策的主要依据。在这个阶段，创业者也有可能发现创业机会不可行或创业目标无法实现，这时就需要重新退回第一阶段，再次执行前面的几个环节，以确定待开发的创业机会。

三、创业机会识别的内容与方法

某一特定创业机会对于创业者而言是不是适合开发和实施的创业机会，可通过如下几个方面进行分析、判断和识别。

1. 初始市场规模的大小

特定创业机会所在的行业市场，其市场规模往往具有一定的量级。市场规模会随着市场的变化而发展，往往具有一定的增长潜力。市场的初始规模大小，决定着创业机会的市场价值空间，影响着创业机会的开发与利用的价值。一般来说，只有具有足够大市场规模的创业机会才值得去开发。市场的初始规模越大，创业者未来的利润回报空间也越大，对创业活动的开展也越有利。当然，这与创业者的目标、资源能力和创业模式的选择有直接关系，市场规模的大小是相对的。另外，市场规模越大，也意味着竞争对手越多，创业活动的竞争越激烈，对创业者的要求也越高。

2. 机会存在的时间跨度

任何机会都具有时效性，都只能存在一定时间内。不同行业、不同领域的创业机会存在并维持的时间长度会有差别，而且特定创业机会的时间跨度受各种环境因素的影响也会缩短或拉长，其实际时间跨度与替代品的竞争呈反比例函数关系，与产品、技术的垄断优势呈正比例函数关系。从理论上来讲，创业机会存在的时间跨度越大，对创业活动越有利；一般来说，时间跨度至少需要有5～10年的发展跨度。需要注意的是，创业机会的实际时间跨度与创业者的分析判断可能会有偏差。创业者在评估时间跨度时，可以采取偏保守的策略，以降低创业风险，提高创业决策的科学性。

3. 创业的机会窗口

创业机会被开发和利用，除了市场规模和时间跨度的要求，还需要合适的时机。这个时机被称为机会窗口。创业的机会窗口一方面要求创业机会所在的行业具有光明前景，即符合行业发展的未来趋势；另一方面要求行业发展处于快速增长期，即已经处在“风口”期。一般来说，判断行业发展的风口，主要基于行业市场是否已经处于市场需求稳步且快速增长期，而且这个增长期至少稳定持续3～5年。

4. 机会带来的风险与收益

机会与风险是一对“双胞胎”，存在机会也意味着存在风险。既然创业机会必然存在风险，识别创业机会就必然要求识别其带来的风险。一个创业机会是否能被或值得去开发和利用，从风险预测、评估和分析的角度，主要看风险是否明朗，是否可控，风险损失是否能被承受，风险与收益相比是否值得冒险。

针对特定创业机会，创业者如果无法弄清风险的主要来源和具体结构，无法预测风险带来的最大损失和后果程度，就无法找到应对或规避风险的有效控制策略。在这种情况下，创业者应考虑放弃这样的创业机会。当然，如果创业机会带来的风险过大，创业者无法承担，或无法确认机会的风险收益能满足创业者的期望值，则这样的创业机会也应放弃。

5. 对创业者的可实现性

从客观角度分析，一个创业机会可能非常有价值和市场潜力，但这个创业机会对于特定的创业者而言，就不一定是好的创业机会。因为，创业者必须通过系统而理性的分析，确保拥有开发创业机会所需的技术、资源和能力，必须能把控和撬动某个创业机会。通俗地说，创业者要明确对于自己来说，某个创业机会有实现的可能性。

分析、判断某个创业机会对于具体创业者的可实现性，创业者可通过回答以下几个问题，根据实际情况做出理性的判断。

1）是否拥有或有能力整合到开发利用特定创业机会的必要且关键的资源。

2）是否拥有或可能构建竞争优势，有应对竞争的能力，不会被对手挤垮，能获得一定市场占有率。

3）是否允许试错，是否有机会中途校正或调整创业路径，不会被锁定在“刚性的创业路径”上。

4）是否能有效应对并有能力承受创业机会带来的风险。

上述四个问题，如果有一个存在不确定或问题，那么这个创业机会就不属于你。创业者需要重新寻找和识别新的创业机会，启动自己的创业之旅。

实践活动

创业机会识别和把握的能力评估

回答以下问题，答“是”得1分，答“否”则不计分，请统计你所得的分数。

1）你是否曾经为了某个理想而设下两年以上的长期计划，并且按计划进行直到完成？

2）在学校和家庭生活中，你是否能在没有父母及师长的督促下，就可以自动地完成分派的工作？

3）你是否喜欢独自完成自己的工作，并且做得很好？

4）当你与朋友们在一起时，你的朋友是否常寻求你的指引和建议？你是否曾被推举为领导者？

5）求学时期，你是否有赚钱的经验？是否喜欢储蓄？

6）你是否能够专注地投入个人兴趣连续10小时以上？

7）你是否有习惯保存重要资料，并且井井有条地整理，以备需要时可以随时提取查阅？

8）在平时生活中你是否热衷于社区服务工作，是否关心别人的需要？

9）不论成绩如何，你是否都喜欢音乐、艺术、体育等课程？

10）在求学期间，你是否曾经带领同学完成一项由你领导的大型活动，如运动会、歌唱比赛、画海报宣传活动等？

11）你是否喜欢在竞赛中看到自己表现良好？

12）当你为别人工作时，发现其管理方式不当，你是否会想出适当的管理方式并建议改进？

13）当你需要别人帮助时，是否能充满自信地要求，并且能说服别人来帮助你？

14）当你需要经济支援，是否能说服别人帮助你？你在募款或义卖时，是否充满自信而不害羞？

15）当你要完成一项重要的工作时，是否总是给自己足够时间仔细完成，而绝不会让时间虚度，在匆忙中草率完成？

16）参加重要聚会时，你是否准时赴约？在平时生活中，你是否有时间观念？是否能充分运用时间？

17）你是否有能力安排一个恰当的环境，使你在工作时能不受干扰、有效率地专心工作？

18）在你交往的朋友中，是否有许多有成就、有智慧、有眼光、有远见、老成稳重的人物？

19）你在社区或学校社团等团体中，是否被认为受欢迎的人物？

20）你是否认为自己是个好的理财者？当储蓄到一定数额时，你是否能想出好的生财计划，赚取更多的利润？

21）你是否愿意为钱辛苦地工作？钱对你来说是否重要？你是否可以为了赚钱而牺牲个人娱乐？

22）你是否有足够的责任感为自己完成的工作负起责任？是否总是独自挑起责任的担子，彻底了解工作目标并认真执行工作？

23）你在工作时，是否有足够的耐心与耐力？

24）你是否能在很短的时间内，结交许多新朋友，是否能使新朋友对你留下深刻的印象？

参考结论如下。

0～5 分：你目前并不适合创业，还不善于把握创业机会，应当训练自己的技术与专业能力。

6～10 分：你需要在旁人的指导下去创业，才有创业成功的机会。

11～15 分：你基本能够自我把握创业机会，但是在所有“否”的答案中，你必须分析出自己的问题并加以纠正。

16～20 分：你个性中的特质，足以使你从小事业慢慢开始，并从妥善管理中获得经验，成为成功的创业者。

21～24 分：你有无限的潜能，只要懂得掌握时机，你将有可能在未来的商场上取得巨大的成功。

第三节 创业机会的分析与评价

在创业者识别出了某个创业机会，并对创业机会进行了初步的分析和判断后，为确保创业的可行性和确认创业机会被开发利用的价值性，创业者还需要对创业机会进行系统、深入、有效的分析与评估，以降低创业风险，提升创业成功率，做出科学而理性的创业选择。

一、有价值创业机会的特征

一个较好的、有商业价值与发展潜力的创业机会，通常具有以下八个方面的特征。

1. 盈利周期短

一般来说，能够在两年内达到盈亏平衡或者取得正收益的创业机会称为有价值创业机会。因为对于大多数创业者而言，需要三年甚至三年以上才能开始盈利的创业机会或创业项目，对创业者、创业合作伙伴和投资者的财务负担大且风险较高。除非特定创业机会或项目具有重大利好及发展前景，否则长期负资产运营除对创业者投入和合作伙伴的耐力要求提高外，对投资者的吸引力还大大降低。因此有价值的创业机会往往具备短期盈利能力。

2. 市场规模足够大

市场规模大小决定了市场总营业额的上限，也就是通常所说的企业“天花板”。一般来说，市场规模和价值越大，对应该市场的创业机会就越有价值。如果市场规模和价值较小，由于存在竞争对手的“分流”和创业企业的初始市场能力有限等问题，对于该市场的创业企业来说市场占有率不高，有限的市场规模会对其生存和未来发展形成制约。市场规模不够大的创业机会，通常不是有价值的创业机会。

3. 资源需求可承受

创业机会的开发利用，需要匹配必要的资源。创业机会不同，其资源需求也不同。创业者要根据创业机会的资源需求状况，评估自己是否拥有或整合到匹配的资源，并分析自己的承受能力。创业资源需求中最基本的是启动资金，这是创业者必须做好的准备。一般来说，需要的创业启动资金越多，创业机会就越缺乏吸引力。虽然只需要极少甚至零资金的创业机会极其罕见，但是在其他条件相仿的情况下，启动资金需求较低的创业机会价值较大。创业者不宜盲目追求大规模、大投入，要根据自身资产情况和可以掌控调动的资源，合理评估创业机会的价值。

4. 投资收益率高

尽可能实现高的投资收益是创业的主要目标和基本动力。因此，创业者在评价创业机会的价值时，合乎预期的、合理的投资收益率是基本的评估指标。一般来说，投资收益率与持久毛利率、市场占有率和市场增长率等呈正向比例关系。持久毛利率高，说明创业机会具备优秀的盈利能力，盈利能力强则会带来较高的投资收益率；市场占有率和增长率可反映出创业机会的市场发展前景，是投资收益率稳定增长的保证。如果投资收益率能够超过并维持在25%以上，基本可证明创业机会是有价值的；反之，过低的投资收益率则代表着创业机会的价值较低。

5. 成本低

降低成本是提高盈利空间的重要手段，也是评价创业机会价值的重要指标。创业者在开发利用创业机会时，如果能通过先进技术和工艺、创新的商业模式和经营模式、具有成本优势的供应商和高效的销售渠道等方式手段，实现降低产品服务的生产与销售成本，就可建立起市场竞争的成本优势。这样的创业机会，其价值优势也很明显。

6. 门槛与壁垒

任何市场都有一定的准入门槛和壁垒。如果一个创业机会所提供的市场存在很高的准入条件、严苛的资源限制或政策法规调控，那么这样的创业机会成功率会降低，其价值会大打折扣。

市场准入门槛和壁垒是公平的，其对任何准备进入该市场的企业都同等对待。任何事物都具有两面性。过高的市场障碍不利于创业企业，但如果创业者有资源和能力克服，就意味着可建立起有效的竞争优势和一定的市场壁垒；过低的市场准入门槛也会让涌入者大大增加，造成竞争的红海市场。创业者一方面要根据自身情况，分析市场门槛与壁垒，做出创业策略选择；另一方面，要尽可能打造自身竞争优势，构筑一定的市场门槛与竞争壁垒。通常来说，具有一定市场门槛而创业者可跨过的创业机会，是极具价值的。

7. 可控性强

创业机会的价值，是针对开发利用机会的创业者而言的。创业机会再好，如果创业者不能掌控，也是没有任何意义的。创业机会的可控性分两个方面：一是指创业者可抓住创业机会并充分开发利用；二是指创业者在开发利用创业机会的过程中，开发创业机会的诸要素，如资金、产品服务、技术、人才及销售渠道等是可控的。总之，可控性强的创业机会，对创业者而言价值才大。

8. 无致命缺陷

任何创业机会都会存在不足和不利的一面，但需要强调的是，创业机会不能存在致命缺陷，即存在的不足和不利情况可通过创业者的努力与创造力的发挥来弥补。致命缺陷是指创业者根本无法实现、法律不允许、技术不可达到等“致命”性问题。任何致命性缺陷都会导致创业机会失去其被利用的价值。致命缺陷是一票否决的，如果存在，创业机会就不能称为“机会”了，否则创业者必须具备弥补相应缺陷的绝对能力。

当然，以上八个方面的特征是创业机会的“理想”状态，并非所有的创业机会都必然具有所有特征。创业机会具备的上述特征越多，说明机会越好。但需要知道，“完美”的创业机会，必然会招来大批的创业者，竞争会更激烈。因此，创业机会的价值优劣是相对的。

二、创业机会价值的评价标准

（一）蒂蒙斯创业机会价值的评价标准

美国著名创业教育家杰弗里·蒂蒙斯教授通过实践研究，提出了一套系统的创业机会价值评价体系表 4-1。该评价体系以量化的方式将影响创业机会价值的诸多因素分解为 53 项具体指标，这些指标涵盖了创业机会所在的行业与市场状况、机会价值的经济量化、创业机会价值的收获条件、拥有创业机会的创业者所具备的竞争优势、创业机会价值开发的创业团队状况、是否存在致命缺陷与问题、创业者开发创业机会的个人标准、理想与现实的战略性差异等八个维度的内容。创业者可应用该评价体系，对创业机会进行系统、深入、科学、严谨的评估分析，进而就某个创业机会的投资价值和可行性做出理性客观的分析与判断。

表 4-1 蒂蒙斯创业机会价值评价体系

评价维度	具体指标
行业与市场	① 市场容易识别，可以带来持续收入 ② 顾客可以接受产品或服务，愿意为此付费 ③ 产品的附加价值高 ④ 产品对市场的影响力高 ⑤ 将要开发的产品生命长久 ⑥ 项目所在的行业是新兴行业，竞争不完善 ⑦ 市场规模大，销售潜力达到 1000 万～10 亿元 ⑧ 市场成长率在 30%～50%甚至更高 ⑨ 现有厂商的生产能力几乎完全饱和 ⑩ 在 5 年内能占据市场的领导地位，达到 20%以上 ⑪ 拥有低成本的供货商，具有成本优势

续表

评价维度	具体指标
经济价值	① 达到盈亏平衡点所需要的时间在1.5～2年以下 ② 盈亏平衡点不会逐渐提高 ③ 投资回报率在25%以上 ④ 项目对资金的要求不是很大，能够获得融资 ⑤ 销售额的年增长率高于15% ⑥ 有良好的现金流量，能占到销售额的20%～30% ⑦ 能获得持久的毛利，毛利率要达到40%以上 ⑧ 能获得持久的税后利润，税后利润率要超过10% ⑨ 资产集中程度低 ⑩ 运营资金不多，需求量是逐渐增加的 ⑪ 研究开发工作对资金的要求不高
收获条件	① 项目带来的附加价值具有较高的战略意义 ② 存在现有的或可预料的退出方式 ③ 资本市场环境有利，可以实现资本的流动
竞争优势	① 固定成本和可变成本低 ② 对成本、价格和销售的控制较高 ③ 已经获得或可以获得对专利所有权的保护 ④ 竞争对手尚未觉醒，竞争较弱 ⑤ 拥有专利或具有某种独占性 ⑥ 拥有发展良好的网络关系，容易获得合同 ⑦ 拥有杰出的关键人员和管理团队
管理团队	① 创业者团队是一个优秀管理者的组合 ② 行业和技术经验达到了本行业内的最高水平 ③ 管理团队的正直廉洁程度能达到最高水平 ④ 管理团队知道自己缺乏哪方面的知识
致命缺陷	不存在任何致命缺陷
创业者的个人标准	① 创业者个人目标与创业活动相符合 ② 创业者可以做到在有限的风险下实现成功 ③ 创业者能接受薪水减少等损失 ④ 创业者渴望创业这种生活方式，而不只是为了赚大钱 ⑤ 创业者可以承受适当的风险 ⑥ 创业者在压力下状态依然良好
理想与现实的战略性差异	① 理想与现实情况相吻合 ② 管理团队已经是最好的 ③ 在客户服务管理方面有很好的服务理念 ④ 所创办的事业顺应时代潮流 ⑤ 所采取的技术具有突破性，不存在许多替代品或竞争对手 ⑥ 具备灵活的适应能力，能快速地进行取舍 ⑦ 始终在寻找新的机会 ⑧ 定价与市场领先者几乎持平 ⑨ 能够获得销售渠道，或已经拥有现成的网络 ⑩ 能够允许失败

（二）“互联网+”大学生创新创业大赛项目的评审标准

为贯彻落实《国务院办公厅关于深化高等学校创新创业教育改革的实施意见》（国办发〔2015〕36号），激发高校学生创新创业热情，把创新创业教育融入人才培养，厚植大众创业、万众创新土壤，教育部每年举办全国“互联网＋”大学生创新创业大赛。该赛事是面向全国高校大学生的最高规格的赛事，实现了地域、学校、学生类型全覆盖，聚合了最年轻的双创力量，赛出了创新创业“最强大脑”，焕发出强大生机活力。获得项目既有“顶天”的高科技项目，也有“立地”的精准扶贫项目，一些项目是我国高校产生的世界首创，甚至是世界唯一的技术和产品。

该赛事的国赛评审标准（表4-2～表4-4），可以作为创业机会价值评估的参考标准。

表4-2 创意组项目评审标准

评审要点	评审内容	分值
创新性	突出原始创意的价值，不鼓励模仿。强调利用互联网技术、方法和思维在销售、研发、生产、物流、信息、人力、管理等方面寻求突破和创新。鼓励项目与高校科技成果转移转化相结合	40
团队情况	考察管理团队各成员的教育和工作背景、价值观念、擅长领域，成员的分工和业务互补情况；公司的组织构架、人员配置安排是否科学；创业顾问、主要投资人和持股情况；战略合作企业及其与本项目的关系，团队是否具有实现这种突破的具体方案和可能的资源基础	30
商业性	在商业模式方面，强调设计的完整性与可行性，完整地描述商业模式，评测其盈利能力推导过程的合理性。在机会识别与利用、竞争与合作、技术基础、产品或服务设计、资金及人员需求、现行法律法规限制等方面具有可行性。在调查研究方面，考察行业调查研究程度，项目市场、技术等调查工作是否形成一手资料，不鼓励文献调查，强调田野调查和实际操作检验	25
带动就业前景	综合考察项目发展战略和规模扩张策略的合理性和可行性，预判项目可能带动社会就业的能力	5

表4-3 初创组、成长组项目评审标准

评审要点	评审内容	分值
商业性	在经营绩效方面，重点考察项目存续时间、项目的营业收入、税收上缴、持续盈利能力、市场份额等情况，以及结合项目特点制定合适的市场营销策略，带来良性的业务利润、总资产收益、净资产收益、销售收入增长、投资与产出比等情况。在成长性方面，重点考察项目目标市场容量大小及可扩展性，以及该项目是否有合适的计划和可能性（包括人力资源、资金、技术等方面）支持其未来5年的高速成长。在商业模式方面，强调项目设计的完整性与可行性，并给出完整的商业模式描述，以及在机会识别与利用、竞争与合作、技术基础、产品或服务设计、资金及人员需求、现行法律法规限制等方面须具有可行性。在融资方面，强调融资需求及资金使用规划	40
团队情况	主要考察管理团队各成员有关的教育和工作背景、价值观念、擅长领域，成员的分工和业务互补情况；公司的组织构架、人员配置以及领导层成员；创业顾问、主要投资人和持股情况；战略合作企业及其与本项目的关系	30

续表

评审要点	评审内容	分值
创新性	突出原始创意的价值，不鼓励模仿。强调利用互联网技术、方法、思维在销售、研发、生产、物流、信息、人力、管理等方面寻求突破和创新。鼓励项目与高校科技成果转移转化相结合	20
带动就业情况	考察项目增加社会就业份额、发展战略和扩张的策略合理性、上下产业链的密切程度和带动效率、其他社会效益	10

表 4-4　就业型创业项目评审要点

评审要点	评审内容	分值
项目团队	团队成员互补与协调性	20
	组织结构设置合理性	
	股权结构设置合理性	
商业性	生存性和盈利能力	20
	可行性和完整性	
	可复制性	
创新性	岗位创新	20
	技能创新	
	技术创新	
	产业协同创新	
	模式创新	
带动就业	与当地经济发展紧密结合，促进区域社会经济转型升级	40
	带动就业人数	

三、创业机会价值的分析方法

（一）创业机会价值的定性分析方法

1. 创业机会价值定性分析的五个维度

创业机会价值可基于以下五个维度进行定性分析：①特定创业机会的原始市场规模状况；②特定创业机会存在的时间跨度情况；③预期的特定创业机会的市场规模随时间增长速度；④好的创业机会应具备的特点；⑤某一创业机会对特定创业者的现实性。

2. 创业机会价值定性分析的步骤

创业机会价值的定性分析可分为以下五个步骤：①分析创业机会所带来的新产品或新服务产生的商业价值、竞争壁垒与障碍、市场认可程度与竞争程度等；②分析创业机会具有的风险、开发利用的机会窗口；③创业机会所带来的产品如何实现批量生产和保证产品质量；④分析开发创业机会所需初始投资额和必要资源情况；⑤创业者如何控制和应对机会带来的所有风险。

3. 创业机会价值定性分析的五项基本标准

定性分析评价创业机会价值的五项基本标准是：①创业机会具有清晰、可明确界定的市场需求，开发利用机会的时机恰当；②创业者可利用开发创业机会拥有持久的竞争优势；③创业机会可带来高额的价值回报；④创业者与创业机会具有匹配关系；⑤创业机会不存在任何致命的缺陷。

（二）创业机会价值的定量分析方法

创业机会价值的定量分析方法有很多，这里重点介绍常用的两种方法：标准矩阵打分法和贝蒂选择因素法。

1. 标准矩阵打分法

标准矩阵打分法是通过选择对创业机会价值或成功开发利用具有重要影响的因素，建立分析评估的标准，然后请相关专家基于个人判断和分析进行各自打分，最后对分值做加权平均，从而得出以分值进行量化的创业机会价值。

这种方法简单易操作，可行性强，创业机会价值结果一目了然。标准矩阵打分法主要用于不同创业机会的横向对比分析与评价，其量化结果用于各个创业机会的价值高低排序。当运用这种方法对某个特定创业机会价值进行评价时，可以让不同的人来打分，然后将其分值进行加权平均。加权平均后的得分越高，表明该创业机会的价值越被认可，创业机会成功率也越高。

标准矩阵打分法运用的关键有两个：一是打分的因素体系的科学性及其权重设置的合理性；二是打分者需要对创业机会有一定了解和经验，且打分者最好具有结构上的合理性。

2. 贝蒂选择因素法

该方法本质上是标准矩阵打分法的简化版。创业机会价值的分析评估者通过对待评估创业机会的深入了解和研究，参考蒂蒙斯创业机会价值的评价体系，针对创业机会的评价需求，分析该创业机会符合指标要求的数量：如果符合的指标数量少于 30 个，说明该创业机会的价值性存疑，很可能存在很大问题与风险；如果高于 30 个，则说明该创业机会比较有价值潜力，值得付诸实践，进行机会开发的尝试。应用该方法时需要注意，如果创业机会存在致命缺陷，需要一票否决。

实践活动

创业项目评估

以下为大学生创业项目。

团队开发出人工仿生蛋白，能够修复牙釉质和牙本质，在此基础上研发的护齿凝胶，可以用于龋齿预防和治疗，具有无氟、安全、高效的特点。龋齿又叫作蛀牙、虫牙，是一种发生在牙齿釉质和牙齿本质部位的牙病变。目前，龋齿和肿瘤、心血管疾病三种疾病并称为人类最需重点防治的疾病，危害性极强。我们日常所使用的牙膏、洁牙粉等牙齿护理产品含氟量高，属于再矿化产品，产品功能局限于简单修复牙釉质，修复效果也不甚理想。护齿凝胶项目开创性的功用和效果将为龋齿治疗带来革命性冲击。未来，这一项目将以网络平台为主要销售渠道，让有护齿需求的客户能够方便快捷地购买到本产品。

请根据以上项目信息，评估该项目是否可行，并通过填写如表 4-5 所示的项目评估表来具体评估这个项目是否为好的商业机会。

表 4-5　项目评估表

评估方面	盈利时间	市场规模	资金需求	毛利率	成本结构	门槛限制	缺陷	可控性
评估结果								
你的结论								

实践训练

活动一　寻找创业机会

1. 目标

通过本次训练找到合适的创业机会。

2. 时间安排

40 分钟。

3. 活动进程

（1）内部挖掘创业想法

结合自身实际，“从我出发”挖掘创意，按以下思路，分组写下想到的创业想法，不考虑可行性，尽量多写。将创业想法的关键词填写在表 4-6 中。

表 4-6　内部挖掘创业想法构想表

思考角度	创业想法
① 掌握的专业知识技能	
② 参加的行业实习或专业实践	
③ 与专业相关的兴趣、优势或特长	
④ 专业学习中曾讨论或闪现的	
⑤ 从接触的专业设备、实物等展开联想	
⑥ 生活中与专业相关的产品或服务引发的	
⑦ 可利用哪些专业行业人脉资源	
⑧ 拥有的市场和销售资源、客户资源、渠道资源、技术资源等	

然后根据表 4-6 汇总本小组成员的创业想法，梳理归类出创业机会，最后再看看有哪些本组未想到而其他小组想到的创业机会。

解读：创业想法是用简短精确的语言对打算创办的基本业务的描述。创业想法应当包括企业将销售什么产品或服务、企业将向谁销售产品或服务、企业将如何销售产品或服务以及企业将满足顾客哪些需求等。产生创业想法的方法很多，但是不论采取哪种方法，产生创业想法都要注意结合自己的专长、专业、兴趣、爱好及市场需要，自己熟悉、擅长和有市场需求的领域更有潜力。

（2）外部挖掘创业想法

小组采用头脑风暴、网络搜索等方式，通过分工合作，按表 4-7 中所列思考角度有针对性地搜集专业对应行业的相关信息，并列出想到的所有创业想法（不考虑市场、技术、资金等可行性），填写在表 4-7 中。

表 4-7　外部挖掘创业想法构想表

思考角度	创业想法
① 产业政策导向，未来发展趋势	
② 技术升级与突破，查询本校专利成果	
③ 行业变化和发展趋势	
④ 某些垂直领域，有没有市场空隙	
⑤ “互联网+”模式进行升级与创新	
⑥ 结合互联网技术、大数据、物联网和人工智能等新技术	
⑦ 企业发展存在哪些困难和瓶颈	
⑧ 负面新闻、不协调现象、意外事件等	
⑨ 用户问题和痛点	
⑩ 网络搜索	

然后根据表 4-7 汇总本小组成员的创业想法，梳理归类出创业机会，最后再看看有哪些本组未想到而其他小组想到的创业机会。

解读：合理而周密的创业想法可以避免日后的损失。如果创业想法不合理，那么，创业注定是会失败的。在产生创业想法时，要开阔思路，尽可能产生更多的想法，便于最后筛选出更好的创业机会。

（3）创业机会分析筛选

1）对产生的创业机会，通过集合法找到其交集部分，并记录在下面。

____

____

____

2）逐一论证交集部分的创业机会，如果没有市场价值就将其淘汰，将剩下的创业机会记录在下面。

____

____

____

____

解读：认真思考每一个创业机会，通过集合法，找到其交集部分，从而得到一些综合的创业机会，然后通过对综合的创业机会进行市场价值分析，淘汰没有市场价值的创业机会。

（4）机会排序

1）将以上产生的创业机会，进行小组投票，筛选出小组认为比较好的3～5个创业机会。

2）对以上创业机会，进行量化打分，排出优先顺序，填写在表4-8中。

表4-8 创业机会评估

创业机会	盈利时间	市场需求	规模资金	毛利率	成本结构	缺陷	可控性
机会1							
机会2							
机会3							
……							

3）汇总分数，排名前三的创业机会是：

第一名____________________

第二名____________________

第三名____________________

解读：淘汰没有市场价值的创业机会，筛选出3～5个创业机会并对其按照盈利时间（分值14分）、市场需求（分值14分）、规模资金（分值14分）、毛利率（分值14分）、成本结构（分值14分）、缺陷（分值15分）和可控性（分值15分）等方面进行量化打分，按照每个机会得分多少，由高到低排名，最后选出前三名。

（5）机会筛选

1）对排名前三的创业机会，进行初步调查分析：目标市场需求网上信息调查；行业竞争状况调查；可实现目标可能性的初步条件分析。

2）对以上三个机会进行SWOT分析。

3）最后选定的最佳创业机会是：____________________。

解读：对排名前三的创业机会，采取网上信息调查、行业竞争状况及实现目标的可能性的初步条件进行分析；经过调查分析后，再对三个创业机会进行SWOT分析。SWOT是英文单词strength（优势）、weakness（劣势）、opportunity（机会）、threat（威胁）的缩写。优势和劣势是企业内部因素：优势是指计划创办企业的积极方面；劣势是指计划创办企业的弱点或不太擅长的方面。机会和威胁是企业外部因素：机会是指周围对企业有利的潜在发展机会；威胁是指可能发生的对企业产生负面影响的事情。通过SWOT分析，最后选定最佳的创业机会。

活动二 列举共享经济的创业项目

想一想，或通过网络搜索，说一说你知道哪些共享经济模式的创业项目，并分析这些项目解决的问题或用户的痛点是什么。

1. 目标

通过寻找和评估共享经济模式的创业项目来提高识别创业机会的能力。

2. 时间安排

20 分钟。

3. 活动进程

1）根据全班学生总人数确定分组数，每组以 4～6 人为宜，每个小组找 2～3 个创业项目。

2）各组对找到的创业项目进行评估，分析创业项目的可行性。

实践拓展

寻找并评估自己的创业机会

四人一组，分组通过讨论与市场调研，寻找身边的创业机会。小组内每个成员分别按表 4-9 中的标准（每项最高分 10 分）对创业机会的价值进行评估，最后计算出总分。各小组通过介绍自己的创业项目，进行团队评比。

表 4-9　创业机会价值的评估

标准	成员 1 打分	成员 2 打分	成员 3 打分	成员 4 打分	总分
产品生命长久（3 年）					
易操作性					
市场接受度					
不存在任何致命缺陷					
成长潜力					
总分					

第五章 创业风险及其识别应对

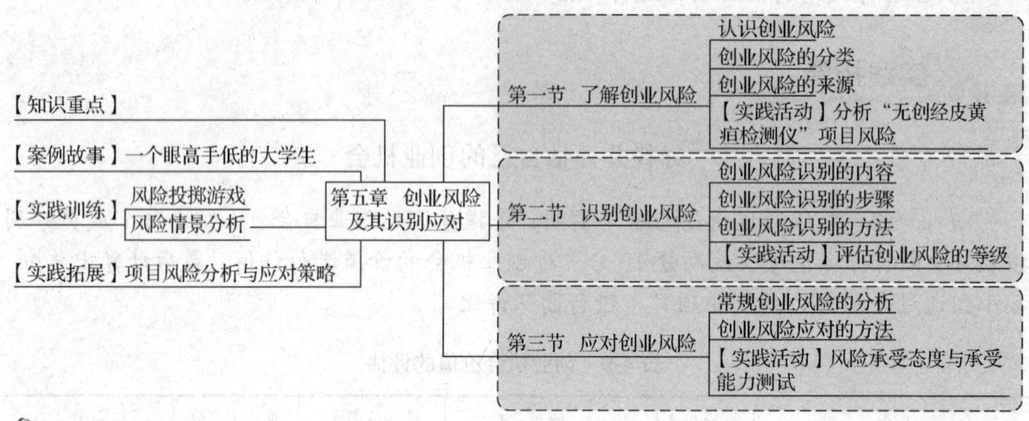

知识重点

1. 风险和创业风险的概念与特征。
2. 创业风险的常见分类和主要来源。
3. 创业风险识别的内容、步骤和方法。
4. 常规创业风险的特点和影响因素。
5. 创业风险应对的主要方法和策略。

【案例故事】

一个眼高手低的大学生

小刘是南方人，从大学开始，他就比其他同学更渴望成功，经常帮商家跑业务，倒卖生活用品……通过自己的勤奋，小刘积累了第一笔资金。

毕业后，小刘去了某家电商公司做销售，做了一年多，觉得没太大意思，开始想自己做，但没有明确的方向。这时，小刘原来认识的一位何总找到他，何总想在上海成立一个新公司做电商，找小刘当 CEO（首席执行官），并给小刘开出优厚的条件：一是提供住房，二是每月 1.5 万元的固定月薪，三是新成立的公司 10%的股份。小刘爽快地答应了何总的合作请求。

何总在上海人脉广，很快就找到了一个既便宜又不错的写字楼。小刘买了一些二手电脑和办公桌，接着招了四个没有经验的年轻人，基本都是大学毕业生。

何总按照约定，给小刘他们打来了一个月的工资和基本运营费用共 20 万元，并保证很快会把 200 万元全部打过来。何总已经有一批服装在手上，这批货物是他们的第一批产品。这几个年轻人兴奋十足，准备大干一场。当时他们毫无经验，以为只要搭建一个网站，有流量，做好所谓的用户体验，生意自然就会来了。

小刘把账上的钱全部投入到网站开发中。在网站开发那段时间，事先招聘的几个员工每天除了看看报纸，喝喝茶就没多少事。网站上线后，小刘和同事把产品图片传到网站上，写软文，去各个论坛发帖子，到各大 QQ 群去宣传。做了大量宣传推广后，除了认识的朋友外，网站几乎没有任何访问量。

一段时间以后，衣服一件也没卖出去，何总也迟迟没有将之前承诺的款项打到公司账上，但公司几个人的工资还需要发。小刘决定发挥自己线下销售的能力，除了留一个人待在公司负责日常事务外，其他人全部跟他出去推销衣服：把衣服放在各个服装小店免费代销；跟淘宝店主联系，让他们代销。就这样很快打开了局面，衣服慢慢有了一些销量，有了很少的收入。

就在公司业务开始有些起色的时候，小刘和何总有了分歧。何总认为小刘这种做法违背了自己当初的想法。他认为公司必须做电商，否则就不再投资。小刘在这个公司实际毫无话语权，不得不妥协。这次争吵之后，何总派了一个财务过来，规定超过 5000 元的支出都需要财务签字，然后再次告诉小刘必须完成销售任务。

小刘想找电商行业里的人交流，但他根本没有电商圈的资源。他也想过入驻较大的电商平台，但对方都要求商品必须有品牌，而他们售卖的衣服连个正规的品牌都没有。半年后，他们几乎毫无建树，公司不得不关门大吉。最终，小刘跟何总解约，离开了上海。

启示：

创业风险在所难免，面对创业路上的风险，大学生应该保持良好的心态。无论是在学习、工作还是生活中，大学生都需要具备一定的抗压能力。创业，更是如此。风险发生前，我们要客观分析，做好风险防范预案；风险发生时，我们要不急不躁，冷静处理，把损失控制到最小；风险发生后，我们要及时总结，吸取经验教训，尽最大可能规避风险。总之，我们要学会主动地控制风险，把风险掌握在自己手里。

第一节　了解创业风险

一、认识创业风险

创业风险是指创业活动过程中客观存在的影响创业活动顺利推进甚至造成创业活动终止的不利因素，包括可能遇到的创业困难及带给创业者或创业企业的利益损失。创业风险具有以下几个方面的基本特征。

（一）客观存在性

创业风险是客观存在的，任何创业活动都存在不同程度的风险：一方面，创业环境存在着不确定性；另一方面，创业机会的识别开发、创业资源整合利用与创业企业的运营等过程极为复杂，也存在着各种不可预料或不可控制的状况。这些都会给创业活动带来风险。

（二）不确定性

创业风险虽然客观存在，但创业风险会在什么时间、什么情况下发生和发生的可能性有多大，创业风险发生造成的后果或损失有多严重，往往是无法准确预测的，即创业风险存在不确定性的特征。例如，预测的市场需求发生了变化，技术遇到开发瓶颈，竞争环境发生了根本改变，资金、团队等因各种原因未能及时到位等都会带来无法预料的创业风险。创业风险的不确定性意味着创业风险随时随地都可能发生。创业者要树立创业风险的意识，时刻保持谨慎。

（三）可识别评估性

虽然创业风险具有一定的不确定性，但创业风险的影响因素、发生条件、发生概率和后果损失还是有规律可循的。创业风险具有可识别与可预测的特点，即创业风险是可管理和可规避的。为有效应对风险和降低风险损失，人们通过研究各个领域和各类风险发生的事件与规律，总结了各种风险管理技术和方法。目前，识别评估风险既有定性的方法，也有定量的方法。通过定性或定量方法对创业风险进行科学的识别和评估，创业者可获得可靠依据，从而进行有效的创业风险管理。创业风险的定性评估方法主要有案例资料法、调查法和概率法等，定量评估方法主要有技术分析法、财务分析法和盈亏平衡分析法等。创业者要树立风险防范的主动意识，学习掌握风险管理技术，培养识别创业风险的敏感性，提高创业风险的识别与预测能力，以有助于管理与规避风险，降低创业风险损失和创业失败的可能性。

（四）可驾驭控制性

创业活动是创业者发挥主动性和创造性，组织管理技术、人才等资源与生产销售等经营过程的社会活动。创业活动有规律，创业风险也有一定的规律。通过风险分析，某些风险在一定程度上，创业者是可以驾驭和控制的。也就是说，创业风险具有可驾驭和可控制的特点。创业过程中的风险，是与创业者的创业行为与管理决策直接相关的。创业者不要惧怕风险，要提高驾驭控制风险的能力，善于预防、避免和转移风险。

（五）损益双重性

风险意味着可能带来不利后果或利益损失，但也意味着利益回报。如果能有效管理风险，是可以把风险转化为有利机会或收益的。创业风险与机会收益是共生并存的。成功的创业者都是冒着各种创业风险，通过自身创造性的努力，抓住机会，获得创业回报的。创业风险的损益双重性提醒着创业者：一方面要客观分析风险可能带来的损失和代价，评估自己的风险承担能力；另一方面要敢于面对风险，并善于将风险转化为机遇和收益。

二、创业风险的分类

依据不同的标准和维度，创业风险可分为不同的类型。下面简要介绍创业风险的一些常见类型，以便于了解和分析创业可能存在的各种风险。

（一）环境风险

环境风险是指创业活动所处外部环境发展变化和存在的不确定因素给创业带来的不利影响或损失。

（二）机会风险

机会风险是指因创业机会被开发和利用而存在的一些不确定性所带来的风险。

（三）技术风险

技术风险是指由于技术方面的因素及其变化的不确定性而导致创业失败的可能性。技术创业，特别是高新技术创业，投资大且投资周期长，技术前景、寿命和效果存在着不确定性，这些都会带来一定风险。

（四）市场风险

市场风险是指由于行业市场的不确定性带来不利影响或可能损失的风险。市场风险主要表现为市场波动、消费者购买力、竞争状况、市场接受度和增长率等具有不确定性。

（五）政策风险

政策风险是指由于法律法规、税收政策、行业管制政策等调整改变而对创业产生不利影响或损失的风险。

（六）管理风险

管理风险是指因创业企业管理不善、经营不当等所产生的风险。管理风险主要表现为战略管理、人力资源管理、财务管理、生产管理、市场管理、销售管理和客户管理等方面问题带来的各种风险。

（七）生产风险

生产风险是指创业企业在生产过程中，因生产工艺落后或不合理产生产品质量问题、原材料供应不及时或短缺、生产周期长和成本高等而产生的风险。

（八）资源风险

资源风险是指在创业过程中，创业者所拥有、掌控、整合的资源具有不确定性和有限性所带来的风险。资源风险常常表现为资金短缺或周转不灵、劳动力成本高、设备落后或不足及场地受限等问题。

三、创业风险的来源

创业风险从根本上说，主要来源于以下三个方面。

（一）创业环境的不确定性

创业环境是动态发展的，具有不确定性和不可准确预测的特点。从宏观层面看，社会环境、经济环境和政治环境都存在着不稳定性因素，时刻发生着变化。特别是在当今全球化时代，无法预知的“黑天鹅事件”可能会引发社会、经济和政治的变革。从中观层面看，创业活动所在行业、区域也存在一定的发展变数。例如，行业竞争格局和区域的法律法规的变化，可带来一定的创业风险。从微观层面看，创业活动针对的目标市场、消费者、依赖的技术、原材料和销售渠道等由于各种因素影响导致的变数，会产生某些创业风险。

（二）创业活动的复杂性

创业活动本身是一种高风险、复杂的实践活动。创业活动需要经过创业前各种准备、创业机会的识别分析、创业资源整合、产品服务开发与销售、新企业开办和运营管理等一系列复杂的活动。在创业的每个环节和步骤，都会面临一些风险。比如，创业所开发利用的创业机会，其本身就具有复杂的系统性风险（客观存在但创业者不可掌控而只能监测的外部环境风险）和非系统性风险（创业者通过自身努力可防范、规避的风险）。

（三）创业主体的局限性

创业活动是靠创业者及其团队，包括创业投资者、生产销售合作者等主体推动实施的。面对复杂的创业活动和外部环境的变化，创业主体的创业实力和行为决策能力等都或多或少存在着一定局限性，这也必然会带来某些创业风险。特别是核心创业者往往会因其主观决策失误带来风险，导致创业损失甚至创业失败。

分析“无创经皮黄疸检测仪”项目风险

某大学生创业团队研发了两种产品：一种是普通无创经皮黄疸检测仪，另一种为婴幼儿无创经皮黄疸检测治疗仪。普通无创经皮黄疸检测仪，能够对患者病情进行监测与评估，成本较低，测量精度能达到99%以上，高于目前市场上绝大部分胆红素浓度测量仪器，且无创无痛，能满足各大医院普通患者需求。两款产品都具有测量信息储存和外部数据传递等功能，以便对医疗大数据进行录入和分析反馈，使数据库不断完善，让本产品适用于更广泛人群。与此同时，当医疗研发团队、国家政府部门等需要病人胆红素数据和发病分布情况时，可通过互联网访问数据库，获取大量有效医疗数据，从而加快医疗团队药物研发，或给予政府部门宏观调控的数据支持。

试分析以上项目可能存在哪些风险？风险的来源主要有哪些？

第二节　识别创业风险

一、创业风险识别的内容

创业风险识别的基本内容包括两个方面，感知创业风险和识别创业风险。感知创业风险是指创业者通过各种方式方法和步骤，识别出创业过程中存在的各种风险；识别创业风险是指创业者将感知的风险通过归类、分析等方法，找出创业风险产生的原因、发生条件和影响因素，以及确定风险大小、等级、性质和对创业的影响程度，为有效应对和管理创业风险提供依据。

创业风险识别能力是创业者必备的创业基本能力之一。创业风险识别要求创业者必须树立风险意识与风险管理意识，了解创业风险识别的途径，掌握创业风险识别的科学方法，逐步提升创业风险识别能力。

二、创业风险识别的步骤

（一）确定创业风险的来源

识别创业风险，第一步是梳理并分析创业风险的根本来源、直接来源和可能来源，参考创业的各种分类，结合创业者和创业活动的实际，重点判断出哪些方面存在不确定性。需要注意的是，创业风险来源及产生创业风险的各种不确定性因素必须客观存在而非主观推测，尽量通过调查研究和具体信息分析来确定。如果不能证明或无充分的理由说明导致创业分析的不确定性因素是不以人的意志转移的事实存在，就不是风险的来源及其产生因素。

（二）梳理并制订创业风险的清单

在确定了创业风险的来源及其产生因素之后，需要据此列举出相应的、可能存在的各种创业风险。澄清、列举和拟定创业风险：一方面，要掌握创业风险产生的内在规律，参考创业风险研究总结出的各种可能风险；另一方面，要基于创业者及其团队的知识经验，参考类似的创业模式、创业企业或失败的创业案例，对创业活动进行深入、系统、严谨的研究和分析。列举出创业风险后，可通过创建创业风险清单的形式进行直观、系统、全面的表达。创业风险清单是各种风险的列表，列表信息除了要包括创业风险名称外，还要相应列出产生创业风险的风险因素（不确定性因素）、风险来源和必要的备注信息。这样的创业风险清单不仅可以清晰表达出创业过程中存在的各种创业风险，而且可以进一步梳理、确认该类创业风险是否客观存在。

（三）确定重要风险事件并测算风险损失

创业者要根据创业风险清单所列出的各种风险及其来源和不确定性因素，结合创业实际情况对其进行逐一分析和推测可能发生的风险事件；利用创业风险分析的方法和工具，结合所掌握的具体信息和创业实际情况，测算出风险事件可能带给创业活动的影响和损失程度。测算创业风险可能产生的影响与损失：一方面，可定性描述对创业活动的影响程度；另一方面，尽可能测算出定量的损失程度，如对成本、销售额、利润、盈亏平衡周期等绩效指标的量化影响。

（四）对创业风险进行归类与排序

通过上述步骤，对创业风险来源与因素、风险事件及风险损失有了系统的梳理和分析之后，为了更好地把握创业风险的特征与性质，做好创业风险的预防和管理，需要对创业风险进行合理的分类与排序。创业风险的分类，可参考本章第一节的相关知识，结合创业风险来源、要素、影响等实际情况，分析它们之间的关联程度和共性，自主进行梳理归类。然后，依据创业风险发生的概率或频次及影响损失的严重程度，对各类创业风险进行排序。对创业风险进行科学、合理、清晰的分类与排序，有助于创业者做好创业风险的管理。

（五）进行创业风险评估预测

创业风险评估需要充分、有效、准确、直接相关的数据、信息和资料。创业风险评估所需的信息资料可通过各种途径获取和梳理，如有针对性的调查研究、提取真实的运营数据等。创业风险评估的方法有定性和定量两类。创业风险评估定性分析法是指评估者依靠自身的知识经验、直觉判断等，运用综合分析、归纳演绎和抽象概括等思考方法，对创业风险的性质特点、变化规律、影响后果等给出主观的分析评价结论。创业风险评估定量分析法是指通过对创业风险相关统计数据信息，运用特定数学方法或模型，运算得出量化的评估结果。

创业风险预测，是指在创业风险评估的基础上，对创业风险评估结果给出概括性、推理性的结论。创业风险预测主要是对创业风险概率大小、风险损失程度、风险等级和风险变化趋势等进行预测判断。创业风险预测通常使用风险预测图来表达和衡量风险的大小。常见的创业风险预测图是运用二维的坐标图来呈现。创业风险预测图的横坐标用来表示创业风险发生的频次或概率，纵坐标用来表示创业风险可能带来的后果损失大小。通过绘制不同概率和不同损失程度的各类创业风险曲线，可直观分析各种创业风险对创业的影响和风险管理的重要性。曲线离坐标的原点越远，表明该类创业风险越重要，风险程度也越高，需要重点对待。

三、创业风险识别的方法

识别创业风险的方法有很多，本书重点介绍以下几种常见方法。

（一）创业环境扫描法

创业环境扫描法是指通过对创业的内、外部环境的扫描，搜集、整理和分析出对创业可能产生不利影响或损失的关键要素及信息，发现、辨别创业活动中存在的各种风险的一种创业风险识别方法。

运用创业环境扫描法，必须确定扫描的执行者、频次、范围和内容。其中，创业环境扫描执行者的职位、知识经验和能力，直接影响扫描结果的准确性和有效性；扫描频率和范围直接影响创业风险识别的及时性和精准性；扫描内容直接影响创业风险识别的效率及与创业要素的相关程度。虽然理论上加大创业环境扫描的频率和范围有利于及时、全面地识别与把握创业风险，但实施成本也在加大。根据创业及风险管理的需要，扫描范围和内容指标一般分为两类：外部环境主要扫描社会经济发展变化趋势、相关法律法规和政府政策信息、行业产业发展变化信息、竞争者信息、市场信息、消费者信息和技术信息等；内部环境主要扫描创业资源信息、产品服务信息、人力资源信息和财务信息等。

（二）情景分析法

情景分析法是指对创业过程中的偶发不利事件、潜在的不利情境和可能引发风险的负面现象进行分析评估，从而识别创业风险的一种方法。情景分析法通常被创业者采用，用于危机处理、风险识别与风险决策。通过情景分析来识别创业风险，既可对已经发生的事件或情景进行分析，也可基于一定的假设情景进行模拟分析。前者主要用于帮助创业者认清形势，对后果和损失进行科学分析，做出合理的反应和决策；后者主要用于帮助创业者认清风险发生后带来后果的严重程度，评估对创业的影响程度。由于不利事件和情境通常比较具体而复杂，需要运用相应的风险分析方法和使用者的主观经验判断，才能快速、准确地识别出风险的等级和后果的严重程度。

运用情景分析法进行创业风险识别，主要包含以下五个步骤。

1. 准确定义情景

定义情景是情景分析的前提和基础，其定义的准确性和全面性直接影响着创业风险识别的准确性和全面性。无论是定义已经发生的情景，还是模拟设定创业发生的情景，都需要围绕创业要素、影响创业成功的重要性和风险后果严重性进行系统、全面、准确的定义。

在定义情景时，明确给出足够的细节信息和描述出关键问题是很有必要的。只有如此，才能保证分析者全面、深入地理解情景，才能确保后面所做出的分析和判断不偏离主题，进而准确识别出其中蕴含的创业风险及风险损失程度。

2. 系统分析情景中的风险因素

在确定并定义好要分析的情景之后，就可以对情景进行分析了。在这一步，重点和目标是通过对创业过程中的情景进行系统、深入、全面的分析，找出情景中存在的和相关的可引发风险的各种因素。在分析情景时，可组织情景所涉及的各种角色和产生风险可能影响到的人共同分析，以保证情景分析的全面性和系统性。情景分析的参与者要根据情景描述和分析问题的清单，结合自己的角色及职能深入分析情景中的各种可能产生风险的影响因素、风险发生的条件及风险可能产生的后果。在此步骤中，一般要求分析者独立完成分析工作后，再通过集中讨论的方式加强沟通与联系，完善情景分析，以做到透彻分析情景中包含的创业风险因素。

3. 预测情景带来的风险及其影响

这是情景分析的最为关键而重要的一步。通过对上一步分析出的各个风险因素进行评估，预测出情景可能带来哪些创业风险、每种风险在未来特定时间段内的发展变化情况，以及可能产生的损失和影响。在此步骤中，风险及其影响预测的准确性和科学性，受参与者主观方面的经验能力影响较大。因此，最好由相关专家和行业创业经验丰富者参与，这样才能保证创业风险的预测与识别的科学性和准确性。需要注意的是，这里预测的重点不是最有可能发生的风险，而是要识别出不利创业的或是极端的风险及其所产生的后果。预测，通常受主观因素影响，不可能十分精确。在此情形下，可通过构建一个不断改进完善的预测过程来弥补一次性预测的不足，从而获得最优的创业风险评估与预测结果。

4. 风险预测的合并与校验

现在，将上一步根据各个风险因素预测的结果进行合并，从情景的整体系统角度分析出存在的若干风险及其可能影响：一方面，要核对预测结果是否存在矛盾，确保一致；另一方面，要核对预测结果是否存在重复，分析哪些可以综合和优化，以得出合理性的、相对准确的结论。

合并完成后，还需要检验结果与情景的契合性和科学性，以确保风险预测不偏离主题，并评价其是否到位。为检验创业风险的预测是否偏离情景主题，可通过否定、质疑的方法进行思考和讨论。检验创业风险预测结果的科学性，可通过重新比照情景，梳理预测所依据的信息资源是否确凿，检查是否与实际创业活动直接相关。如果有可能，也可通过文献资料、典型案例、历史数据等来对比分析预测的结果，通过邀请相关专家和创业经验丰富的人共同检验，以使检验更合理。

5. 情景风险展示和修正完善

经过以上步骤，情景分析的初步成果已经出来了。为保证创业风险识别的科学性和有效性，还要对预测结果进行修正和完善。修正完善的方法，可采用将情景与识别出的创业风险同时展示给直接相关的人或部门，并征求其意见和看法的方式进行。由于情景分析的过程和方法是非常主观的，有可能会因参与者的经验和信息不足而出现漏洞、分析不到位与不准确的现象。情景与风险展示除了具有进一步修正完善风险识别结果的作用外，还可以让创业者及其团队深入认识可能存在的风险及其严重后果，提高风险防范意识，采取积极行动和有效措施应对可能的创业风险。

（三）调查与检查法

调查法经常用于深入了解情况、发现问题和风险等情况。创业者善用调查法，有助于及时准确、全面系统地识别创业过程中的各种风险。例如，创业前针对创业机会进行市场调查，有助于发现创业机会存在的环境风险和竞争风险；组建团队时对未来合作者做尽职调查，有助于识别团队风险；融资时对内部经营状况和投资者进行调查，有助于防范融资风险；创业者定期做企业经营状况的调查研究，有助于识别各种管理风险等。

对于创业企业的管理者来说，制度性的工作检查有助于识别企业运营过程中的各种风险。工作检查包括各个部门常规工作状况、项目管理和推进状况、生产设施设备运转情况、安全生产等专项检查。工作检查的目的是督促工作、保证绩效和暴露潜在问题，有助于在问题中识别出风险。

实践活动

评估创业风险的等级

创业初期，创业者可能面对各种各样的风险，根据你的创业项目，思考你可能遇到的风险，分析该风险的严重性与风险发生的可能性，在表 5-1 中做出标记。建议先按风险因素逐个分析，再按风险类别进行总结。

表 5-1 创业风险等级评估表

风险类别	风险因素	风险的严重性			风险发生的可能性			风险等级
		高	中	低	高	中	低	
管理风险	管理层水平							
	团队稳定性							
	决策风险							
	组织风险							
	股本结构							
	其他							
技术（产品）风险	技术成功不确定							
	技术效果不确定							
	配套技术不确定							
	技术发展前景不确定							
	技术的可替代性							
	其他							

续表

风险类别	风险因素	风险的严重性			风险发生的可能性			风险等级
		高	中	低	高	中	低	
市场风险	市场接受能力不确定							
	市场接受时间不确定							
	赢得市场竞争优势不确定							
	创新产品扩散速度不确定							
	其他							
财务风险	融资资金不到位							
	产品成本提高							
	销售价格降低							
	通货膨胀							
	其他							
环境风险	国家产业政策							
	社会服务环境							
	社会文化							
	其他							

填好后，再按照表 5-2 分析出每个风险因素的风险等级，填到表 5-1 的最后一列。显然，三级风险是最严重的，是需要我们立即高度重视的风险因素。应及时做好针对各级风险的应对措施。

表 5-2　风险等级分析

风险严重性	风险发生的可能性		
	低	中	高
高	二级风险	三级风险	三级风险
中	一级风险	二级风险	三级风险
低	一级风险	一级风险	二级风险

第三节　应对创业风险

一、常规创业风险的分析

（一）环境风险

1. 宏观环境产生的创业风险

以下主要介绍经济环境、技术环境和社会文化环境所产生的创业风险。

（1）经济环境

经济环境是指影响创业活动的各种经济因素，主要表现为社会购买力水平及状况。

创业者如果对创业活动所在的经济环境及发展变化情况了解不够深入，如对区域经济发展阶段与水平、消费者的收入水平、消费支出的模式与消费结构、消费者的储蓄与信贷情况等把握不准，其创业过程中的各项决策就会出现偏差，从而形成一定的创业风险。

（2）技术环境

认识新技术对当前行业、企业、产品服务和消费者的影响和把握技术环境的发展趋势，是应对技术环境变化带来的创业风险的两个主要方面。在当今时代，新技术诞生和商业转化的速度明显加快、周期缩短，新技术、新模式方面的管理法规增多，新技术给创业者提出了新的要求，给创业企业经营管理带来了新的挑战。创业者如何有效应对技术环境的这些新变化，是应对技术环境变化带来的创业风险的关键。

（3）社会文化环境

社会文化环境是指从事创业活动所在国家或地区的习惯、信仰和价值观念等方面的环境。社会文化环境影响消费者的需求与购买习惯，从而对创业活动产生影响。创业者在分析评估社会文化环境所带来的创业风险时，可从风俗习惯、社会风尚、宗教信仰、语言文字、文化教育、价值观、伦理道德规范、审美观及生活方式等方面进行。创业者要深入、系统、认真地了解和把握社会文化环境的变化趋势，顺应社会文化环境的发展潮流，防范其变化带来的创业风险。

2. 微观竞争环境产生的创业风险

微观层面的竞争环境风险主要来源于创业者所从事行业的竞争壁垒。行业竞争壁垒主要涉及六个方面：①目标市场规模与竞争格局；②消费者接受新品牌的可能性和需要付出的成本；③创业项目投资需求大小和门槛；④目标市场进入壁垒和销售渠道的限制条件；⑤资源竞争程度和状况；⑥技术、产品等竞争力。

创业者在创业时，要对上述创业环境进行调查研究和分析，尽量规避和控制环境带来的各种创业风险。

（二）市场风险

对于创业活动而言，主要面临的市场风险是市场进入和市场拓展过程中的风险。由于受内、外部各种因素复杂性、变动性的影响，市场进入与市场拓展的实际效果往往与预期目标相差较大。市场风险主要来自竞品优势、自身产品和技术、目标用户购买习惯和购买力、营销策略及价格服务等方面。

（三）财务风险

创业者或创业企业的首要目标是保证企业可生存下去，而企业能否生存与顺利发展主要体现在财务的支撑能力。创业者在创业过程中时刻面临着资金、现金流和债务偿还等方面的压力和挑战，即需要时刻面对财务风险。产生财务风险的原因既有企业外部的原因，也有自身内部的原因，而且不同阶段、不同的财务风险形成的具体原因也不尽相同。产生财务风险的主要因素通常有财务决策不合理、资金分配不合理、融资成本和规模不合理、融资不及时、融资方式不合理、负债规模及其结构不合理等。财务风险对于创业者而言是客观存在的，主要包括筹资（融资）风险、现金流风险、投资风险和财务管理风险等。

（四）团队风险

创业团队是创业的核心要素，其能动作用直接关系着创业的成败。创业团队在组建与管理过程中，存在很多不确定性因素和问题，如团队领导者经验能力不足、团队结构不合理、团队管理制度不完善、激励措施不合理和团队沟通不畅等，这些都会产生相应的风险。团队风险产生的来源和因素主要有以下几个方面。

1. 团队组建不当

创业者在创业过程中，如果没有组建起创业活动所需的异质性、胜任性和优势性团队，团队的竞争力和执行力将大打折扣，创业绩效和成功率也会降低，从而产生较大的创业风险。创业团队在组建时，需要基于创业活动中人才及其角色的需要，考虑创业结构合理性，分析团队成员之间的优势互补性和团队整体的胜任力和竞争力。团队组建是否科学，直接影响着团队绩效和创业绩效。

2. 团队沟通不畅

顺畅、有效的团队沟通是团队绩效的保证，是团队协作和团队精神的主要表现。创业团队沟通的顺畅程度影响着团队目标和创业目标的实现效率。团队领导者与团队成员之间、技术团队与市场团队之间需要顺畅的沟通，以保证良好的工作氛围和较高的工作绩效。团队沟通不畅不仅影响工作效率，更是团队矛盾和冲突的反映。团队沟通问题可能带来一定的创业风险。

3. 权益分配不当

创业团队的权益分配是团队组建管理的基础和关键。权益分配主要体现在团队成员的责任权利和股权分配方式、机制及比例上。好的权益分配方案有利于激励团队、保持士气长久和团队稳定。如果权益分配不够明确或团队成员认为对自己不公，轻则会造成工作松懈和团队绩效下降，重则会形成权益分配矛盾，导致团队分离、动荡甚至解散。由于权益分配矛盾造成创业失败的案例很多，权益分配矛盾是创业过程中极易发生且影响巨大的风险。

（五）技术风险

创业技术风险是指由于技术的不确定性而影响创业进程，甚至引发创业失败的可能性。创业需要将特定的技术成果转化为产品服务，进而推向市场，实现创业收益。在创业过程中，产品技术的研发、利用和管理等方面存在不确定性，会面临技术风险。根据技术在不同发展阶段存在的不确定性因素，技术风险可从以下几个方面进行分析。

1. 技术研发期

在技术研发阶段，由于产品原型尚未开发出来，设想的产品无法保证在技术和商业上的可行性，这将带来巨大的风险。在此阶段，技术风险的来源主要包括技术成功与否不确定、技术是否完善不确定、技术研发成本及其时间不确定。

2. 技术决策期

创业者在产品研发时，需要对所采用的技术进行决策：是选择新技术还是选择成熟技术，选择哪种技术方案。在此情况下，创业者无论做出何种选择，都将面临四种不确定性：技术商业前景的不确定性；技术实现预期效果的不确定性；技术实现商业化生产条件（如工艺、原材料、成本和环保要求等）的不确定性；配套技术和技术扩散、转移过程的不确定性。

3. 技术发展期

在取得技术研发阶段性成功和相应产品成功投放市场后，创业者还需要面对技术持续性改进和发展的挑战。在技术发展期，创业者面临的技术风险包括技术满足消费者需求效果和对消费者产生影响作用的不确定性、技术寿命和技术优势保持时间的不确定性及技术更新换代的不确定性。

4. 科技成果转化

对于依靠科技成果进行创业的创业者而言，能否顺利、成功地将科研成果转化为目标市场或消费者所认可的产品服务，能否实现预期的、持续的商业收益，是其所面临的一大风险。科技成果本身虽然具有创造性和先进性，但毕竟是实验室层面的理论性、实验性成果，其距离市场化的商品还很远，存在着转化过程和周期的不确定性，不能保证一定能开发出具有领先性、价值性和适销对路的产品或服务，即科技成果转化不一定能成功，特别是市场上的成功。

（六）法律风险

创业者在创业过程中的行为活动都受法律的规范、约束和保护。创业者如果法律意识不强，缺乏创业相关法律常识，就容易因不符合法律规定和要求付出不必要的成本和代价，也容易使自身合法权益得不到保障甚至遭到侵害。由于法律具有强制性的特点，因此法律风险往往是刚性的，其损失往往是不可挽回的。在创业过程中，涉及的法律法规众多，且法律法规会变化调整。因此，创业者面临的法律风险也很多。

二、创业风险应对的方法

创业风险虽然不可避免，但创业风险是可以控制的。以下介绍几种常见的创业风险应对方法，创业者可根据创业的实际情况采用，以降低创业风险带来的损失。

（一）回避法

在面对系统风险，既不能找到降低创业风险发生概率的有效办法，又无法控制或降低创业风险所产生的损失，更无法承担创业风险的后果时，“回避”策略可能是创业者的“没有办法的办法”。回避，具体是指创业者主动放弃或中止原有的创业设想或计划方案（如放弃当前项目，寻求新的创业方向），或者采取迂回思路（如调整运营模式或改变商业模式）以回避致命性、必然性的系统风险。

（二）防范法

在创业过程中，创业者所面临的主要是各种非系统性风险，即大部分创业风险是可以事先识别和评估的。创业者只要具有风险防范意识，未雨绸缪，对可能发生的各种创业风险进行科学分析和管理，建立创业风险对应的防范措施，是可以做到“防患于未然”的。创业风险的防范措施包括提高创业团队风险意识和风险识别能力，建立风险管理制度和激励机制，重视创业危机预警措施和事故、负面事件的信息收集，对重大决策实行团队决策模式等。对创业活动中存在的各类风险，如技术风险、资金风险和团队风险，创业者可结合自身实际，采取针对性的防范措施。风险防范措施主要实现两个目标：一是控制风险因素，可有效减少风险发生的概率；二是可降低风险发生时带来的损失严重程度。

（三）转移法

创业者在遇到自身无能力承担或不愿承担的风险时，可以考虑使用风险转移法。风险转移法是指将风险带来的损失或责任以某种方式转移给其他主体。常见创业风险的转移途径和方式有三种：一是合同外包或分包转移，如某项生产任务外包、建筑工程分包等；二是通过投保或寻求担保的形式把风险转移给保险公司或担保公司；三是通过改变经营方式转移风险，如技术转让、租赁经营、特许经营及联合经营等方式。需要注意的是，风险转移是需要付出代价的，其自身也有一定的风险。

（四）分散法

分散法可看作转移法的一种。创业风险的分散，主要通过风险组合与风险共担来实现。创业风险的组合和共担主要靠创业主体的多元化和适当增加产品服务、创业项目的数量进行经营等途径来实现。创业风险的分散主要表现为联合投资、合伙创业、合资合营和收购兼并等共同创业的模式和多元化项目经营及产品服务多样化细分的经营模式。

（五）转化法

当某个创业风险已经发生时，一方面，创业者要积极采取各种有利于减少风险损失的措施，尽力防止风险损失的扩大；另一方面，创业者要通过创造性思维，在积极思考风险带来不利局面和损失的同时，思考还有哪些积极、有利的因素可以利用，有哪些方法和手段可减少或弥补风险损失，将风险转化为收益和正面影响，变被动为主动。

实践活动

风险承受态度与承受能力测试

请根据下面的题目，进行风险承受态度和承受能力测试。回答“是”和“否”即可。

1. 风险承受态度测试

1）你是否能接受赔钱？

2）在压力之下，你是否仍然能表现良好？

3）你的性格是否乐观，可以免于过度焦虑？

4）你对自己的决定是否从来都很有信心？

5）在意外损失出现时，你是否能控制住自己的情绪？

6）你去看魔术表演，魔术师邀请观众上台表演，你是否会立刻上台？

7）某大公司想邀请你任职部门主管，薪金比现在多20%，但你对这个行业一无所知，你是否愿意接受这个职务？

2. 风险承受能力测试

1）你父母是否都是工薪阶层？

2）你家庭的月收入是否为中等以上水平？

3）你父母是否已为你购买了疾病及养老保险？

4）你父母或近亲中是否有人经商？

5）一旦你创业失败或者丧失了主要经济来源，你是否依然能体面地生活？

6）你是否有需要归还的较大数额的借款？

3. 测试结果解析

请统计你的答案中“是”的个数。

1）态度测试。如果你的答案超过5个“是”，那说明你属于激进型，如果经营得当，你将成为成功的创业者。不过，这个测试只能告诉你自己属于哪一类人。要成为真正合格的创业者，关键还是要看自己对于风险的承受能力。

2）能力测试。如果你的测试答案全为“是”，说明你是一个抵抗风险能力极强的人。假如你的性格也是激进型的，可以说你有较强的风险承受能力，如果能够利用好风险背后的商业机会，你将会获得创业成功。相反，倘若你的答案大部分是“否”的话，而你又是一个激进的人，那创业对你来说可能需要再次慎重考虑。

实践训练

活动一 风险投掷游戏

1. 游戏说明

1）投掷序号。活动前，让学生报数，学生所报数字就是该学生正式投掷时的比赛序号（游戏人数不超过16人）。

2）站位要求。参与者站位基本与地面垂直，不能过度前倾。这样可以保证科学的投掷距离，体现比赛的公平性。

3）熟悉游戏。正式投掷前，每位参与者可试投三次，不计成绩，以判断自己的手感。

4）记分规则。记分时，结合“站位”进行。如张三比赛投掷时，三次站位分别为5、6、7，结果只有第一次投中，记录成绩组合分别为（5，5）、（6，0）、（7，0），积5分。每个参与者有两次正式投掷。

2. 准备物品

1）1个投掷篮，1把尺子，若干粉笔，1个弹力球。

2）若干奖品。

3）表5-3所示的风险投掷游戏得分汇总表。

表5-3 风险投掷游戏得分汇总

序号	轮次	站位	得分	积分	总分	序号	轮次	站位	得分	积分	总分
1	第一轮					5	第一轮				
	第二轮						第二轮				
2	第一轮					6	第一轮				
	第二轮						第二轮				
3	第一轮					7	第一轮				
	第二轮						第二轮				
4	第一轮					8	第一轮				
	第二轮						第二轮				

续表

序号	轮次	站位	得分	积分	总分	序号	轮次	站位	得分	积分	总分
9	第一轮					13	第一轮				
	第二轮						第二轮				
10	第一轮					14	第一轮				
	第二轮						第二轮				
11	第一轮					15	第一轮				
	第二轮						第二轮				
12	第一轮					16	第一轮				
	第二轮						第二轮				

3. 操作步骤

第 1 步：在教室空地上放好投掷篮位置，并组织游戏参与者标好投掷序号。

第 2 步：确定投掷位。最远投掷位和投掷篮之间的距离约为 3 米。在最远投掷位和投掷篮之间分 10 个等距。每个等距为一个投掷位（共 10 个投掷位），用粉笔在地面上画横线来表示每个投掷位，并标出分数（从离投掷篮最近的投掷位开始分数从 1～10），如图 5-1 所示。

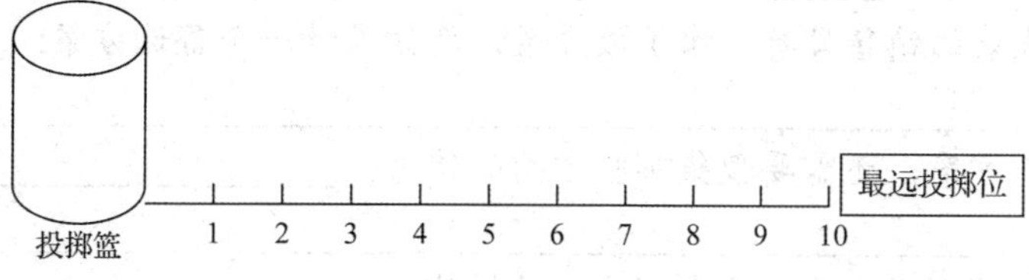

图 5-1　投掷操作示意图

第 3 步：主持人宣布游戏规则和奖品。

第 4 步：第一轮投掷开始，每个参与者可以投掷 3 次，可以自行选择离投掷篮不同距离的投掷位。请一位同学做记录员，依次完整地将投掷者每次投掷（球进入投掷篮中）的分数记录在表 5-3 中，投掷失败记“0”分。

第 5 步：第一轮投掷结束后，参与者根据第一轮实践，进行第二轮投掷。

第 6 步：将两次投掷成绩进行汇总，得出每位参考者的总分，为分数最高的学生颁发奖品。

4. 游戏结果评估总结

1）那些得分最高的参与者有哪些成功的做法？例如，怎样使风险最小化？承担风险前收集了哪些信息，做了哪些准备？最大目标实现没有？没有实现的最大障碍在什么地方？

2）那些得分较低的参与者的问题出在什么地方？例如，这个目标值得冒险吗？决定承担风险前，需要收集哪些信息？

3）那些得分居中的学生对于游戏中的风险采用了什么应对方法？

4）在进行第二轮投掷时，参与者做了哪些调整来提高比赛成绩，为什么？

通过游戏不难发现，获胜的是两类人：一类是投掷技巧娴熟，“艺高胆大”者；另一类是善于搜集信息，“知己知彼”者。这两类人在自己试投时，善于评估自己的投掷实力，确定投掷风险；在别人投掷时，注意他们的试投表现，收集对方信息；在“知己知彼”的基础上，确定自己的投掷目标；在正式投掷比赛中，实施备选方案。

活动二　风险情境分析

1. 活动目标

锻炼学生的风险分析能力。

2. 时间安排

40 分钟。

3. 活动进程

（1）阅读背景信息

某零食生产厂家注意到最近直播带货非常流行，打算在某平台上找网红带货，但网红的佣金较高，且大部分直播数据并不真实。

（2）分组讨论

网红带货的风险主要有：________________________________

以上风险，可以规避的有：________________________________

不能规避的有：________________________________

要实现该决策的销售目标，除了该方案，请你设计一个备选方案：__________

____

权衡这两个方案，还需要搜集哪些方面的信息：________________

____

如果使风险最小化，你认为有哪些应对措施：________________

____

实践拓展

项目风险分析与应对策略

各小组基于自己的创业项目，利用本章的创业风险分析的知识方法，分析项目的主要风险，并给出规避和应对的策略。注意：创业的主要风险不能太多，一般只有一个。因为，如果创业项目到处都是风险，那么这个项目谁还能做成，谁还会投资呢？

第六章 创业团队组建与管理

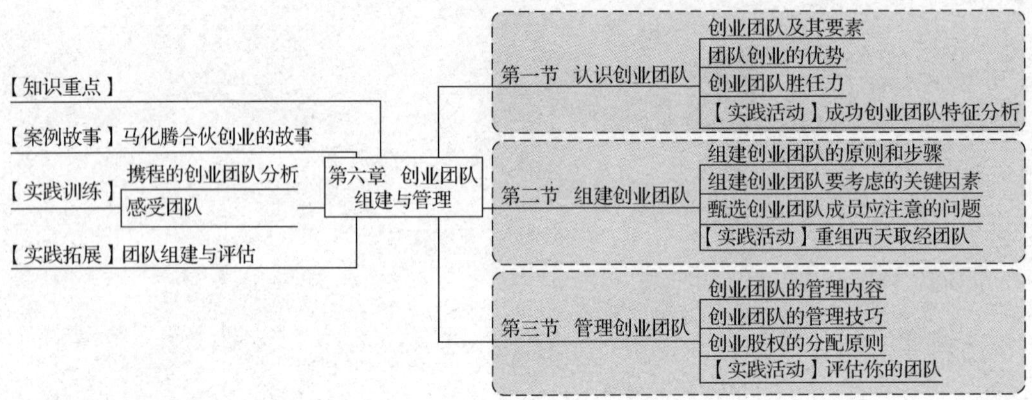

知识重点

1. 创业团队的内涵及其要素特征。
2. 团队创业的优势、创业团队胜任力的维度及其内容。
3. 高绩效创业团队的基本特征。
4. 组建创业团队的原则和步骤。
5. 组建创业团队要考虑的关键因素和甄选创业团队成员应注意的问题。
6. 创业团队的管理内容和技巧及创业股权的分配原则。

【案例故事】

马化腾合伙创业的故事

1998 年的那个秋天，马化腾与他的同学张志东“合资”注册了深圳腾讯计算机系统有限公司，之后又吸纳了三位股东：曾李青、许晨晔和陈一丹。这五位创始人的 QQ 号，据说是从 10001 到 10005。为避免彼此争夺权力，马化腾在创立腾讯之初就和四位伙伴约定清楚：各展所长、各管一摊。马化腾是 CEO，张志东是 CTO（首席技术官），曾李青是 COO（首席运营官），许晨晔是 CIO（首席信息官），陈一丹是 CAO（首席行政官）。

当年相邀四位伙伴共同创业，由马化腾出主要的启动资金。有人想加钱、占更大的股份，马化腾说不行，“根据我对你能力的判断，你不适合拿更多的股份”。因为未来的潜力要和应有的股份匹配，不匹配就要出问题。什么问题？拿大股的不干事，干事的股份又少，矛盾就会发生。中国有句老话：生意好做，伙计难搁。团队的利益问题、权利问题考虑在先就是打好地基。不过，虽然主要资金由马化腾所出，他却自愿把所占的股份降到 47.5%。“要他们的总和比我多一点点，不要形成一种垄断、独裁的局面。”而同时，他自己又一定要出主要的资金，占大股。

如此设计，使创始团队能在维持张力的同时保持和谐。没有人能够独断，保证了意见不合、讨论甚至互相泼冷水的空间，但彼此多年同学，不好意思一不合就撕破脸不认人；被逼着去说服别人，就需要提炼、把问题想得更清楚；彼此定位不同，就从不同的角度来判断，保证认识全面；最后马化腾占大股，该做决定的时候还是有一锤定音的能量。

这就是马化腾，多年前就在为今后可能的陷阱筹谋。到今天，五位伙伴都留在腾讯，不离不弃。马化腾已经深深领悟了不谋全局者不足以谋一域、不谋万世者不足以谋一时的精髓。

到 2005 年的时候，还基本是几个创始人各管一块，但腾讯的业务变得多样化，也更专业化，不可能靠一个人掌管。马化腾对伙伴们讲，一定要培养出下一层接班人。“我们的责任是更多地支持接班人，更多在跨部门之间协调，更多做决策，具体的事情都是交给他们去做。”现在，公司有两个 CTO，一个是创始人张志东，另一个是从微软空降的熊明华。九人的核心高管团队里有四人为外部空降。

“没办法，”马化腾说，“因为有些专业知识，无论怎么补课，就是到不了那个级别。指望你的提高去迎合公司发展的风险太大，所以一定要请人来替换你的功能。”要搞资本运作、要跟国际大公司合作就要靠 CFO 曾振国和行政总裁网大为等空降兵们积累了很多年的专业知识能力，这里充分显示了马化腾的胸怀和智慧。

启示：

可以说，在中国的民营企业中，能够像马化腾这样，既包容又拉拢，选择性格不同、各有特长的人组成一个创业团队，并在成功开拓局面后还能依旧保持着长期默契合作，是很少见的。马化腾的成功之处，就在于其从一开始就很好地设计了创业团队的责、权、利。能力越大，责任越大，权力越大，收益也就越大。这是一个难得的成功的团队创业故事，其理性堪称“范本”。

第一节 认识创业团队

一、创业团队及其要素

创业团队的概念有狭义和广义之分。狭义上说，创业团队是由两个或两个以上具有共同的愿景与目标，共同创办新企业或参与新企业管理，拥有一定股权且直接参与战略决策的人所组成的特别团队。广义上说，创业团队除了拥有股份的核心成员外，还包括参与创业活动的所有相关成员。创业团队成员拥有可共享的资源，按照角色分工相互依存在一起工作，共同对团队和企业负责，不同程度地分担创业风险并分享相应的创业回报。本书采用狭义的创业团队概念。界定是否属于创业团队的条件是：是否具有与创业团队一致的理念和目标、是否拥有股份、是否直接参与创业决策或经营活动。

创业团队的构成，需要具备以下几个方面的要素。

1. 具有共同的理念和愿景

创业团队首先要有共同的创业理念和创业愿景。创业团队所有成员必须一致认同所创办事业的价值、团队的行为理念和创业的目标方向。只有确保理念一致，创业团队才能做到高效沟通和做事默契，才能创造融洽的团队氛围和较高的团队绩效。只有拥有共同的创业愿景，创业团队才能目标统一，形成团队凝聚力，才能化解意见和矛盾。总之，在“道不同，不相为谋”和“同床异梦”的人之间，是无法组成创业团队的。

2. 具有互补的优势和能力

创业团队要实现创业目标和胜任创业活动的要求，需要团队在结构安排上具有互补性。创业团队在知识技能、经验资历、素质能力、个性特质和思维习惯等方面需要有结构上的合理、统筹安排，以构建团队的核心优势和竞争力，促进创业活动的顺利开展。具有互补性优势和能力的团队，可保证决策的科学性和执行创业计划的高效性。一个都是“唐僧”或都是“孙悟空”的创业团队，显然是不利于创业成功的。

3. 拥有必备的机会和资源

创业团队组建和成立的前提是有了有价值的创业机会和开发创业机会所必需的、匹配的创业资源。一个没有确定的创业项目或创业企业的团队，是不能成为创业团队的。当只拥有相应的创意或技术时，如果团队缺乏必要的启动资金等资源就无法顺利启动，不能正常开展创业活动。在此情况下，团队也构不成创业团队。无法拥有确定的创业机会和必备的创业资源的团队，不能算是真正意义上的创业团队，顶多算是创业团队的雏形。

4. 具有顺畅的沟通和协作

创业团队必须依靠有效的团队工作机制、长期的工作配合开展创业活动，获得创业绩效。而高效的团队工作绩效有赖于顺畅的沟通、合理的协同工作来实现。很难想象，一支沟通不畅、无法有效协作、组织涣散的团队能够形成团队合力，更谈不上是可共同破解难题、取得创业成功的创业团队了。高效顺畅的沟通机制、氛围和能力，以及简单高效的协作机制和体系，是创业团队长期存在和发展的要素之一。

5. 具有明确的角色和权益

创业团队需要有明确的角色和分工，以及与角色相匹配的合理权益安排。创业团队必须有一个核心角色来领导，至少需要一个创业的“精神领袖”，即创业团队需要有一个且只有一个“老大”。一个创业团队至少需要管理者、技术者和营销者三种核心角色。创业团队成员需要明确各自的角色职能、职责权限和工作内容及程序安排。创业团队需要根据角色职能与团队贡献明确其成员各自的权、责、利，特别是要建立起团队一致认可的权益分配机制和激励制度。一个角色定位混乱、权责不清和利益分配不完全认可的团队，会产生矛盾和冲突，造成团队不稳定，更无法实现期望的绩效和目标。

二、团队创业的优势

有关研究表明，目前大多数新创企业都是由团队创办的，而从创业绩效看，团队创业无论是创业成功率还是创业企业的经营绩效，都比个人创业要好得多。团队创业与个人独自创业相比，具有以下优势。

1. 异质优势

创业团队是由两个或两个以上的成员组成的，每个成员的知识、经验、能力、行为与思维方式等特质都存在差异，这就是创业团队的异质性。创业团队成员分别有各自的优势和劣势。创业团队与个人创业者相比可以实现优势互补，同时可规避和弥补成员个体的劣势与不足。创业团队可发挥团队合力，解决个人解决不了的问题，实现个人实现不了的目标。创业团队的异质性优势是相对于个人创业者的根本优势。

2. 决策优势

在创业过程中，需要不断做出对创业产生不同影响的各种大小决策。个人创业者进行独自创业的最大风险，来源于其个人的决策风险。创业团队的决策模式是团体共同决策的模式。团体决策模式可有效规避因个人决策风格、决策信息不全、思考不周等带来的不利影响，能发挥集体智慧、知识、经验和信息等优势，其决策过程和决策结果更合理、更科学。创业团队与个人创业者相比，具有明显的团队决策优势。

3. 资源优势

通常来说，创业资源越多对创业越有利。创业团队成员因背景不同，各自拥有人脉资源、信息资源、资金资源、技术资源和品牌资源等不同程度、不同类别的资源。创业团队往往比个人创业者拥有的资源更多、更广、更丰富，资源在结构上更为全面、合理，资源获取和整合的渠道方式也更多。另外，创业团队通常更容易获得外部资源，更容易整合到创业所需的各种资源，也更容易发挥资源整合的效应，实现更高效利用资源的作用和价值。

4. 协同优势

创业活动是一项系统复杂的实践工程，需要各方面工作的协调推进。创业团队的工作协同，由于其职能划分更细、更科学，工作绩效也更高。协同机制可以充分发挥各自的优势，在实现工作更专注、专业的同时，还有利于实现团队的协同创新，解决更复杂的问题，完成更艰巨的任务目标。创业团队的协同工作平台和机制，是个人创业者所无法具有的。因此，创业团队与个人创业者相比，具有协同优势。

5. 心理优势

创业团队在相互信任的基础上，通过成员之间的相互影响、相互激励，可营造出积极进取的心理氛围，更有信心和毅力完成创业目标。特别是在面对创业困难、挫折、障碍和压力挑战时，由于团队成员之间可彼此依靠，相互宽慰，共同分担，因而个体的心理压力较小且容易疏散。创业团队的整体心理稳定性更强，心理压力承受能力和韧性更强。因此，创业团队可有效应对创业压力和危机，抵挡更大的压力和风险，可坚持得更久。创业团队相较个人创业者具有心理能量更强大的优势。

6. 风险优势

在创业过程充满了风险与挑战。由于创业团队是集体共同承担风险，实现了风险的分散，因此创业团队的风险承担能力更强。创业团队与个人创业者相比，可构建更为完善的创业风险预防与管理机制，建立起更全面的创业风险防范体系。通常来说，创业团队要比个人创业者更易发现创业过程中各种不确定性的风险因素，更早识别出创业风险，并通过团队决策和力量，制订出更优的风险管理方案，从而降低风险的发生率和损失率。

7. 发展优势

通常来说，团队能力与绩效会远远大于个人。创业团队的天花板要远远高于个人创业者，也就是说，创业团队具有更大的发展潜力。创业团队通过努力，构建的创业优势更大，构筑的竞争门槛和市场壁垒更高，更易发现新的创业机会，获得更多创业领域的成功开拓。因此，创业团队一般会发展更快、更长久。就创业企业未来发展的规模、速度、质量和潜力来说，创业团队相较个人创业者，优势更为明显。

需要特别指出的是，虽然创业团队具有很多方面的优势，但也存在着管理要求高、沟通协调难及运作成本高等劣势。在创业时，创业者既要组建好的团队，又要管理好团队，充分发挥出团队创业的优势和价值。

三、创业团队胜任力

创业团队胜任力是指在创业过程中，创业团队维持创业活动正常进行、胜任创业任务和获得良好创业绩效所要具备的知识、技能、能力和特质等方面的综合能力。

对于创业团队胜任力的研究，目前尚未有统一、普遍被认可的模型和结构体系。本书只介绍张振华构建的创业团队胜任力要素体系，供创业者参考。张振华提出，创业团队胜任力主要包括八个方面，分别为创业导向、机会能力、关系协作能力、组织能力、承诺能力、学习能力、知识共享能力和创新能力，具体见表 6-1。

表 6-1 创业团队胜任力要素及其定义

要素名称	操作性定义
创业导向	在战略制定、新产品的开发和把握市场机会过程中所体现的一种创业性的姿态和激情
机会能力	通过各种手段捕捉和孕育市场机会的能力
关系协作能力	团队成员之间，团队成员与下属、与社会组织之间互动的能力，包括凭借契约或社会关系、沟通说服能力和人际技巧等建立合作和信任的能力
组织能力	组织企业内外资源（人、财、物和技术资源），还包括团队建设、领导下属、培训和监控技能
承诺能力	驱使创业团队永续经营的能力
学习能力	从以往自己或他人经历和关键事件中，主动学习并改变自己行为的能力
知识共享能力	团队成员各自的知识和技能是有差异的，知识共享是团队成员间相互分享知识以达到优势互补的能力
创新能力	创造和改进新的技术、产品、服务和流程的能力

创业团队胜任力的八个方面，对创业绩效都有正向作用，按影响程度由低到高分别是创新能力、知识共享能力、组织能力、机会能力、创业导向、承诺能力、学习能力和关系协作能力。其中，关系协作能力对团队胜任创业和创业绩效的影响是最大的。由此提醒创业者，创业团队成员之间的相互信任和支持、关系融洽、协作默契和取长补短，对于创业活动的顺利开展和推进，是最为关键的。

系统评估创业团队的胜任力状况，可参考如表 6-2 所示的测评体系。

表 6-2 创业团队胜任力测评体系

维度	测评问题
创业导向	① 团队注重项目研发、技术投入、新产品开发和服务创新 ② 团队成员在工作过程中具有明确的创业意识 ③ 团队不断寻求新业务资源或新的市场领域 ④ 团队率先进行组织与业务流程革新、完善以使工作更高效 ⑤ 团队不放过任何好的项目机会，哪怕冒着经营失败的风险 ⑥ 团队成员有很强的创业激情，具有感染力
机会能力	① 可以承受适当的风险 ② 始终在寻找新的机会 ③ 具备灵活的适应能力，能快速地进行取舍 ④ 拥有低成本的供货商，具有成本优势 ⑤ 拥有发展良好的网络关系，容易获得合同 ⑥ 能够获得销售渠道或已经拥有现成的网络
关系协作能力	① 团队成员通过正式组织和非正式组织中的沟通建立彼此的信任 ② 团队成员间有很强的团队协作精神 ③ 团队成员配合默契，关系融洽 ④ 在团队中经常会感到来自团队和同事的支持 ⑤ 团队成员在任务完成的过程中紧密配合，取长补短

续表

维度	测评问题
组织能力	① 团队对资源的配置整合，能够发挥团队优势 ② 团队成员技术和能力的互补得到了体现 ③ 团队的各项活动组织得环环相扣，相得益彰 ④ 组织能力可以推动目标的实现
承诺能力	① 这个团队值得我为之奉献忠诚 ② 我将本团队的利益视为个人利益 ③ 我确实觉得团队所面临的问题就是我自己所面临的问题 ④ 很庆幸当初没有选择其他团队而选择了本团队 ⑤ 我十分关心团队未来的发展
学习能力	① 在团队中，学习被认为是保证组织生存的关键条件 ② 团队的价值系统认为学习是一种不断提升的主要手段 ③ 管理者认为团队学习的能力是获取竞争优势的关键因素 ④ 共识是: 一旦我们停止学习，我们的未来就面临危险 ⑤ 团队促使每个员工都从本单位自身经验教训中加以学习
知识共享能力	① 团队成员会相互共享信息 ② 团队成员之间经常相互交换意见和看法 ③ 团队会定期或不定期组织探讨成员的建议 ④ 成员间共享工作上的经验、窍门和专业知识是非常普遍的
创新能力	① 获取外界信息能力很强 ② 引进技术改造强度较高 ③ 提供的产品或服务创新频率较高 ④ 新产品或服务销售利润较高 ⑤ 产品或服务经常会有显著的变动以满足市场需要

成功创业团队特征分析

寻找三个成功的创业团队，分析其创始团队成员的性格特征和组合，并记录下来。

第二节　组建创业团队

一、组建创业团队的原则和步骤

（一）组建原则

创业团队在组建过程中，需要遵循以下原则。

1. 匹配性原则

匹配性原则，是指在组建创业团队时，要遵循团队能力与创业项目匹配、团队价值观与创业愿景匹配、团队动机与创业目标匹配的原则。创业者组建的创业团队要确保团队成员的价值观、行为理念和动机目标高度一致，与要创办的事业高度契合。

2. 互补性原则

互补性原则，是指在组建创业团队时，要遵循团队成员之间能力互补、性格互补、资源互补、知识互补、信息互补和经验互补的原则。创业者组建的创业团队要实现优势互补、强强联合和高效协作，才可以有效发挥成员作用，产生“1＋1＞2”的团队协同效应。

3. 需求性原则

需求性原则，是指在组建创业团队时，要遵循创业活动实际需求、团队结构性需求、创业胜任力需求和创业发展需求的原则。创业者在组建团队时，要树立按需招募的理念，不能因某人能力强或资源多而盲目吸纳。

4. 适用性原则

适用性原则，是指在组建创业团队时，要遵循够用、可用和适用的原则。创业者在组建团队时，可能会面临诸多选择，在做出最终抉择时，一定要深入、系统地分析创业内部环境和条件，调查拟招成员的真实情况，选择“对的人”和“适合的人”。否则，可能会造成后续问题，付出不必要的代价和成本，甚至给团队和创业活动带来麻烦和风险。

5. 少而美原则

少而美原则，是指在组建创业团队时，创业团队的成员不宜过多，遴选标准要高，要遵循精简高效的原则。一方面，少而美的创业团队可减少创业的管理成本，提高创业团队的收益比例；另一方面，少而美的团队通常更容易领导和管理，减少“庸才”的干扰，更容易形成团队竞争力，提高团队绩效。

（二）组建步骤

创业团队的组建是一个系统复杂、动态发展的过程，合适的创业合作伙伴往往是“可遇而不可求的”。组建创业团队，遵循以下几个步骤，有助于提高组建的效率和更易“碰到”合适的人。

1. 分析需求，框定目标

分析拟开展创业项目在团队方面的角色需求和资源需求，根据目前团队胜任力状况和创业筹备情况，结合创业愿景和目标，确定组建创业团队应完成的目标。在确定需求目标的同时，还应根据具体情况，制定未来合伙人的招募标准。为准确框定拟招合伙人的标准，可通过给未来“理想合伙人”画像的方法，勾勒出其具体形象。

2. 充分准备，制订计划

当有了明确的需求和目标后，创业者需要制订两份计划方案：一是简要的创业计划，二是创业合伙人招募的行动方案。通过制定创业计划，创业者可进一步梳理创业思路，把握实现创业目标的条件，明确创业团队的具体需求，并为说服拟招募合伙人做好充分准备。通过制定创业合伙人招募计划和方案，可让创业团队的招募、组建更具计划性和可行性。在招募计划方案中，要注意列出目标清单、招募途径、接触方式、时间节点、沟通关键点和拟开出的条件等。

3. 扩大圈子，整合渠道

招募团队成员是组建团队最重要的一步，而招募团队成员最大的难点在于通过有效渠道，找到合适的人。在组建团队时，创业者会自觉地梳理个人人际网络（自己身边的、熟悉的人脉、同学、同事和同乡等），分析哪些人是适合的，并判断合作的可能性。有时候，难就难在身边熟悉的人，并不一定适合或可能成功。这时，创业者要通过各种方法，有目的地扩大自己的人际圈，开发、整合其他可能的渠道。扩大人际圈和拓展渠道常见的方法有熟人介绍、参加创业比赛、参加融资活动、参加行业会议和论坛、寻求孵化器等服务机构支持和广告招募等。

4. 沟通谈判，明确责权利

当找到了可能的合作目标时，创业者需要通过多次沟通，多方接触，深入了解其实际情况，首先判定其是否符合自己的标准和要求，是否具有不可替代的特点。在确认目标就是自己“梦寐以求”的合适人选时，创业者要通过描绘拟创事业的蓝图和给出有吸引力的利益条件，打动、说服目标人选认同创业的远景目标和创业价值，使其主动积极、充满激情地参与到创业团队中来。为促进沟通谈判成功，创业者要及时向目标人选明确其加盟创业团队后的角色定位及责、权、利分配情况，以打消其顾虑并促使其尽快做出决定。

5. 签订协议，构建制度

俗话说，没有规矩，不成方圆。在组建创业团队时，创业者一定要签订合伙协议，通过协议的方式明确创业团队的合伙规则和利益分配。签订合伙协议的作用和目的是：通过协议和制度的形式，明确“游戏规则”，可让团队成员“放心”和“安心”；签订协议，制订制度和规则，有利于消除因利益分配等带来的隐患与风险；协议和制度有助于建立起有效的团队约束和激励机制。

6. 磨合调整，快速融合

当初步组建起创业团队后，创业者要通过有效领导和协调，让创业团队成员尽快磨合，快速融入团队和创业工作中来。在磨合的过程中，创业者要注意把握团队成员的状况和实际工作状态，要对不合适的成员做出快速决断，以免给创业团队和创业活动带来不利影响。创业团队的组建是一个动态发展的过程，创业团队建设往往会经过磨合、调整、稳定和分化等几个阶段，即创业团队组建对于创业者而言，是一个长期性的工作，需要做好充分的心理准备。

二、组建创业团队要考虑的关键因素

在组建创业团队时，创业者需要考虑的因素很多，包括创始人及现有团队、创业机会、资源状况、机会成本和失败的底线等。下面重点介绍创业者组建创业团队要考虑的几个关键问题。

（一）团队需求

创业者在组建创业团队时，首先要根据创业机会的性质与未来发展潜力，结合自己的能力和格局，围绕创业战略的目标定位，具体评价已拥有的人才、技术、资金、关系网络和其他资源等情况，确定组建团队的具体需求。创业者在组建创业团队时，需要系统思考并清晰回答以下问题。

1）需要哪些与行业、市场及技术有关的知识经验、专业技术和资源？目前的创业团队与要求的差距如何？

2）是否拥有所必需的社会网络（如人脉网络、销售渠道网络、客户资源网络等）和团队结构所必需的角色需求？是否需要寻找新的、合适的合伙人？

3）是否能够吸引所需的一流人才加入？是否能够有效管理协调？

4）是否能接受要付出的代价成本？已为此做好准备了吗？

（二）机会需要

在组建创业团队时，创业者需要思考怎样的团队才能匹配并胜任创业机会的开发，需要以什么样的速度和规模开发利用创业机会，以及创业机会的未来发展需要靠什么样的团队才能有效推进。很多创业者在创业初期都会基于创业机会的要求，主要依靠自身的资源和能力来求得发展，只有在公司负担得起或遇到发展瓶颈时才会招募其他团队成员。但应该看到，如果创业机会需要创业者寻找外部资本支持的话，团队组建越早、越完善，其项目价值就越高，越容易获得投资。在分析机会需要对组建团队的影响时，创业者需要分析以下问题。

1）所开发创业机会的附加值和经济利益如何？可与谁共同分享成果？

2）影响创业机会开发利用和创业成功的关键因素有哪些？需要什么样的人来控制这些变量并产生积极效果？

3）是否已经拥有或有把握获得创业机会所必需的外部关键资源，如投资人、律师、技术顾问、顾客、供应商、销售渠道等？如果需要，有必要让其加入创业团队吗？

4）保证创业机会开发利用成功，需要具备哪方面的竞争优势？构建并发挥竞争优势需要什么样的必要人选？

（三）资源需求

有人说，创业团队是最大的创业资源。一方面，创业团队是创业的主体，是创业活动开展与推进的必需人才资源；另一方面，创业团队成员通常是资源的载体，即团队成员自身拥有或可带来创业所需的资源。因此，组建创业团队是解决资源限制和获取外部资源的有效途径。创业者在组建创业团队时，需要考虑资源的具体需求和有效解决方式，以确定是否必须引入新的合伙人。在做出决策时，创业者需要考虑以下问题。

1）所缺乏的资源对实现创业目标来说，是至关重要的，还是不太重要的？所需资源是长期性需求，还是一次性需求？

2）解决资源需求问题，除了引入合伙人这种方式，是否还有可行的、可替代的解决方案？

3）综合比较获取资源的经济性，从短期和长期两个角度评估引入合伙人与整合或购买，哪种方式付出的成本和代价更低？

4）系统分析解决资源问题的各种方式，哪种方式带来的风险更可控、风险更小？

（四）成本收益

在组建创业团队时，创业者要深入考虑成本收益问题。所谓成本收益，在此主要针对两个群体：现有创业团队和招募的未来成员。一方面，创业者在招募新的团队成员时，需要评估增加团队成员带来的成本和收益是否恰当，带来的价值和风险是否可接受。招募新的创业团队成员通常是要给出部分股份的，创业者还要评估其分享利益的影响，主要是对自己和其他团队成员的股份减少和稀释带来的利益影响。另一方面，创业者要评估拟招募的成员对给出的利益条件是否能接受，是否能打动其自愿加入。创业者要站在目标成员的角度和利益立场进行揣摩和分析，权衡得失，以做出合理决策。

（五）风险底线

在组建创业团队时，创业者还要评估风险。一方面，新加入创业团队的成员，由于其自身能力或资源的不确定性，以及在融入新团队的磨合过程和对创业机会及新角色的把握等方面存在不确定性，其在给团队带来价值的同时，也会给团队带来一定影响甚至风险。所以，创业者在组建创业团队时，要系统评估各团队成员可能给团队和创业活动带来的风险，对新成员带来的问题和不利影响心里要有底线。另一方面，创业者要对组建的创业团队有风险意识，要对团队在创业过程中存在的风险有底，同时要让团队成员客观认识存在的问题与风险，以保持良好的心理状态，做好创业风险的应对。

三、甄选创业团队成员应注意的问题

创业者在组建创业团队时，至为关键的问题是如何甄选合适的团队成员。创业者在甄选创业团队成员时，需要注意以下几个方面的问题。

（一）成员的目的需求

人的选择都有其特定的需求和动机，人的需求层次和动机会影响其行为和决策。创业者在甄选创业团队成员时，首先要注意成员加盟团队进行创业的根本动机和目的，以及从事创业活动所想满足的需求。一般来说，创业团队成员的需求层次越高，具备的创业者素质和创业精神也越高，对创业越有利。团队成员具有强烈的自我实现和自我超越的需求，对创业是极为有利的。反之，创业团队的成员如果还处于满足基本需要层次的状态，如想通过创业解决生存和温饱问题，就可能会偏重短期利益，对创业而言，是不利于应对创业风险和长期发展要求的。

（二）成员的优势与劣势

人都有优缺点，创业团队成员也存在着自身的优势与劣势。创业者在甄选团队成员时，既要评估成员所具备的优势给团队和创业带来的价值和有利影响，也要考虑成员具有的劣势和不足可能会给团队和创业带来的问题和不利影响。一般来说，创业者在选人时，首先考虑的是成员具备的优势及其可能带来的价值，然后才考虑其劣势与问题。创业者选人与用人，主要是用发展的眼光，用其长处，发挥其优势。人的优势与劣势是相对的，创业者要系统分析对比，综合权衡各种利弊得失，从团队整体结构和需求角度进行评估，做出科学的决策。需要说明的是，创业者要注意评估成员劣势给团队与创业活动带来的不利影响甚至风险是否可控、可规避，是否是致命的。

（三）成员的个人特质

不同的人，在性格、兴趣、思维方式和行事风格等方面存在不同特点。在组建创业团队时，团队成员的不同特质对于团队来说是必需而有利的。但在甄选创业团队成员时，创业者要注意成员不同特质对团队整体可能产生的不利影响，如个人特质对团队氛围、沟通、绩效和稳定性等方面的不利影响有哪些，影响程度如何。一般来说，如果通过团队建设与管理，团队成员个人特质的不利影响可规避或不会对团队整体绩效产生负面影响，不影响团队的团结和稳定，其就是可以接受和包容的。

（四）成员的人品和价值观

对团队成员的人品和价值观要求方面，创业团队有别于一般团队，其对团队成员的人品与价值观要求不仅要相似相融，而且要求更高，这是创业的本质和创业活动的特点决定的。创业活动的艰巨性要求创业团队具有共同的价值观，特别是对创业价值的高度认同，这是团队凝聚力的根本来源和创业动力。创业团队各成员的道德品质（敬业、诚信、正直等）和价值观念如果存在混乱和相悖的情况，将导致团队的利益冲突无法调和，影响团队的沟通协调、稳定性和工作绩效，会给创业活动带来巨大的风险。

创业团队在为消费者和社会创造价值的基础上，获取相应的利益回报，因此，创业团队要求其成员具有高度的诚信品格和社会责任感，只有如此，才能为团队、为他人和为社会带来积极影响，才能在团队及其成员间产生信任，才有利于品牌的建立和创业的持久成功。

实践活动

重组西天取经团队

请从创业团队组建的角度分析原西天取经团队的成功之处，并重新组建西天取经团队。

1. 背景条件

1）难度更大（取经路上经历多重磨难，还有来自竞争对手的麻烦）。

2）必须留下一名徒弟担任弼马温。

3）可以考虑在《三国演义》的诸多英雄中任意挑选一位助阵。

2. 团队讨论后回答

1）谁到御马监任职？说明理由。

2）带哪两位徒弟到西天完成取经任务？说明理由。

3）是否要再挑选一位“三国”英雄？挑选谁？说明理由。

第三节　管理创业团队

一、创业团队的管理内容

团队管理是维持团队稳定性、实现团队绩效与发展的必然要求和基本手段。为实现创业目标，创业团队需要在团队的目标愿景、角色分工、绩效、矛盾冲突、发展潜能、文化氛围、制度和利益分配等方面加强管理。创业团队的管理主要包括以下几个方面的内容。

（一）角色职能管理

创业团队管理的基本任务是让团队成员人尽其才，充分发挥各自优势和能力，形成良好的创业绩效能力。创业团队管理，要根据创业项目和创业企业的实际情况，结合团队成员的优势和特点，合理定位团队各成员的角色和职能，做到分工明确、责权利清晰。这是创业团队形成团队战斗力和良好执行力的保障。在团队建设与管理过程中，有可能出现角色职能安排不恰当的情况，需要根据实际情况做出调整，不断优化团队的角色职能安排。

（二）团队绩效管理

适用于创业团队的绩效管理方法是 OKR（Objectives and Key Results）法，一般称为“目标和关键成果法”。OKR 法运用于创业团队绩效管理中，有助于创业团队的工作绩效聚焦于创业目标的实现，绩效指标更易于量化管理，是一种有效提升团队绩效的工具。OKR 使用的方法是，将特定阶段的创业目标或绩效分解为若干小目标，然后建立实现这些小目标的关键成果（或参数）指标，最后分析这些关键成果指标的重要等级和优先顺序，交由团队及其成员完成这些具体任务。团队完成这些具体任务的进度和质量，就是该团队的绩效情况。

（三）矛盾冲突管理

团队无论多么团结、多么和谐，都避免不了产生矛盾冲突。根据团队冲突管理理论，团队内部矛盾冲突过低和过高都会造成团队绩效的降低，但适度的、可控的矛盾冲突，反而有利于团队绩效的提升。过低的矛盾冲突并不说明团队已经达到理想的合作状态，反而说明团队已经丧失工作激情，团队成员懒于为工作而积极参与，士气低落，会造成团队绩效低下；过激的矛盾冲突，容易造成团队工作失控甚至脱离工作而引起人身攻击，不利于团队工作的正常开展，更不利于团队绩效的实现。团队一定程度的、合理的冲突，是团队成员工作投入的正常表现，有利于团队绩效的达成。因此，创业团队的矛盾冲突管理就是协调团队工作过程，让团队保持适度的矛盾冲突状态，避免过低和过高矛盾冲突状态的出现。

（四）团队制度管理

团队管理从本质上说，只存在制度和沟通两种有效管理的方式。沟通，一般只能解决团队管理中的非原则性的问题和矛盾冲突，适用于个性化管理问题的解决，属于“软性”管理方式。制度，是管理的基础。“欲知平直，则必准绳；欲知方圆，则必规矩。”创业团队的管理也必须有自己的行为标准和规则。创业团队组建后，为保证团队工作的有序化，通常会制定行政管理制度、人事管理制度、财务管理制度和绩效考核制度等。制度管理方式具有强制性、规范性、全员性和公开性等特点，属于团队管理的“硬性”管理方式。在团队管理上，制度是共同遵守的行为规范，是调整团队之间利益与矛盾的基本依据。

（五）利益分配管理

创业团队的利益分配管理，是团队管理中最为复杂而敏感的内容。一方面，创业团队的利益分配很重要，其合理性是团队合作的基础和影响团队绩效的关键因素；另一方面，让所有人都满意、绝对公平的利益分配方案是不存在的，只能做到利益分配的相对合理和公平。利益分配主要有股权分配和薪酬福利待遇的分配两个方面。关于创业股权的分配与管理，本节后面会有专门介绍。在创业团队的薪酬福利等报酬管理方面，创业者要树立创业财富共享的理念，必须舍得将创业利润分给创造价值的团队成员，以有效激励创业团队。在制订利益分配方案时，创业者要统筹考虑每位成员的工作技能、资历经验、承担的责任和风险，更要结合成员对团队的业绩贡献，尽可能做到多劳多得，以让团队成员觉得回报与所得相对合理为标准。另外，创业者在利益分配时还要考虑分配的时机、方式和手段。

二、创业团队的管理技巧

创业团队管理，重要而复杂。创业者了解一些创业团队的管理技巧，有助于提升创业团队的绩效，从而推动创业企业的成功。

（一）注重团队凝聚力

团队凝聚力是团队成功的基础与保障。创业者在团队管理过程中，不管是通过描绘创业未来的美好蓝图，还是给团队成员“灌输”各种价值观念和创业理念；不管是通过利益分配的激励机制，还是通过沟通、培训和讨论会，都要将团队打造成具有高度凝聚力的团队。

（二）致力于价值创造

创业，必须靠团队创造出消费者认可并购买的价值，才能收获价值，才能使创业团队获得创业回报。创业者在管理团队时，要让团队的每位成员都意识到自己创造的价值对团队和整个创业活动都非常重要，并且自己贡献价值的多少是与个人收益紧密相关的。在团队管理过程中，创业者不管是通过管理制度、绩效考核，还是通过营造氛围、精神鼓励和特殊奖励，都要让团队成员心甘情愿地、积极主动地多承担任务和风险，多付出和贡献，而无须担心付出没有回报，无须考虑人际关系等其他因素的影响，只需要全力以赴地进行价值创造。创业团队成员达到此状态和境界时，标志着创业团队管理的成功，这样的团队将无往不胜。

（三）鼓励有效沟通与分享

创业团队管理的一个基本技巧是有效沟通。有人说，创业团队管理 80%的问题源于沟通，而 80%的团队管理问题都可以通过有效沟通来解决。在创业初始阶段，各方面管理制度和运行体系不够完善，因此沟通就更为关键。在创业团队管理过程中，创业者一方面要提升个人的沟通意识、沟通能力和沟通效果，做到自己与团队的高效沟通，另一方面要创设鼓励沟通的机制和环境，提升团队成员的沟通意识和沟通能力。有效而顺畅的沟通，会让团队工作氛围更轻松和谐，大幅提升团队工作绩效，进而增强创业团队的凝聚力、执行力和竞争力。在当今时代，信息技术极为发达，微信、QQ 和钉钉等为团队沟通提供了高效率的工具和渠道。但需要注意的是，这些通信工具在提供沟通便利和效率的同时，也常常存在信息偏差，容易造成信息遗漏和错误理解，从而影响沟通效果。在可能的情况下，为保证沟通的效果，还是提倡多通过面谈、电话和视频方式进行沟通。

（四）重视利益分配与绩效考核

前文已经提到，让团队成员感觉合理的利益分配机制非常重要。孔子说过，不患寡而患不均。意思是说，利益的矛盾往往不在于多少，而在于分配方案给人的感觉是否公平。创业团队的利益分配一旦处理不好，不仅起不到激励作用，还会产生副作用甚至反作用。在创业团队的管理过程中，创业者一定要慎重对待，通过各种方式和手段，把这一关键问题解决好。

绩效考核是利益分配做到公平、公正、公开的有效工具和方法。创业者要根据团队和创业的实际情况，制定出合理、实用的绩效考核办法，以对团队成员的表现和业绩做出客观评价，起到监督、约束和激励团队成员的作用，做到利益分配让大家心服口服。

（五）做好创业者的自我管理

在创业团队管理中，创业者往往忽略对自己的管理。创业者的领导者和决策者的角色，决定了其对团队的影响更大。因此，创业者要树立加强自我管理的意识，通过自我管理加强自我约束，做到自控、自律和自信，树立良好榜样，打造自我影响力，以身体力行的方式起到示范和感召他人的作用。另外，创业者做好时间管理、事务管理、压力管理、情绪管理、挫折管理、学习管理、价值管理和健康管理等方面的自我管理，将直接创造价值，对团队绩效来说也是重要保障。

（六）多做复盘，善于总结和修正

创业团队的管理虽然有章可循，但管理是一个动态的实践过程，需要根据具体的实际情况不断做出调整和优化完善。创业者的团队管理经验是在实践过程中不断积累、不断提升的。创业团队管理对于创业者而言，犯错和失误在所难免。犯错并不可怕，怕的是犯错后没有及时纠正而重蹈覆辙。创业者要善于“复盘”，不断总结团队管理过程中的经验得失，不断修正和完善团队管理体系，从而提升团队管理的经验与效果，打造出具有竞争优势的创业团队。

三、创业股权的分配原则

（一）最大责任者一股独大

受传统文化和创业文化的影响，我国创业团队股权分配比较现实可行并受投资者认可的方式是创始人要一股独大，即创始人往往是团队其他股东最为认可、令人信服的人，他负有最大责任，需要具有最终决策权，以避免创业过程中的决策困难风险。

股权分配的原则是要尽可能保证创业团队所有成员都持有自己满意的股权，从内心里觉得自己所得的股权公平、公正，只有在这种情况下团队成员才会安心去工作。一般的创业股权分配结构是：创始人占 50%～60%，联合创始人占 20%～30%，期权池占 10%～20%。

（二）杜绝平均和拖延

创业团队的股权分配最忌讳的是搞“平均主义”。许多创业者在谈到股权分配问题时，会碍于情面难以启齿，对于自己和其他成员的股权分配，往往会选择回避，或是说一些模棱两可的话，如“大家都是兄弟，有钱一起赚”“咱们先做好别的事情，等企业发展稳定之后再谈这个吧”。这样的情况往往会造成后期分配股权时，矛盾更多、更难协调。因为，当企业步入正轨后，每一位创业团队成员都会觉得自己付出很多，贡献很大，甚至自居功臣，这个时候再进行股权分配难度更大。因此，在创业初期要尽早解决股权分配问题，达成共识之后，创业会更加顺利。

（三）股份绑定，分期兑现

创业团队在各成员股权持有比例达成共识之后，还需要考虑两个问题。①如果持有股权比例很高的成员在后期不努力工作，对企业发展和生存不负责怎么办？②如果持有股权的团队成员因各种原因而中途离开，那么他所持有的股权应该如何处理？这两个问题可通过股权绑定和分期兑现的机制来解决。股权绑定是指创业团队成员需要在企业工作一定期限以上才可以拿到相应的股权；而分期兑现是指持有的股权不是一次性兑现，而是约定条件（如根据工作时间、绩效等）分次兑现。如四年制的股权绑定是指股权持有者可以在第一年兑现自己持有股权的 25%，接下来三年每年兑现 25%。

实行股权绑定和分期兑现机制，还可有效解决创业团队各成员初期股权分配不合理和避免不劳而获的问题。在创业过程中，当出现某位成员股权持有比例很高但贡献价值远比不上股权持有比例低的成员时，董事会就可以利用该机制对股权持有比例进行调整，如重新分配尚未绑定的股权。

（四）遵守契约精神，赢得信任与激励

股权分配方案的执行有赖于团队成员的诚信，即“契约精神”。对于创业团队的每个成员而言，一旦认可了股权分配方案，就应该遵守并履行承诺，不能“出尔反尔”。对于创业者而言，要通过股权分配，赢得团队的信任，激励团队成员为共同的创业目标而积极努力。

实践活动

评估你的团队

1）团队成员对所在团队的状况进行评价，在表 6-3 对应表格中做出标记。

表 6-3 团队成员对团队状况的评价

团队成员对每一句话最准确的评估	同意	不知道	不同意
1. 我们有共同的愿景和清晰的目标			
2. 我们直抒己见			
3. 我们都被认为是有价值的，得到信任并受到尊重			
4. 我们进行重要的团队决策			
5. 我们鼓励创造和创新			
6. 我们认可并充分利用每个成员的不同技能、知识和力量			

续表

团队成员对每一句话最准确的评估	同意	不知道	不同意
7. 我们向得到公认的流程挑战			
8. 我们能够承认错误，并从错误中吸取教训			
9. 我们以关键目标来衡量进步			
10. 我们全都参加团队的会议和讨论			
11. 我们考虑每一个人的意见			
12. 我们共享团队的领导权			
13. 我们使用有效的程序来安排和跟踪任务与项目			
14. 我们快速研究不同的价值和方法			
15. 对变化我们能做出及时的、灵活的反应			
16. 我们能做到三思而后行			
17. 我们都明白自己在团队中的角色和对自己的期望			
18. 我们倾听其他成员的声音			
19. 我们接受他人意见，并坦言已见			
20. 我们相互鼓励			
21. 我们的规定是帮助团队成员更有效地工作			
22. 我们要努力避免“一言堂”团队			
23. 如果可能的话，我们可以做几项工作			
24. 我们有能力做工作			
25. 我们非常协调地朝着目标前进，同时关注工作的结果			
26. 我们有足够的信心去独立或协同工作			
27. 我们相互坦诚相待			
28. 我们对整个团队提供不断的支持和鼓励，并且庆祝个人和团队取得的成就			
29. 我们的团队有所需的资源去做我们的工作			
30. 我们选择新的团队成员			
31. 确定团队成员的变革需求并且对这些需求做出反应			
32. 我们关注自己与团队的相互关系			
33. 我们承诺高标准、高质量完成任务			
34. 我们勇敢地面对并且开诚布公地处理不同意见			
35. 我们为整个团队而感到自豪			
36. 团队成员要从“我们”的角度来考虑问题，而不要从“我”的角度来考虑问题			
37. 在任务开始之前，我们根据事实和目标做决策，并且考虑如何减小风险，同时及时做出决定			
38. 我们从客户方寻求信息、观点和意见			
39. 我们把变革当作是成长和提高的机会			
40. 我们听取个人和团队的意见并相互学习			

2）完成后，将表 6-3 所做的评价按表 6-4 所列的八个方面进行统计，以确定你的团队优势（哪些方面“同意”的多，表明该方面有优势）及待提高的方面（哪些方面“不同意”或“不知道”的多，表明该方面有劣势）。

表 6-4 团队成员对团队状况评价的分类统计

项目	共同愿景目标	开放式沟通	相互信任和尊重	共享领导权	有效工作程序	团队成长	变革的适应性	持续改进
题号	1、9、17、25、33、	2、10、18、26、34、	3、11、19、27、35、	4、12、20、28、36、	5、13、21、29、37、	6、14、22、30、38	7、15、23、31、39、	8、16、24、32、40、
“同意”统计								
“不知道”统计								
“不同意”统计								

实践训练

活动一 携程的创业团队分析

1. 目标

理解创业团队的组建原则，提升创业团队组建能力。

2. 时间安排

20～30 分钟。

3. 活动进程

1）根据全班学生总人数确定讨论小组，每组以 4～6 人为宜。

2）阅读“携程的创业团队”资料，讨论并回答下面两个问题。携程创业团队组建的优势体现在哪些方面？借鉴携程创业团队的组建经验，说说大学生组建创业团队时应注意哪些问题。

3）每组选一名代表发言，师生一起对各组发言做出评价。

携程的创业团队

携程旅行网我们都很熟悉，这是一家利用互联网平台为近 800 万携程会员提供旅行预订服务的公司。从 1999 年 6 月公司创立到 2003 年 12 月成功上市，携程仅用了 4 年时间，它的成功离不开其优秀的创业团队。

携程的创始人团队都是很厉害的人物，他们是季琦、梁建章、沈南鹏等。

季琦，上海交通大学毕业，在携程创立之前已经自己创业，是一个卖电脑的专业户。携程创业初期也是他主要带领大家走过来的，在公司任总裁职位。2002 年他从携程离开，创办了如家酒店，2005 年又创办了汉庭酒店。

梁建章，上海复旦大学少年班毕业，后赴美国留学，获乔治亚理工学院电脑系硕士学位。梁建章少年时就是电脑天才，13 岁以“电脑小诗人”闻名。他性格内敛、沉稳、理性，2000—2006 年、2013—2016 年担任携程 CEO，并从 2013 年起兼任董事会主席。携程在梁建章的带领下一路行走至今。

沈南鹏，就读于上海交通大学，后来在耶鲁大学硕士毕业。加入携程之前，沈南鹏是个有多年投资经验的银行家，具备相当的融资能力和宏观决策能力，曾任德意志银行的董事兼中国资本市场主管，负责中国的债务资本市场。1999 年加入携程，在公司任总裁及首席财务官，2003 年率领携程上市。

创业团队组建以后，季琦、梁建章和沈南鹏都意识到，虽然三个人的性格和背景非常互补，但团队里还缺一个真正懂旅游的专业人士，而范敏就是他们的答案。范敏也毕业于上海交通大学，曾经做过旅行社，在瑞士进修过酒店管理。经过季琦无数次的软磨硬泡，范敏心里的创业激情终于被唤醒，答应与他们一起创业。

后来，公司走出了创业期，需要更加精细化的管理运作，季琦在 2001 年自动让位给了性格细腻、理性、更懂得现代企业管理的梁建章。2006 年，这样的故事又发生了一次，梁建章主动隐退，范敏开始执掌携程的帅印。携程每次关键性的权力更迭都显得非常平静。

携程很早就开始了对企业的规范管理：他们建立了符合上市公司标准的薪酬委员会，雇用了会计把公司的账目做得非常明晰；同时合伙人之间的股权与利益也非常明确。

活动二 感受团队

1. 目标

理解团队和团队精神的内涵，学会沟通和团队协作。

2. 时间安排

15～20 分钟。

3. 活动进程

步骤 1：根据全班学生总人数确定分组数，每组以 4～6 人为宜。

步骤 2：小组成员到一个空场地围成一个圆圈站好，教师宣布：开始 1 分钟的小组沟通（不能透露任何任务信息）。

步骤 3：沟通时间到了以后，提醒戴眼镜的人可摘下眼镜，然后给每个成员分发眼罩；要求每个成员戴上眼罩，原地转 2 圈；教师分别给小组成员发号码牌（事先准备好），并让成员确认自己的号码，然后检查眼罩佩戴情况，防止作弊。

步骤 4：教师宣布任务，请小组成员在 3 分钟的时间内，按号码牌的大小，依次排成一队，在排队过程中，不允许发出任何声音；其他学员观察排队结果。

步骤 5：换另外一个小组，重复以上步骤，对比两组的过程和结果。

步骤 6：参与活动的同学和观察者代表做总结发言；教师总结并评价本次课堂活动内容。

实践拓展

团队组建与评估

1. 制作广告

在小组内（也可以小组外）寻找合伙人共同创业，基于前面找到的创业项目创办企业，拟一份征集合伙人的广告。注意以下几个方面。

1）你是召集人，不一定是领导者。

2）创业的初始目标和计划。

3）你掌握的资源，以及你需要的资源。

4）所需伙伴的数量和特点。

5）你对股权分配、团队管理的设想。

6）有吸引力的回报和可能的风险。

7）其他你认为需要说明的问题。

2. 3 分钟演讲

张贴你的广告，并用 3 分钟演讲宣传你的优势，吸引同学加入你的团队。同学共同评估，选出几位同学做团队创建者，并自愿加入一个团队。

3. 评估团队结构

从以下四个方面，分析哪个团队组成更好。每项 25 分，总分为 100 分。落后的团队谈一谈将如何赶超对方。

1）团队成员加入的目的。

2）团队成员的知识结构。

3）团队成员的性格、个性和兴趣。

4）团队成员的价值观念。

4. 确定团队成员

团队创建者可以根据同学对下面五个问题的解答情况，决定其去留。

1）团队中唯一权威主管问题。

2）团队成员间的相互信任问题。

3）妥善处理不同意见和矛盾。

4）合理分配股权问题。

5）妥善处理团队成员间的利益分配问题。

然后请团队中的一位成员，对本团队做出最后调整（增人或减人）。

5. 团队展示

各团队经过讨论，完成表 6-5，并进行集体展示。

表 6-5 组建创业团队

团队名称	
设计 logo（标识）	
团队口号	
团队愿景	
创业项目	
团队领导者	
团队成员及分工	
团队管理制度	

6. 推选最佳团队

最后，重新评估这几个团队，推选出最佳团队。

第七章 创业资源与创业融资

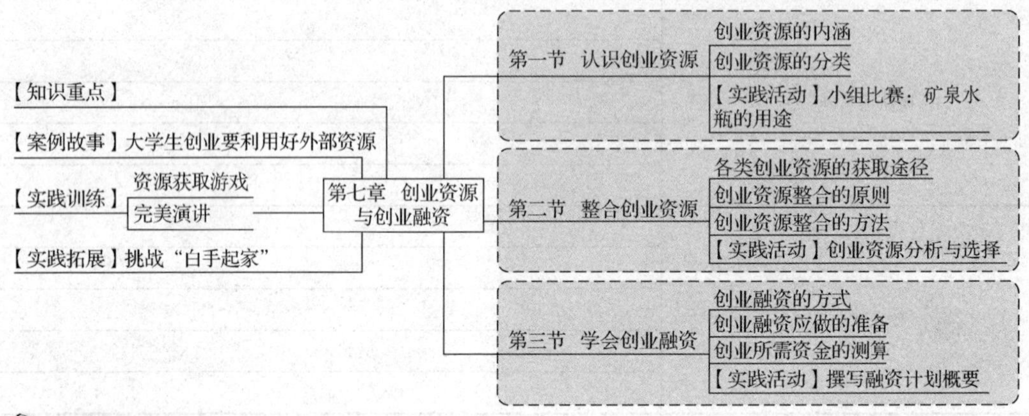

知识重点

1. 创业资源的内涵与分类、常见的创业资源特点与作用。
2. 各类创业资源的获取途径、创业资源整合的原则和策略。
3. 创业资源整合和创业资源最大化利用的常见方法。
4. 创业融资的方式。
5. 创业融资应做的准备工作。
6. 创业所需资金测算的方法。

【案例故事】

大学生创业要利用好外部资源

陈同学，市场营销专业毕业生，在校期间成绩并不突出，在大四时曾面试过几家公司，都没能取得满意的结果，他也不想过朝九晚五的工作生活，于是决定自己创业。在与小伙伴商量后，他决定做家教平台网站，东拼西凑了一些经费后就开始了自己的创业之路。不过，他很快就遇到了不少问题，如开发平台网站花销较高、开发技术不过关、不知道怎么寻找客户等。面对重重困难，陈同学几乎要放弃进行了几个月的创业。一次偶然的机会，他通过辅导员老师对接到某区科创孵化园的老师，经过一番详谈，他了解到国家对大学生创业给予了很多的扶持措施和优惠政策，如创业小额免息贷款、税收减免等，而且孵化园区还针对大学生创业项目给予一对一的辅导，一步步帮助大学生实现自己的创业梦想。最终，陈同学在科创孵化园的帮助下，在该园区注册了自己的公司，低价位租用了园区的办公场地，还申请到了两年免息贷款。公司逐步走向了正轨。

启示：

创业，不能“闭门造车”，一定要时刻关注外部环境的变化。尤其是当今的创业环境，国家为鼓励大学生创业，出台了一系列的鼓励性扶持政策，为大学生实现自己的创业梦保驾护航。及时了解国家及地方创业政策，对于创业者来说，是极其重要的。

第一节 认识创业资源

一、创业资源的内涵

常言说，巧妇难为无米之炊。同样地，创业者如果没有必要的创业资源，也只能望“机”（创业机会）兴叹，无法启动创业项目。创业过程本身就是一个资源整合与开发利用的过程。

创业资源是指创业者在创业过程中（包括企业创立及其发展过程中），为保证创业活动的开展所需的各种生产要素与支撑条件。创业资源通常包括有形资产与无形资产，主要表现为人才、资本、生产或服务设施与技术等方面。对创业活动来说，创业者是其独特的资源，也是无法用钱买到的资源。

例如，有同学想开发一款 App，通过 App 构建一个为在校大学生提供各种生活服务的平台。要顺利启动这个创业项目，该大学生创业团队需要必要的资金、App 开发技术和一定的办公条件；为保证项目的运营，需要 App 开发运营和支持线下交易活动的人员，需要聚集提供产品与服务的商家资源等。这些项目启动和运行所必需的要素与条件，就是创业资源。

二、创业资源的分类

（一）按照资源的作用划分

按照资源是否直接参与创业战略规划和创业企业经营活动，以及在参与过程中的作用是否直接，创业资源可分为直接资源和间接资源。直接资源主要包括资金、场地、设备、市场、人才、原材料和技术等资源；间接资源主要包括政府、创业政策、信息资讯、销售渠道、合作伙伴和客户等资源。

（二）按照资源的重要性划分

依据创业资源的重要性，创业资源主要可分为三种：①人力和技术资源，包括创业者及其创业团队成员的素质能力、知识经验、人脉及创业团队掌握或可控制利用的专利成果和关键技术等；②财务资源，包括资金和拥有可利用的财产资源；③其他生产经营性资源，包括创业企业进行生产销售所需的厂房、生产设施、原材料、客户、销售渠道及合作伙伴等。

（三）按照资源的性质划分

根据资源的性质，创业资源可分人力资源、社会资源、财务资源、物质资源、技术资源和组织资源。

1. 人力资源

人力资源主要包括创业者及创业团队，以及其拥有的知识信息、管理经验、智慧能力、格局胸怀和价值愿景等，也包括所招募的人员及其拥有的专业技能、工作经验和素质能力，甚至还包括创业者和创业团队所拥有的社会人际关系网络。创业者是创业活动最重要的人力资源，是创业活动的主要推动者。合适的员工也是创业人力资源的重要组成部分，包括各种高素质的技术、销售和生产等人员，他们也是推进创业活动并使创业企业持续发展的重要力量。

2. 社会资源

社会资源主要是指由于创业者及创业团队所拥有的人际关系和社会关系网络而带来的关系资源。社会资源可看作人力资源的一部分或一种特殊形式的人力资源。社会资源对创业活动也起着重要作用，因为其可使创业者有机会接触并整合到创业所需的外部资源，整合与开发利用社会资源是创业者的重要工作内容。

3. 财务资源

财务资源主要包括创业者在创业过程中可利用的资金、资产、股票等资源。对创业者而言，财务资源主要来自个人、亲朋好友、同学和同事等关系密切的人。在创业初期，由于企业刚刚起步，可用于抵押和担保的资源不多，创业者从外部获取大量财务资源通常比较困难。

4. 物质资源

物质资源主要是指创业活动所需要的有形资产，如厂房、土地、生产设备设施和原材料等，有时也包括一些自然资源，如矿山和森林等。

5. 技术资源

技术资源主要包括创业所需的科技成果、专利技术、研发生产流程和工艺等。技术资源可分为三个层次：一是各种生产流程、工艺方法、专业技能和技术等；二是生产工具、平台和设备；三是与创业企业管理相关的知识经验和流程方法等。技术资源与人力资源的主要区别在于，后者主要依附于拥有的人而存在，而前者大多依附于有形物质资源以无形资产形式存在，可以用知识产权等法律手段予以保护。

6. 组织资源

一般来说，组织资源是指保障、支撑、组织创业活动开展及创业企业运行的管理系统与环境条件，主要包括创业企业组织内部的组织结构、管理流程和制度、工作流程与规范、生产销售体系和产品服务质量系统等组织管理体系。组织资源是靠创业者及其团队根据创业活动和创业企业运行的实际需要设计和构建出来的，具有适应性和发展性，是可通过实践和学习不断得到优化完善的一类特殊资源。

（四）按照资源的来源划分

根据资源的来源不同，创业资源可分为自有资源和外部资源。自有资源是直接来源于创业者及创业团队内部，其自身拥有并可有效运用于创业的各种资源，如自有资金、自己拥有的专利技术和各种技能、自己掌握的知识信息与资料、自建的营销网络，自己掌控的各种物质资源等。外部资源是来源于创业者及创业团队的外部，其自身并不拥有但可以通过整合利用的资源，主要包括通过家人朋友、合作伙伴、投资人或政府机构等关系资源，整合筹措到的资金、场地空间、生产设备、原材料等可用于创业活动的各种外部资源。

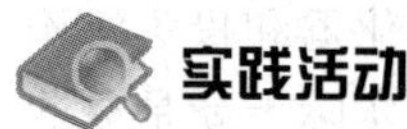

小组比赛：矿泉水瓶的用途

请以身边的矿泉水瓶为例做小组讨论，看看矿泉水瓶除了做容器之外，还有哪些用途？想的越多越好。

反思：矿泉水瓶代表大家身边的资源。身边从来不以为意的事物，如果换个思路和视角，就会发现其意想不到的价值和功用。突破资源限制，从创新思维开始。

第二节　整合创业资源

一、各类创业资源的获取途径

（一）获取技术资源的途径

在创业初期，创业者获取技术资源的途径主要有以下几种：①吸引、招募技术资源持有者加入创业团队，进行技术资源的整合与自主研发；②以购买、置换或租赁等方式获取他人或机构成熟的技术资源（产权或使用授权）；③以购买、合作等方式获取相关研究人员或研究机构的科研成果，然后进行商业化应用的再开发；④通过与相关技术资源拥有者进行深度合作、共享商业利益的方式获取技术资源；⑤完全靠自主研发，自主构建技术资源体系。

（二）获取人力资源的途径

在创业初期，创业的人力资源主要通过创业者及创业团队的人脉沟通、关系介绍和社会资本影响等途径来获取。人脉沟通是指创业者及创业团队利用自身拥有的人际关系网络，梳理可能整合获取的人力资源名单，逐一进行沟通，吸引并说服其加入创业活动的过程和方式。关系介绍是指创业者将人力资源需求快速传递给社会人际关系网络，利用各自人脉关系帮助介绍可能合作的人力资源。关系介绍可看作人脉沟通方式的进一步拓展和延伸，有利于扩大招募渠道。另外，创业者及创业团队通过各种方式提高自身的社会资本积累，充分发挥社会资本的影响力，也是一种获取人力资源的好办法。提高社会资本和发挥其影响力的方式，主要有参加学习、培训、比赛、演讲、会议、论坛、展会及休闲健身等集体活动。

（三）获取外部资金资源的途径

获取外部资金资源，主要有债权和股权两种方式。获取外部资金资源的途径主要有以下几种：①向亲朋好友、家人等具有亲近关系的人借款；②通过抵押、担保等方式贷款；③利用政府的创业相关扶持政策，获取贷款或专项扶持资金；④通过出让部分股权换取相应资金，合作对象可以是加盟创业事业的团队成员、投资人、孵化器和投资机构等；⑤通过典当或出让专利技术等方式获取资金。获取外部资金资源，实际上就是创业融资。

（四）获取市场资源与信息资源的途径

一般而言，获取市场资源主要有两种途径：一是靠自身投入自主构建，二是通过合作借助他人或其他机构成熟的市场资源。前者通常要求资源投入比较高、周期长、见效慢，但可控性强，收益全归自己；后者通常是“借鸡下蛋”，无须投入，周期短、见效快，但需要分利，具有一定的风险性。

获取信息资源的途径主要有开展调研活动、参加论坛和行业展会、通过非正式沟通访谈、查阅图书和相关数据库、浏览新闻媒体、购买专业机构信息和通过互联网搜索等。创业者可以根据自己的实际情况，同时使用各种途径与方式方法，以获取更多、更直接有效的、及时的信息资源。

二、创业资源整合的原则

创业者在整合资源时，遵循以下原则，有利于提高创业资源整合的效率和效果。

（一）利益共赢原则

利益共赢是创业资源整合的第一原则。创业资源整合不仅要考虑给自己带来的利益和价值，还要站在资源提供方的立场上深入分析其利益需求，只有双方都认可合作的价值，才可能整合成功。该原则提醒创业者，在整合创业资源时，要准确分析和把握资源提供者关注和看重的利益点，为其考虑风险规避措施，打消其顾虑，让其感觉到利益对等和价值公平，这样才能有效推进资源整合的进程。另外，创业者在进行资源整合时，要构建、创设多方共赢的利益机制，保证各方都能获得期望的回报，才能保证资源合作成功而长久。

（二）成本风险原则

俗话说，天下没有免费的午餐。在进行资源整合时，创业者必须付出相应的代价、承担相应的风险才能换取相应的资源。因此，创业者要仔细核算资源整合要付出的成本、代价与未来预期的收益相比是否合理，深入研究由此可能带来的风险及损失是否可接受和承担，结合自身创业实际，做出合理决策。

（三）信用契约原则

资源整合以利益共赢为基础，需要以沟通和信任来达成并维持合作，沟通是产生信任的前提。除了沟通，创业者还要积极提高自己的信用和信誉，以信用促进合作的高效达成。同时，创业者要尽快从人际信任过渡到制度信任，从而建立更广泛的信任关系，以获取更多、更大的创业资源。为保障各方利益，规避各方风险，一定要签订正式的书面协议。而且在履行合作协议过程中，各方要遵守承诺，以契约精神保证合作的顺利推进。

（四）提前渐进原则

由于创业资源整合的难度较大，寻找资源提供者和沟通谈判需要一定的过程，推进周期一般较长。因此，创业者在整合创业资源时，要留出空间和余地，要树立超前意识，适当提前开展资源整合工作，做好规划，不能等到急需时才开始考虑资源整合。

创业资源整合需要一定的过程和周期，而有利的资源往往都是难以整合利用的，因此，创业者要遵循渐进原则，综合考虑自身资源需求程度，系统分析资源整合的成本、收益和不确定性因素，选择恰当的整合时机，有计划地推进创业资源整合工作。

三、创业资源整合的方法

创业者能否尽快推动创业活动顺利开展和企业经营活动能否成功，取决于其对资源的整合与利用能力。一般来说，创业者在创业初期所能获取与利用的资源都非常有限。为推动创业活动，创业者一方面要发挥自身能力和创造性，充分利用拥有或控制的有限资源尽可能创造最大的价值，另一方面要想方设法获取和整合各类资源，以使企业获得快速、高效的发展。下面介绍资源整合和资源最大化利用的方法，以帮助创业者提高资源整合效率，充分发挥资源的效用。

（一）创造全新的资源

创业者通过有效拼凑，利用资源的创新组合，往往可形成资源整合利用的全新创造。创业者通过洞悉身边各种资源的属性，运用创新思维、经验技巧和创新性的资源整合能力，对各种资源进行创造性的整合，往往会创造出全新的资源效用，发现常人无法看到的机会。例如，很多高新技术企业的创业者并不是专业科班出身，可能是出于兴趣或其他原因，对某个领域的技术略知一二，却凭借这个略知的“一二”敏锐地发现了机会，并迅速实现了相关资源的整合。

（二）节约已有的资源

一般来说，创业者在创业初期配置利用资源时，往往采用节约的方法，尽可能分期投入资源并在每期投入最少的资源，以保证有限资源的节约使用。这种资源整合利用的方法，主要表现为节俭，设法降低资源的使用量，延长资源的使用周期。但需要注意的是，创业者运用这种方法，需要有原则地保持节俭，而不能过分强调降低成本，否则会影响产品和服务质量，甚至会制约创业企业发展。这种方法还表现为自力更生，艰苦奋斗，尽量减少对外部资源的依赖。这种方法具有保守和稳健的特点，有利于创业者降低经营风险，加强对所创事业的控制，在资源受限的情况下寻找实现创业目标的经济途径，从而获取较高的投入产出比。

（三）撬动更多的资源

资源整合的关键价值体现在资源利用的杠杆效应，即可以实现以尽可能少的资源换取尽可能多的价值回报。资源杠杆效应的发挥是一个创造性资源利用的过程。资源的杠杆效应主要体现在以下几点：一是可实现更加延长地使用资源；二是可更充分地利用别人没有意识到的资源，利用他人或者别的企业的资源来完成自己创业的目的；三是通过用一种资源补另一种资源，产生更高的复合价值；四是利用一种资源获得更多的其他资源。

对创业者来说，容易产生杠杆效应的资源，主要包括人力资本和社会资本等非物质资源。人力资本会直接作用于资源获取与整合过程，有产业相关经验和先前创业经验的创业者能够更快、更高效地整合资源。社会资本是嵌入、来自并浮现在个体关系网络之中的真实或潜在资源的总和，它有助于创业者开展目的性行动，并为创业者带来行为优势。例如，外部联系人之间社会交往频繁的创业者所获取的相关商业信息更加丰富，从而有助于提升创业者对特定商业活动的深入认识和理解，使创业者更容易识别出常规商业活动中难以被其他人发现的顾客需求，进而更容易获得财务和物质资源——这正是资源的杠杆作用所在。

（四）置换相关者的资源

资源整合的可能性源于利益的创造与共同分享，本质是资源价值的置换。创业者在整合资源时，要设计好有利于多方利益的创造与分享机制，以此把包括潜在的和非直接的资源提供者整合起来，置换价值，借鸡生蛋，借力、借势发展。实现资源价值的置换，前提是找到或发展各方共同的利益。为此，识别利益相关者和各方利益共同点非常重要。在多数情况下，将相对弱的利益关系变强，更有利于资源整合。实现资源价值的置换，还要求寻找和设计出多方共赢的利益机制，以保证各方在长期合作中获益，建立起彼此信任关系。达成首次合作往往是艰难的，建立共赢机制需要创业者的智慧，要让对方看到收益并愿意为此投入相应的资源。

（五）挖掘身边的资源

充分挖掘新的资源和挖掘资源的潜力，是创业资源整合的一个可行而重要的方法。创业资源的挖掘主要有三种方式：一是挖掘身边还有哪些可用资源，特别是原来没有注意到的或者新的资源；二是改变现有资源的用途和使用方式，挖掘资源价值的不同方面；三是深度挖掘现有资源的价值潜力，深化拓展资源价值。例如，创业者原来未曾意识到的，身边的某某人、某某事、某个事物或某项新的政策等，在某些方面可带来资源价值，在创业中加以整合利用；原来只是把目标用户当作客户，而没有挖掘其口碑、转介绍等对市场销售的价值；对团队成员了解不够深入，未充分发挥其创造性和价值潜力；等等。有时候，我们身边并不缺乏资源，而是缺乏发现资源的眼睛，缺乏资源整合思维与意识，缺乏资源重复利用和深挖资源价值潜力的思路和方法。

创业资源分析与选择

如果你要成立一家培训公司，现有 12 种资源（表 7-1）可供选择，请按资源的重要性进行排序并说出你选择前四种的理由。

表 7-1　创业资源排序

资源名称	排序序号
投资 50 万元，须占 50%股份	
资深运营总监	
与教育主管部门合作的机会	
获得一套完善的网络培训平台	
与知名师范大学合作的机会	
较偏远、租金低、面积大的场地	
获得一套专业的培训课程	
资深培训专家	
银行有息（7%）贷款 10 万元	
资深培训顾问	
与某知名培训集团合作的机会	
市中心租金高、面积小的场地	

第三节　学会创业融资

一、创业融资的方式

融资，这里是指所需资金的融入，具体是指资金需要者通过一定的渠道、以一定的方式和成本向资金持有者筹集资金的一种经济活动。创业融资是指创业者为了实现创业目标，通过不同渠道、采用不同方式筹集资金以推动创业活动顺利开展的过程。创业者应根据创业活动在不同发展阶段的特点与资本需求，结合创业规划与发展战略，合理确定融资渠道、方式和额度。

创业融资主要有股权融资和债权融资两种方式。股权融资，这里是指创业者出让部分所有权换取相应资本资源的融资方式。股权这种融资方式，会引入新的股东并引起总股本的增加。债权融资，这里指的是创业者通过借钱举债获得资本资源的融资方式。债权这种融资方式不会引起股东人数和股本的增加。

无论是股权融资还是债权融资均具有一定的优点，也都存在一定的不足。创业者要权衡不同融资方式的利弊，考虑不同情况下的融资成本，以便做出科学的融资决策。

通过股权融资方式获得的资金既可以充实企业的营运资金，也可以用于企业的投资活动。通过债权融资所获得的资金，企业首先要承担资金的利息，借款到期后要向债权人偿本付息。

股权融资和债权融资的优缺点对比如表 7-2 所示。

表 7-2　股权融资和债权融资的比较

比较项目	股权融资	债权融资
本金	永久性资本，保证企业最低的资金需要	到期归还本金
资金成本	根据企业经营情况变动，成本相对较高	事先约定固定金额的利息，成本较低
风险承担	低风险	高风险
企业控制权	按比例或约定享有，分散企业控制权	企业控制权得到维护
资金使用限制	限制条款少	限制条款多

债权融资的资金成本较低，合理使用还能带来杠杆收益，但债务资金使用不当会带来企业清算或终止经营的风险；股权融资的资金成本由于要在所得税之后支付，成本较高，但在企业正常生产经营过程中，不用归还投资者，是一项企业可永久使用的资金，没有财务风险。创业者在筹集资金时应对债务资金和股权资金的优缺点进行比较，并考虑企业的资金需要量，资金的可得性，宏观理财环境，筹资的成本、风险和收益，以及控制权分散等问题来进行综合分析。

二、创业融资应做的准备

创业融资，由于其处于创业筹备与起步阶段，具有未来发展的不确定性，加之自身信用和资源积累不足，融资风险较大。因此，创业融资相对比较困难。另外，创业者往往缺乏融资经验，即使融资成功，也往往会付出高昂的融资成本和代价，与资金提供方签订不平等条约，易为创业企业后续发展埋下风险的种子。俗话说，知己知彼，百战不殆。创业者要实现成功融资，需要预先做好融资的各方面准备。

创业融资准备主要包括以下几个方面。

（一）做好规划，夯实基础

现实情况是，创业者在想方设法，通过各种途径寻找融资对象，而资金持有者也一直在寻找好的项目和团队。真正好的创业项目和团队，投资人往往会主动抛出“绣球”，甚至追着投资，不太好的创业项目和团队即使天天追着投资人跑，也未必能打动投资人。因此，创业融资成功与否，主要取决于创业项目本身情况和创业团队的自身实力。在融资前，创业者还是先要把创业规划做好，把商业模式梳理好，通过团队把业绩做出来，打造自己的竞争实力。这是吸引投资和实现成功融资的根本前提和重要基础。

（二）分析需求，制订方案

创业融资前，创业者一定要根据自身情况，把融资的动机和目的、融资时机、所需资金的结构和数量、融资成本和风险、拟采用的融资渠道和方式等问题分析清楚，做出系统、科学的融资方案。融资需求越明确，融资方案越合理，融资遇到的困难和问题就越少，成功把握就越大。因此，创业者做一份现实可行的融资方案是必要的准备工作。

（三）确定人员，备好资料

创业融资是一项系统复杂的工作，要使得融资顺利和成功，创业者要把创业融资视为一项重要工作来安排。首先，创业融资最好成立融资团队来专门负责，根据实际确定成员的组成结构，并明确其角色及分工，做到融资各方面工作的紧密配合和有效协作。

在创业融资时，相关的融资资料是重要的融资工具和沟通谈判的主要载体。融资材料主要包括创业计划书、项目介绍PPT、相关证照复印件、产品技术说明书、财务报表和运营数据等内容。其中，最重要的是创业计划书，其相关内容在后面的章节会详细介绍。

（四）借势外力，拓展资源

创业融资，主要是外源性融资，是从外部整合资金资源。创业融资是一项专业性强且社会关系依赖性强的经济活动。为保证融资效率和效果，创业者可通过引入专家顾问、委托专业融资机构等方式，帮助自己做好融资需求规划和实施方案，制作符合融资规范和投资人偏好的专业性融资材料。同时，创业者要积极尝试各种方式和途径去搜集各种融资信息，积累投资人脉，扩大融资的相关圈子，以提高融资成功的可能性。

（五）圈定目标，重点了解

创业融资的过程，本质上是推销自我、推销项目和团队的过程。创业融资如同销售一样，需要找对人。在创业融资过程中，找对路子选对人，将会事半功倍。一般来说，投资人和投资机构都有自己的“游戏规则”和擅长投资的领域，即不同的投资者会重点投资某些特定的行业，不同的投资者有不同的投资风格和偏好，不同的投资者会定向投资创业企业的不同成长阶段。创业者要结合自身行业和创业实际，通过调查研究，圈定适合的融资目标。然后，通过各种方式和途径了解融资目标的投资习惯和思维方式，把握其筛选投资项目的标准，深入分析其评估项目的重点，做到有的放矢，从而做好创业融资的充分准备。

三、创业所需资金的测算

一般来说，创业所需资金，主要分为开业前的筹备及企业开办所需的投资资金和开业后企业所需的营运资金两大部分。

（一）投资资金的测算

在测算投资资金时，创业者往往能想到租房、设备及原材料、工资、办公用品等显性支出，但容易忽略诸如装修费、设备安装与维护费、市场开拓费、财务税费等隐性支出。采用表格列举法（表 7-3），有利于创业者全面、合理、相对准确地测算出所需的投资资金。

表 7-3　投资资金估算表

项目	数量	预算
办公场地与生产经营场所		
所需设备设施		
办公家具（装饰装修）		
办公用品		
员工工资		
创业者工资		
市场开拓费（业务招待等）		
房屋租金（季付与押金）		
存货的购置支出		
广告费		
水电费		
电话费		
保险费		
设备安装与维护费		
电脑软件等		
开办费		
……		
合计		

（二）营运资金的测算

营运资金的测算，需要在测算企业在未来一定时期的营业收入、生产与销售成本及大致利润等基础上进行测算，主要通过财务预测的方式来确定。

1. 测算营业收入

营业收入是指企业通过经营所形成各种收入（产品销售、技术服务和投资收益等）的总和，其中主要是销售收入。估算营业收入是测算营运资金的第一步。估算销售收入时，创业者应在一定实际依据的基础上，拟定产品市场售价，预测一定周期内的销售数量，然后测算出总的营业收入。营业收入的测算可利用表 7-4 来进行。

表 7-4 营业收入预测

单位：元

项目		1月	2月	3月	4月	5月	6月	7月	8月	9月	10月	11月	12月	合计
产品一	销售数量													
	平均单价													
	销售收入													
产品二	销售数量													
	平均单价													
	销售收入													
……	……													
合计	销售收入													

2. 编制预计利润表

利润表是用来反映企业在某一会计期间经营成果的财务报表。利润表是根据“收入－费用＝利润”的会计等式，按营业利润、利润总额和净利润的顺序编制而成的。编制预计利润表需要注意的问题有四点：一是营业成本测算应与营业收入测算时预计的业务量一致；二是销售费用测算应依据营销策略和方式的具体情况；三是管理费用测算应根据企业经营的实际情况；四是财务费用测算应综合考虑企业经营各种可能的财务成本和营业税费等具体情况。营业成本预测表和预计利润表的格式分别如表 7-5 和表 7-6 所示。

表 7-5 营业成本预测

单位：元

项目		1月	2月	3月	4月	5月	6月	7月	8月	9月	10月	11月	12月	合计
产品一	销售数量													
	单位成本													
	销售成本													
产品二	销售数量													
	单位成本													
	销售成本													
……	……													
合计	销售成本													

表 7-6　预计利润表　　单位：元

项目	1月	2月	3月	4月	5月	6月	7月	8月	9月	10月	11月	12月
一、营业收入												
减：营业成本												
营业税金及附加												
销售费用												
管理费用												
财务费用												
二、营业利润（损失以“－”号填列）												
加：营业外收入												
减：营业外支出												
三、利润总额（损失以“－”号填列）												
减：所得税费用												
四、净利润（损失以“－”号填列）												

单位成本根据创业企业存货的计价办法确定，可以采用先进先出法、月末一次加权平均法、移动加权平均法等方法对销售产品的成本进行计量。先进先出法是指按照“先入库的产品先发出”的原则对销售产品的成本进行计算的方法；月末一次加权平均法是指在月末计算一次产品的加权平均单位成本，即（期初库存产品总成本＋本月入库产品总成本）÷（期初库存产品数量+本月入库产品数量），用该成本乘以本月销售产品数量来计算本月销售成本的方法；移动加权平均法是在每一次发出产品之前都要计算一次加权平均单价，以计算的加权平均单价乘以本次销售数量计算发出产品成本的方法。

在企业初创期，由于各方面具有不确定性，预估的销售收入和营业成本做不到绝对准确，但创业者应根据经营能力和市场情况进行合理测算，以保证预估的各种财务数据尽可能准确，否则预计利润表的编制就失去了其应有的价值，还可能给企业经营决策带来误导。

3. 编制预计资产负债表

资产负债表是总括反映企业在某一特定日期全部资产、负债和所有者权益状况的报表。资产负债表是根据“资产＝负债＋所有者权益”这一会计等式，依照流动资产和非流动资产、流动负债和非流动负债大类列示，并按照会计准则要求编制的财务报表。预计资产负债表的格式如表 7-7 所示。在编制预计资产负债表时，要注意的问题包括以下几项：①应收款项应根据营业收入和企业的销售回款政策来测算；②存货应根据材料或产品的进、销、存等具体情况来测算；③非流动资产应根据投资资本估算时确定的数额和折旧政策来计算其期末价值；④应付款项应根据行业信用规则来测算确定；⑤应交税费应根据估算的收入及税率来测算；⑥所有者权益应根据预计利润表中的利润金额来确定，并可据此确定需要的外部筹资额。

表 7-7 预计资产负债表

单位：元

项目	1月	2月	3月	4月	5月	6月	7月	8月	9月	10月	11月	12月
一、流动资产												
货币资金												
应收款项												
存货												
其他流动资产												
流动资产合计												
二、非流动资产												
固定资产												
无形资产												
非流动资产合计												
资产合计												
三、流动负债												
短期借款												
应付款项												
应交税费												
其他应付款												
流动负债合计												
四、非流动负债												
长期借款												
其他非流动负债												
非流动负债合计												
负债合计												
五、所有者权益												
实收资本												
资本公积												
留存收益												
负债和所有者权益合计												
六、外部筹资额												

表 7-7 中所有者权益下面的留存收益是指营运资金通过内部融资的一种来源方式，取决于企业当期实现的利润和利润留存的比率。一般来说，初创期的企业为筹集企业发展需要的资金，利润分配率会很低，甚至为零。于是，企业实现利润的大部分都能够留存下来，构成企业资金来源的一部分。例如，微软公司自上市以来，虽然持续高速发展，但在长达几十年的时间里从未向股东支付过现金股利。另外，戴尔、英特尔、康柏、太阳微系统等大家比较熟悉的公司在高速成长期内的现金股利支付率也为零。当留存收益增加的资金无法满足企业经营发展所需时，需要从外部融集资金。

实践活动

撰写融资计划概要

融资计划，其实是一份说服投资者的方案与策略。结合小组设计的创业项目或找一个大学生创业项目，设计一份融资计划的概要，填写在表7-8中。

表7-8　融资计划概要

概要说明	融资计划	融资说明
融资项目论证：主要指项目可行性和项目收益率		
融资途径选择：选择成本低、融资快的融资方式		
融资分配：所融资金专款专用，主要用途与周期		
融资成本收益：代价与利润分配		
融资风险：主要风险分析		

实践训练

活动一　资源获取游戏

1. 目标

通过资源获取游戏了解如何获取和利用创业资源。

2. 时间安排

20分钟。

3. 活动进程

1）在3分钟内，尝试找到拥有资源的人，让那个人在你的资源获取表（表7-9）上签上他的名字。尽你所能，尝试获取尽可能多的资源。注意：不能让同一个人在你的表单上拥有多种资源，但是同一个人可以在多张表单上就同一种资源签名，你还可以将自己作为一种资源的来源。你可以在课堂里走动，但不要大声喧哗。

表7-9　资源获取表

序号	资源	签名
1	运营过一个社交账号	
2	曾独立生活过	
3	懂一门外语	
4	尝试过发明创造	

续表

序号	资源	签名
5	擅长一项运动	
6	积蓄超过 500 元	
7	有拉赞助的经验	
8	有创办社团的经验	
9	在企业实习过	
10	拥有了解其他专业的知识	
11	在某项竞赛中获过奖	
12	有驾照	
13	有 100 多个微信好友	
14	有一块智能手表	
15	擅长或爱好平面设计	
16	参加过创业大赛	
17	会一门乐器	
18	发表过文章	
19	有一个或多个证书	
20	精通围棋	

2）3 分钟后，活动结束。请汇报下列问题。

- 你共获取了多少资源？
- 哪些资源更难获得？为什么？
- 哪些资源是最有价值的？价值是否明显？
- 你的资源获取战略是什么？是先易还是先难，抑或是混合战略？
- 你是否交换签名？你是否高声喊叫？你是否听到别人的喊叫？
- 你将自己置于教室中的哪个位置？
- 本活动是否有病毒性特征（人们来回走动时，信息就传播开了）？
- 3 分钟时间限制影响了你的资源获取方法吗？
- 在资源清单所有的名目中，哪些类型的资源是有代表性的？
- 你最先获取的是哪种类型的资源？最想获取哪种类型？

3）教师总结本次课堂活动并评价学生表现。

活动二 完美演讲

1. 目标

通过本次练习，锻炼学生融资能力。

2. 时间安排

40 分钟。

3. 活动进程

1）模拟融资现场，每个团队派一名代表展示团队的项目，注意，只有 3 分钟的时间进行展示，3 分钟后马上停止。其他学生要认真聆听，并粗略记下对每个演讲的思考和印象。

2）全部展示后，要求学生将自己的笔记与演讲评估表（表 7-10）进行比较，同时完成对每个演讲的评估。

表 7-10　演讲评估表

项目	评分标准	评分	评论
创意	清晰易懂地描述产品或服务		
顾客	明确描述初始目标市场及其规模		
需求	明确陈述并理解问题或机会匹配		
商业模式	各个要素是明确理解的		
差异化	已经识别并证实了某些与目标顾客共鸣的独特特征		
团队	团队拥有所需的技能、资源和经验		
资金	融资计划是合理的，识别到了具体数量的资金需求		

3）针对每一个演讲，讨论以下问题：

- 有人能描述产品或服务是什么及如何发挥作用吗？
- 谁是目标顾客及要解决的问题是什么？
- 这是个好机会吗？为什么？
- 存在任何情境因素导致你相信这是一个好机会吗？
- 该产品是独特的或与竞争产品及其他替代产品有何不同吗？
- 项目计划如何赚钱？
- 团队的技能与企业的需求一致吗？
- 启动新企业需要什么资源？
- 你觉得信息沟通的方式如何？
- 在给定的时间范围内，演讲者可以做些什么来改进演讲内容和沟通方式？
- 之前的评估与运用演讲评估表之后的评估有哪些区别？

实践拓展

挑战“白手起家”

基于找到的创业项目和组建的创业团队，挑战“白手起家”这个项目，假设现在团队只有 50 元，看能创造多少利润。

1）和自己的团队讨论并设计出行动方案。注意：这 50 元是创业团队拥有的唯一种子资金，此资金不能从事非法活动（包括赌博），不能参与抽奖活动（包括买彩票）；在活动期间，不能筹集资金。团队的计划要尽可能详细、具体，并估算出可能赚取的利润额。

2）展示团队的计划，并描述自己的团队是如何产生创意的，50 元发挥了什么作用。

3）评选出利润额最高的团队和最有创造力的团队。

4）行动起来，实施自己团队的计划。一周后，再来看一看哪个团队赚取了最多的利润。

5）反思：在这次活动中最令自己感到意外的是什么？是否顺利地实施了计划？成功或失败的因素有哪些？

6）讨论：如何“白手起家”？

第八章 商业模式及其设计论证

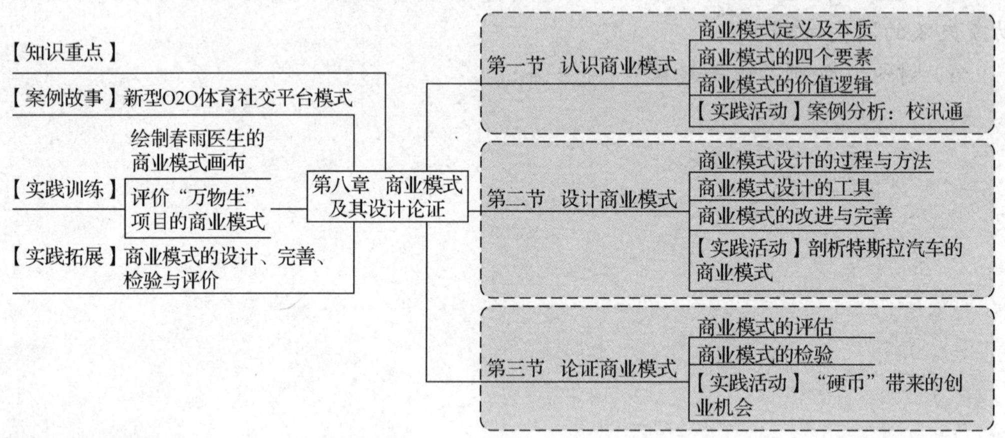

知识重点

1. 商业模式的内涵和本质。
2. 商业模式的要素和价值逻辑。
3. 商业模式设计的过程与方法。
4. 商业模式设计工具及使用方法。
5. 商业模式改进完善与创新的方法。
6. 商业模式评估与检验的方法。

【案例故事】

新型O2O体育社交平台模式

赵川，某体育学院2003届运动训练专业本科毕业生，2012年创立北京高登麦德科技有限公司（简称高登麦德），任公司法人、CEO。

高登麦德是一家高速成长中的体育互联网公司，公司致力于用互联网改变体育，打造中国最大的体育社交网站，通过线上线下结合的服务为广大业余体育爱好者提供一个交流、分享、互动的平台。公司采用一种将体育产业与互联网产业相结合的创新型模式，重点开发与进军移动互联网领域，打造O2O（在线离线/线上线下）体育社交的平台，将互联网虚拟服务与真实线下体育运动相结合，为广大体育运动爱好者提供高品质服务平台，同时也为中国体育产业发展做出应有的贡献。

在公司发展的最初期，创始人与自己的几个同学一起创业，由于重合度过高，大家经常意见不统一，导致公司没有办法顺利做出决策。公司在 2012 年面临生存问题之后，2013 年对创业团队进行重组，但模式仍存在问题。于是团队在 2014 年底关闭原有模式，重新坐下来深入探讨，初步确定现有发展模式与方向，并在 2015 年初重新融资，重新上路。

几经波折之后，高登麦德总算走上了一条属于自己的道路。现在高登麦德的项目是以足球约球为主，主要为用户打造一个运动平台。用户在平台上进行约球，同时通过记录用户运动次数，形成数据库，并通过数据库建立运动模型，分析判断用户运动水平及其他数据并提供和展示给用户，帮助用户更好地了解自己的运动水平，并更好地匹配运动对手。

大数据时代是掌握数据者的天下，高登麦德采用科学的数学模型，运用算法，对用户的运动数据进行计算，从而给用户最科学的运动建议，使现在的业余运动爱好者不至于因为不科学的运动，不但没有锻炼到身体，反而伤害到身体。

虽然互联网已经大众化，但真正将体育和互联网二者联系起来的时候就会发现有很多困难。但高登麦德对于互联网的总结是：小步快跑，不断试错，不断调整。因为在做之前往往并不知道是否正确，很多问题只有在做的时候才会被发现，用户需求也只有在实际运作的过程中才会真正被了解，初期的市场调研也好，用户分析和访谈也好，往往会建立在一个虚无的基础上，因此调研出来的结果和感觉跟实际之间一般相差很多。所以一开始不要贪大求全，一定要小，像针眼一样小，不断地去试。

体育文化产品的核心是视觉化，高登麦德团队中专有一人负责视觉方面的呈现。在体育运动给人以体验的同时，通过视觉辅助，更是一种加分。体育不是你告诉了用户什么，而是你给了用户什么样的体验，从而使其依赖你的产品。

因为高登麦德团队中有狂热的足球爱好者，这样就具备基本的足球知识储备，其余负责人在产品、视觉、交互方向都有各自擅长之处，在不断地试错之后，一点一点更改，使产品达到更好的效果。

由高登麦德的团队配置可以看出，高登麦德创始人具有多年在互联网行业工作的经验，其核心成员自身就具备科学技术知识，不仅有多项专利在身，更重要的是拥有技术基础。正是这些优点让高登麦德在体育互联网行业找到了属于自己的位置。

将虚拟与现实结合，才能将热情更好地释放。高登麦德通过 App 进行线上组织，开展了高校之间的业余足球赛。与专业比赛不同，高登麦德对比赛规则进行了业余化的修改，通过全面的“专业”的业余比赛，为高校同学提供一个释放热爱的途径。高登麦德希望通过线上线下的同步放松，让业余选手体验专业配置，同时能够形成专门的教练团队、裁判团队甚至球迷群体。

在大浪淘金的创业潮中，高登麦德获得了良好的创业环境，与此同时，用信念的力量做自己远航的船帆，信念的风不息，航行不止。

启示：

作为一家高速成长中的体育互联网公司，高登麦德致力于用互联网改变体育，采用一种将体育产业与互联网产业相结合的创新型模式，打造 O2O 体育社交的平台，将互联网虚拟服务与真实线下体育运动相结合，为广大体育运动爱好者提供高品质服务平台，取得了良好的收益。

第一节　认识商业模式

一、商业模式定义及本质

商业模式的定义有很多，内容也很宽泛。清华大学雷家骕教授对企业商业模式的定义是：一个企业如何利用自身资源在一个特定的包含了物流、信息流和资金流的商业流程中，将最终的商品和服务提供给客户，并收回投资、获取利润的解决方案。在本书中，商业模式是指企业为了实现客户价值的最大化，将影响企业发展的所有因素结合在一起，形成一个具有核心竞争力的运行系统，并通过最优实现形式来满足顾客的需求，让系统达成持续盈利目标的整体解决方案。

二、商业模式的四个要素

（一）核心战略

核心战略从企业的使命、产品和市场范围、差异化战略等方面描述了企业如何与竞争对手进行竞争。

企业的使命是指企业存在的意义及企业商业模式实现的价值目标。例如，戴尔公司的使命是发展成为全世界最成功的电脑公司；星巴克公司的使命是将星巴克打造成为世界一流的高品质咖啡店。在不同程度上，企业使命表达了企业经营的愿景、方向和终极价值追求，并为企业的经营活动制定了工作的价值标准和目标定位。

企业的产品和市场范围定义了企业所专注的产品和市场。企业产品的规划与定位对企业的商业模式的选择有很大的影响。例如，亚马逊网站成立之初，主要经营的是书，后来在不断的发展中开始售卖 CD、服装及首饰等其他的产品，可见其商业模式的价值内涵在不断地拓宽。企业所经营的市场是企业核心战略的重要因素。例如，戴尔公司将客户和政府机构作为它的目标市场，Gateway 公司则是将小型企业和首次购买电脑的个人客户作为目标顾客。企业所选择的目标市场和目标客户会影响到其商业模式的设计与实施。

企业的差异化战略选择会影响到企业的商业模式，如成本领先战略要求商业模式专注于效率、成本最小化和大批量。由于专注于低成本而非舒适性，成本领先的企业往往不会追求产品的新颖性。相反地，差异化战略要求商业模式集中于开发独特的产品和服务，以获得更高的价格。通常情况下，采用差异化战略的企业会在创造企业品牌忠诚度上投入大量财力和精力，以稳固顾客对自己产品的忠诚。

（二）战略资源

企业如果缺乏资源，就很难实施其战略，企业所拥有的资源会影响到企业商业模式的可持续性。企业的战略资源包括核心竞争力和战略资产两部分。

核心竞争力是一种资源或能力，是企业胜过竞争对手的竞争优势的来源。它是超越产品或市场的独特技术或能力，对顾客的可感知利益有巨大的贡献，并且难以模仿。企业的核心竞争力是企业战胜竞争对手的主要资源和力量，无论在企业的短期发展还是长期发展过程中都有着至关重要的作用。特别是在短期发展中，正是核心竞争力使得企业能够将自己差异化，并创造独特价值。

战略资产是企业拥有的价值较高且稀缺的资源，主要包括企业的工厂、设备、位置、品牌、专利、客户信息及员工等。战略资产在很大程度上代表着企业的品牌。

（三）伙伴网络

企业的伙伴网络主要包括供应商和其他合作者。

1. 供应商

供应商是向其他企业提供零部件或服务的企业。例如，英特尔公司向戴尔公司提供芯片，是戴尔公司的供应商。几乎所有的企业都有供应商，它们在企业商业模式的运作中起着重要作用。

传统上，企业与供应商维持着一定距离的关系，并把它们看作竞争对手。需要某种零部件的生产企业往往与多个供应商联系，以寻求最优价格。如今，企业更多地将精力放在如何推动供应商高效率运作的层面上来。

2. 其他合作者

除了供应商，企业还需要其他合作伙伴来使商业模式有效运作。合资企业、合作网络、社会团体、战略联盟和行业协会是合作关系的一些常见形式。合作关系给企业带来更多的创新产品、更多有益的机会和高成长率。

创业者创建具有可持续竞争优势的新企业的能力，依赖于企业自身技能，也依赖于外部合作伙伴的技能。合作伙伴关系有助于企业保持敏捷、集中精力发展核心竞争力。

当然，合作伙伴关系也包含着风险，在仅有的合作关系成为企业商业模式的关键要素时更是如此。由于种种原因，很多合作关系没能实现参与者初期的愿望。企业联盟也有一些潜在劣势，如专有信息丢失、管理复杂化、财务和组织风险、依赖伙伴的风险及决策自主权的部分丧失等。

（四）顾客界面

顾客界面是指企业通过哪些方式实现与顾客相互作用。例如，当当网只通过互联网销售书籍，而新华书店则通过传统书店和网络两种途径来售书。

下面分别从目标市场、销售实现与支持、定价结构三个方面来表述顾客界面的内容。

1. 目标市场

目标市场是企业在 10 个时间节点追求的有限的个人或企业群体。企业所选择的目标市场会影响到企业确定目标市场之后所做的每一个项目，因此界定清晰明确的目标市场是企业发展必不可少的因素。由于目标客户的明确界定，公司能够将自己的营销和推广活动聚焦于目标顾客，并且能够发展与特定市场匹配的核心竞争力。

2. 销售实现与支持

企业的销售实现与支持主要描述了企业的产品与服务提供给顾客或者进入市场的方式与方法，同时也指企业利用的渠道与提供的顾客支持水平。

假定有一家新创企业开发出一项移动电话技术，想要为这项技术申请专利。为了形成自己的商业计划，企业在如何把该技术推向市场的问题上有三种选择：①将技术以特许经营方式转让给现有移动电话企业，如苹果公司和三星公司；②自己生产移动电话，并建立自己的销售渠道；③与某个移动电话公司（如 HTC）合作生产，并通过与移动电话服务提供商的合作关系来销售电话。

企业愿意提供的服务内容，也影响着其他的商业模式。有些企业将自己的产品和服务差异化，通过高水平的服务和支持向顾客提供附加价值，如送货和安装、财务安排、顾客培训、担保和维修、便利的经营时间、方便的停车场、通过免费电话和网站提供信息等。

3. 定价结构

企业的定价结构会随着企业目标市场和定价原则的改变而变化。例如，在众多的租车企业中，有的企业是按日租金收费，有些企业是按照车辆行驶的公里数收费；在咨询企业中，有的企业是按所提供服务的次数收费，有的企业则是按照服务的时间收费。

总之，新创企业应从整体角度审视自己，理解商业模式的重要作用，根据自身核心战略及资源优势构建适合的、有效的商业模式。

三、商业模式的价值逻辑

企业商业模式的价值逻辑是从市场与客户需求开始，从价值发现（目标客户与市场）、价值主张（服务客户）、价值创造（产品/服务的研发生产）、价值配置（资源和网络渠道配置）、价值管理（管理与优化）到实现价值（盈利）的过程，如图 8-1 所示。

（一）顾客价值的发现

企业通过对自身内部和外部环境的分析，对企业的发展目标进行战略规划，并利用自己的优势打造出具有市场优势的产品，从而实现自身的价值。市场和客户的需求会越来越高，企业要想满足市场和客户对产品的需求，就必须对自身的产品价值进行不断的创新和开发，并根据不同时期、不同的市场需求和顾客需求来调整企业的商业模式。

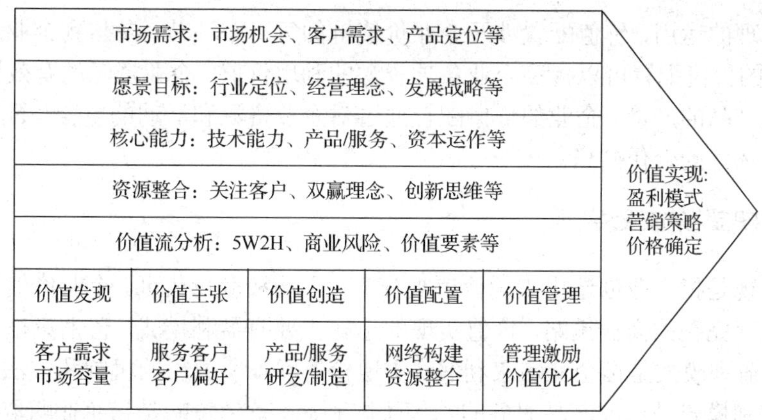

图 8-1 商业模式的价值逻辑

一个优秀的企业商业模式应该是将客户的需求和体验放在首要考虑位置，企业的商业模式能否与客户的价值相匹配，企业生产的产品能否满足客户的需求，这两点是每一家企业都应该重视的问题。

（二）价值主张

企业的价值主张是指企业的产品和服务可以为顾客提供的价值。企业产品和服务的价值主张应该注意以下三点。

1）每一项产品和服务都应该有精准、明确的价值主张。

2）每一项产品和服务的价值主张都必须是真实可信的。

3）在保证了企业每一项产品和服务的价值主张真实可信后，要尽量做到独特有卖点。

（三）各方价值的创造

顾名思义，价值创造是指价值是如何创造出来的。企业在实现自身价值的同时，也为企业的供应商、合伙人及客户创造了价值，而这些价值的实现和创造都是由企业的商业模式决定的。企业价值实现与创造的核心是企业的产品和服务。现在，越来越多的客户开始直接参与到企业的价值创造活动中，企业可以根据客户对产品和服务的体验和意见来改进和创新企业的产品与服务，客户的直接参与是企业价值创造的重要来源之一。例如，ATM 的出现使客户取钱存钱不再受到时间和地点的限制。

（四）系统的价值管理

价值管理是企业管理模式的一种。企业的价值管理可以通过设定员工守则、公司规章制度等方法来约束和激励企业的每一位成员，通过团队激励的方式来凝聚企业团队。企业的价值管理主要是由企业的经营日的决定的。

（五）价值的有效配置

价值配置是指企业资源和企业活动的配置。企业价值的配置是为了让企业的资源可以得到更合理的运用，价值配置涉及企业价值链的每一个环节，参与到企业运营的全部过程。合理的价值配置可以提高企业各项资源的利用价值，企业资源的有效利用可以有效提高企业产品的产量。企业的价值配置通过对企业资源和活动的整合与配置，实现企业价值网络体系的合作共赢。

（六）期望价值的实现

价值实现是指企业创造出来的价值被社会、市场和客户认可。企业价值的实现需要企业拥有一套完善的商业策略。价值实现的途径主要有盈利模式、营销策略和价格确定三个方面。盈利模式是指企业赚取利润、实现价值回报所遵循的机制和方法。最古老又最核心的盈利模式是通过产品服务的销售赚取利润。营销策略是指企业赚取利润、提高价值回报效率所依赖的策略与方法。例如，网络营销，就是通过网络进行宣传推广，实现提高销售与服务效率的一种营销策略。价格确定影响着价值实现的可能性和有效性。通常来说，较低的价格容易获取更多的客户，充分发挥价格优势，有利于快速、大批量地获取客户，价值实现的效率更高。

实践活动

案例分析：校讯通

创业者想做一个改变学校与家长、家长与家长之间沟通所存在问题的项目，并通过微信公众平台来实现。项目初始，创业者用了一周的时间找到一些学校的师生了解学校、家长和老师三者的基本需求，最后发现通讯录、群发信息和家长圈这三项功能是需求量最高的。创业者发现，单靠这三个功能难以让学校与家长、家长与家长之间的关系产生足够的黏性，因此，创业者提出了三个创新点。

1）在家长圈中设立一处只显示老师所发送的学校和班级要闻及其他学校相关的各类信息。

2）一堂课结束后，老师只需要用手机对着黑板拍张照，不用在下课之后再用手机编辑短信。

3）家长可以在家长圈分享自己孩子身上发生的新鲜事，并相互评论。

基于商业模式的本质与要素，请分析上述项目的商业模式如何？问题在哪里？

第二节 设计商业模式

一、商业模式设计的过程与方法

（一）商业模式设计的过程

商业模式设计的过程，是基于商业模式的价值逻辑及其相互联系，根据创业企业的运营实际将商业模式的四个要素内容进行具体化设计的过程。要设计出既符合价值逻辑，又具体且可付诸实施的商业模式，需要由科学的顶层设计逐步转变为有效进行价值创造与协调的系统过程。

1. 商业模式的顶层设计

商业模式从价值逻辑角度看，其最为基本、最为重要的设计要素有四个：价值体现、价值创造方式、价值传递方式和企业的盈利方式（实现并收获价值）。价值体现是指企业给客户带来的价值体现在哪些方面，主要包括核心价值、非核心价值及衍生价值；价值创造方式是指企业如何为客户创造价值，主要包括产品服务的研发与生产；价值传递方式是指企业如何将为客户创造的价值传递给客户，主要包括产品服务的营销推广和销售；企业的盈利方式是指企业如何应对市场竞争并有效获取持续的利润回报，主要包括盈利的核心途径方式和构建利润壁垒。商业模式的顶层设计，就是从顶层设计这四个要素及其内在的逻辑联系。在确定了这四个要素及其联系后，创业者才可能进一步设计和细化商业模式四个要素的下级内容及其联系。

2. 商业模式四要素的具体化

通常，价值体现可以具体化为，创业者拟为客户提供的功能以至最终的产品或服务。功能更多的是指产品的效用，拟向用户提供的功能即效用明确了，才可构想具体的产品或服务。基于拟为客户创造的价值，新创企业即需要开发和生产价值的方式方法和途径，这通常要结合具体产品或服务的具体特点来思考。例如，如果具体产品为计算机软件产品，就要从软件开发的相关规律来思考具体的价值创造方式；如果具体产品为计算机硬件产品，就要从硬件开发的相关规律来思考具体的价值创造方式。至于价值传递方式，更多的是指产品营销的方式方法和途径，具体包括产品推广、销售和客户服务等方面的相关手段、措施及渠道等。而企业的盈利方式，也需要结合价值创造方式、价值传递方式、企业与客户的交易关系、可能的市场竞争方式及态势（如市场结构）来具体设计。

上述商业模式设计的过程，可用表 8-1 来概括。

表 8-1 商业模式设计的过程

<table>
<tr><th>顶层设计</th><th>要素的具体化设计</th><th>组织化设计</th></tr>
<tr><td>1. 价值体现设计</td><td>产品或服务的核心、非核心及衍生价值</td><td rowspan="5">企业内部组织、外部伙伴关系、客户关系界面、企业利润屏障</td></tr>
<tr><td>2. 价值创造方式设计</td><td>产品或服务研发、生产的方式方法和途径</td></tr>
<tr><td>3. 价值传递方式设计</td><td>产品或服务营销的方式方法和途径</td></tr>
<tr><td>4. 企业盈利方式设计</td><td>基于企业与客户交易关系及市场竞争的企业盈利方法及途径</td></tr>
<tr><td>5. 四个要素联系设计</td><td>产品或服务的研发、产销、交易、竞争关系的协调</td></tr>
</table>

（二）商业模式设计的方法

基于上述商业模式设计的流程，商业模式设计的方法可具体到顾客、产品、企业内部价值链、外部价值链和利润屏障等五个方面的设计。

1. 定义并分析目标顾客，设计利润源

利润源是指购买产品服务的顾客群，顾客是企业获得生存、获取利润的源泉。设计商业模式，首要的任务和逻辑起点是确定目标客户及其需求，必须首先确定企业为谁创造价值、创造哪方面的价值。顾客群可细分为主要顾客群、辅助顾客群和潜在顾客群。顾客群的目标界定要注意以下三点：①顾客群要清晰而稳定；②要有足够大的规模；③要深入、准确地把握顾客群的价值需求和购买偏好。

在设计商业模式时，界定和深入分析目标顾客，主要目的是寻求产品在市场中的最佳定位，找到企业能够满足顾客需求并容易呈现产品价值的顾客群。

2. 科学规划产品服务研发，设计利润点

利润点是指企业用来获取利润、目标顾客要通过购买才能获得的产品或服务。利润点既包括企业为目标顾客创造的价值及载体，还包括企业的主要收入点及其结构。设计利润点，主要困难和重点是确定顾客价值最大化与企业价值最大化的结合点，有以下三点要求：①对目标顾客的需求与偏好按价值高低进行排序；②企业研发生产的产品或服务与目标顾客的价值需求对应并匹配；③能为企业带来较高的利润。好的利润点，必须清晰、准确，具有价值最大化的组合。

3. 构筑内部运作价值链，设计利润杠杆

利润杠杆是指企业内部科学规划与安排价值创造、传递的链条，优化价值创造能力和传递效率，实现利润的杠杆效应。在设计商业模式时，实现利润杠杆效应，需要对企业内部各生产与运营要素进行杠杆化设计，主要包括，组织与机制杠杆化、技术与装备杠杆化、生产运作杠杆化、资本运作杠杆化、供应与物流杠杆化、信息杠杆化及人力资源杠杆化等。通过将没有竞争优势和成本优势的企业内部价值链进行外包或分包，企业主要集中于具有高度竞争力的部分价值链，简化价值环节，做好价值优势的合理定位，是打造利润杠杆的有效途径和方式。

同样的产品服务，由于企业内部的价值链不同，利润杠杆不同，会产生产品成本与利润的迥异。一个企业的产品服务可能赚钱，另一个企业则可能亏损，利润杠杆往往决定了企业利润的多寡与高低。

4. 构建外部运作价值链，设计拓宽利润渠

利润渠，是指企业让目标顾客了解和购买其所提供的产品或服务，从而获得利润的渠道，主要包括营销推广渠道和销售渠道。利润渠既包括企业自建的内部渠道，又包括整合的外部渠道。通常来说，有效整合利用外部利润渠，有助于企业更快地获得更多的客户，提高利润空间和效率。在构建和拓展外部利润渠时，也需要通过外部价值链的管理和优化，提高其运作效率，实现利润的杠杆化。

5. 构建竞争优势与市场壁垒，设计利润屏障

利润屏障是指企业为应对竞争和保护自身利润不被蚕食而采取的控制策略和方法。

利润杠杆是最大限度地撬动更多“奶酪”，而利润屏障是保护“奶酪”不为他人瓜分和侵占。

在设计商业模式时，构建利润屏障主要是通过建立行业与市场标准、控制外部价值链、确立市场领导地位、独特的产品服务价值与企业文化、牢固的客户关系、打造品牌影响力、加强版权专利保护等方式，尽企业的最大能力构建竞争优势和市场壁垒。

二、商业模式设计的工具

奥斯特瓦德（Osterwalder）和皮尼厄（Pigneur）提出的商业模式画布是一种描述、可视化、评估和创新商业模式的通用工具，是目前广泛运用的商业模式设计与分析工具之一。该分析法从为谁提供、提供什么、如何提供及成本和收益多少等四个视角描述了企业如何创造价值、传递价值和获取价值的基本原理，通过九个模块，即价值主张、客户细分、客户关系、渠道通路、收入来源、成本结构、核心资源、关键业务和重要合作伙伴来展示企业创造收入逻辑的、相互关联的元素。这九个模块分别覆盖价值主张、客户界面、基础设施和财务生存能力四个方面，可以对组织的商业模式进行较为全面的分析；并定义商业模式画布为“一种用来描述商业模式、可视化商业模式、评估商业模式及改变商业模式的通用语言”。

奥斯特瓦德从战略的角度去审视一个企业的商业模式所处的环境。他建议把商业环境大体上映像成四块主要领域范畴，分别是市场影响因素、行业影响因素、重要趋势和宏观经济影响因素。通过假设市场力量、行业因素、关键趋势和宏观经济影响力的发展轨迹，获得设计未来商业模式选项和原型的“设计空间”即商业模式画布，如图 8-2 所示。

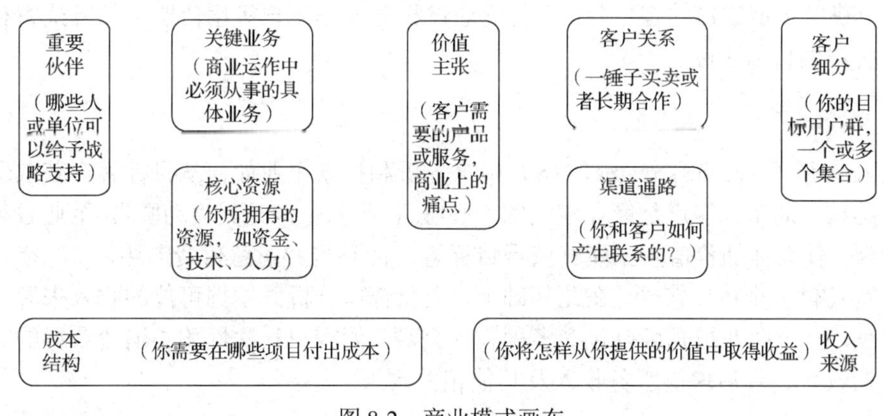

图 8-2　商业模式画布

1. 客户细分

客户细分（customer segments，CS）是用来分析和描绘企业的目标客户群体，包括不同的人群或组织。客户是构成商业模式的核心，是设计商业模式的原点。没有清晰的（可获益的）目标客户，企业就无法研发与生产产品与服务，就无法获得生存与发展。企业可能把客户分成不同的细分类别，每个细分类别中的客户都具有共同的需求、共同的行为和其他共同的属性。到底该服务哪些客户细分群体，该忽略哪些客户细分群体，一旦确定，就可以根据对特定客户群体及其需求的了解和掌握，研究设计相应的商业模式。

2. 价值主张

价值主张（value propositions，VP）用来分析和描绘为细分的特定目标客户创造价值的产品和服务及其呈现出的价值特征。它主要用来解决客户问题，满足客户需求，是客户选择并付费购买的原因和理由。每个价值主张都可包含系列的产品或服务，以满足特定目标客户的细分需求，因此企业的价值主张往往不止一个。价值主张可分为两类，一是具有创新性的，引领消费者需求的；二是与现有市场类似但具有差异化的，如增加了部分功能和特性。

3. 渠道通路

渠道通路（channels，CH）用来分析和描绘公司是如何沟通和接触特定的目标客户，传递其价值主张的渠道和路径。渠道通路构成了公司与客户之间的接口与沟通界面，在客户体验中扮演着重要角色。渠道通路包含以下功能：①提升公司产品和服务在客户心目中的价值认知和良好印象；②协助、促进客户购买企业的产品和服务；③向客户有效传递价值主张；④提供客户支持和售后服务。

4. 客户关系

客户关系（customer relationships，CR）用来分析和描绘企业与目标客户如何建立关系及建立哪种关系类型。企业在建立客户关系机制和选择客户关系类型时应考虑如何有效获取、维护并发展客户关系和如何实现销售额的增加（追加销售）。例如，移动网络运营商通过积极有效的客户获取策略来驱动客户关系的建立和维系，包括入网优惠和补贴，当获取一定规模的客户后，运营商通过积分反馈客户等增值服务的方式留存并提升单个客户的价值贡献。

5. 收入来源

收入来源（revenue streams，RS）用来分析和描绘企业如何从目标客户获取现金收入及其结构。通常，客户是商业模式的“心脏”，收入来源是其“动脉”。企业必须清楚并能确保，什么样的价值主张能够获得目标客户的垂青并愿意付费购买，目标客户愿意如何付费及付多少可以接受。在此基础上，企业合理分析并发掘可能的收入来源及其结构与贡献。一个商业模式可以包含多种收入来源，如客户一次性购买消费获得的交易收入、分期收入、售后增值服务收入及其他相关收入。

6. 核心资源

核心资源（key resources，KR）是用来分析和描绘保障商业模式有效运转并赢得企业竞争优势的最重要的因素或资源。企业通过核心资源的配置与使用，确保企业及其职能部门能够创造并提供价值主张、有效接触并占领市场、建立牢固的客户关系并赚取利润。不同的商业模式所需要的核心资源也有所不同。例如，芯片制造商需要大量的资本和技术资源，而芯片设计商则需要“高、精、尖”的人才资源和专利资源。核心资源有很多种，包括实体资产、金融资产、无形资产和人力资本等。

7. 关键业务

关键业务（key activities，KA）是用来分析和描绘为了确保其商业模式顺利实施，企业必须做的最重要的业务工作。任何商业模式的实施都需要多种关键业务活动，这些业务活动也是企业保障正常和成功运营所必须开展的活动。关键业务是有效组织并利用核心资源进行创造和提供价值主张、接触市场、维系客户关系并获取收入的必然要求。关键业务因商业模式不同而有所区别。例如，微软等软件制造商的关键业务是软件开发，而对联想等计算机硬件制造商来说，其关键业务是供应链和生产质量管理。

8. 重要伙伴

商业模式的有效实施和运行，不仅是企业内部的事情，也需要外部环境的支持。重要伙伴（key partnerships，KP）是指用来分析和描述企业重要的外部资源，如战略合作伙伴、供应商与销售代理商等。根据企业经营和商业模式的需要，企业通常会整合外部资源，建立并维系相关的重要合作网络。有些企业采取组建行业联盟的策略来优化其商业模式的效率、降低企业经营的风险并获取更多外部资源。重要伙伴根据合作关系的不同，可分为四种类型：一是非直接竞争者之间的战略合作联盟；二是直接竞争者之间的竞合联盟；三是企业构建与运营的合资合营体系；四是企业经营的上下游合作关系，如供应商体系和外部销售网络体系等。

9. 成本结构

成本结构（cost structure，CS）是用来分析和描述企业运营和商业模式实施所需要的各种成本支出。企业在开展正常经营活动和开发业务过程中，需要投入相应的成本。例如，企业的组建和管理，产品研发和生产，市场营销和产品服务的销售，客户关系的创建和维护等都需要成本投入。成本投入的估算，可根据商业模式中的关键资源、关键业务、渠道通路和客户关系等进行计算和规划。不同的商业模式，其成本结构会有很大不同。例如，苹果公司的成本支出主要是新技术的研发和市场推广，而富士康则主要是生产设备和人员等方面的支出。

三、商业模式的改进与完善

当有了商业模式的初步设计之后，创业者需要对构建的商业模式进行改进和完善，以实现商业模式的进一步优化升级与完善，规避其致命问题和创业风险。下面介绍改进与完善商业模式的主要思路和方法。

（一）移情：以客户视角推演商业模式

在设计商业模式的过程中，创业者往往会从自己的角度看问题，容易忽略或片面埋解客户看问题的立场。例如，创业者认为客户需要的是一个产品或服务，而客户则需要的是一个问题的整体解决方案。iPhone战胜诺基亚手机就是典型案例。诺基亚认为顾客需要的是一台质量更好的移动电话，而客户实际需要的是一个拿在手上能解决和通话相关的所有问题（上网、下载、联系、语音和视频等）的解决方案，这是 iPhone 大获全胜的原因。

从客户的角度来考虑问题，就是切换视角，需要向客户“移情”。创业者通过自己扮演或聘请典型客户，重新从客户角度推演客户的所见所闻、所听所说、所思所想和所需所做，进一步梳理并澄清客户的痛点和核心需求所在；通过“移情换位”的视角来改进和完善商业模式的价值主张、渠道通路、客户关系和收入来源。

（二）反思：以批判思维重新审视商业模式

以批判或否定原有设计的思维角度来重新思考商业模式，最重要的关键词是“假如”，假如提供免费服务，假如不从银行那里贷款，假如让客户自己组装产品，等等。面对初步设计的商业模式，不断地质疑。例如，如果增加一个客户细分群体，商业模式会变成什么样？如果去掉一些成本很高的业务，商业模式又是什么样？如果加入一些免费的产品，又会变成什么样子？……通过不断地质疑，得到不同的结果，从而得出更为合理和完善的商业模式。

批判否定的思维模式，并不代表没有原则。创业者还需要思考“我目前或将来有什么样的资源”“可以提供什么样的服务和产品”“客户需要什么”“我们要怎么得到收入”等焦点问题。

（三）创造：用可视化工具系统创新商业模式

在改进和完善商业模式时，可采用的可视化工具比较多，如前面讲到的商业模式画布、精益画布和思维导图等工具。利用可视化工具，有助于创业者对相关问题进行更为直观的理解和把握，有助于激发创业者的思维创造力，有助于更好地把握商业模式各内容之间的联系，从而提升思考和改进商业模式的效率效果。

在运用可视化工具进行商业模式的改进和完善时，需要注意两点，即工具的选择和工具的使用。在工具的选择上，要根据创业团队的工具特点和了解程度进行选择，以提高工具使用的效果。另外，要针对商业模式的具体模块内容和面对的问题，选择更为具体、更为匹配的工具方法，以针对性地、高效地解决相应问题。在工具的使用上，最好有工具使用规则和技巧的统一培训或沟通，以建立共同的使用规则，保证团队成员之间的顺畅沟通与默契，提升工具使用的效果。

（四）模拟：用场景模拟验证商业模式

利用场景模拟进行商业模式的推演和验证，是一个有效的改进与完善商业模式的方法。团队通过自编、自导、自演的方式，建立不同商业模式的具体场景，让相关人员扮演不同的角色，在此过程中做好观察和记录，让不同角色分享其感受和体会，给出商业模式改进和完善的意见。然后对场景进行综合分析，把问题进行梳理并具体化为商业模式改进的措施与内容。这样，通过一个个的故事场景来模拟和推演商业模式，从具体的场景中发现问题，可直观、生动而高效地找到商业模式的更优方案。

（五）推测：以具体信息推测将来的商业情景

根据商业模式设计的九个模块及其要素，依次分析初步设计的商业模式各部分的关键描述，从描述信息中，看是否可以找到相关事实，然后通过这些具体事实来推测原有描述是否合理、是否现实可行，比较其优势与劣势，看是否有可实现的具体商业情景，以此来完善改进原有商业模式的设计。

这种方法，可结合 SWOT 分析法和决策矩阵法等使用，以提高事实列举和推测情景后的决策科学性。这种方法，需要创业者全面地理解目标客户、市场特点、拟开发的产品服务和行业状况等信息，把相关细节列举出来，然后做深入分析和预测，从而改进并完善原有的商业模式设计。

实践活动

剖析特斯拉汽车的商业模式

1. 客户细分

在传统汽车向新能源汽车过渡的最初阶段，能够主动接受并购买新能源汽车的人群大都环保意识较强，环保意识较强的人往往也是富人较多。电动车在发展过程中，“充电困难”“里程焦虑”问题一直都是困扰生产商和用户的两大问题，因为这两个问题很难被解决，导致使用电动车的普通人并不多，电动车基本成为“富人们的玩具”。为此，特斯拉（Tesla）生产了第一款专为富人打造的电动跑车 Tesla Roadster。

目前，Model S 系列也进行了高配、中配、低配三档划分，基本上满足了中高端客户的不同需求。以大众消费为目标的 Model 3 已经开售，偏重商务用车的 Model X 系列也开始销售，特斯拉从豪华品牌入手，逐渐向中低端品牌渗透。

2. 价值主张

一是以数字化为核心。特斯拉有别于传统的汽车产业区域布局，选址于 IT 圣地美国硅谷，因而其商业模式中数字化色彩浓烈，自动辅助变道、自动泊车、自动辅助导航驾驶、智能召唤等功能是特斯拉的重要卖点。

二是尽量提高续航里程、降低造价，打造性价比高的电动车。Model S 电动车的性能以及续航里程大幅提升，售价也极具竞争力，国产化特斯拉价格在 30 万元以下。

3. 客户关系

特斯拉公司所采用的全产业链服务真正解决了顾客买车之后遇到的所有有关购车的问题，顾客付钱提车后，无论是用车充电问题还是保修增值问题都会得到特斯拉公司相关人员的全面服务。

4. 渠道通路

特斯拉的营销模式效仿了苹果的直销模式。由于电动车有别于内燃机汽车，其产品讲解、销售、保养都需要专门的人员。作为小众品牌，直营店可以提供更专业的服务以及更好的品牌展示。特斯拉更讲究体验，有别于传统的 4S 店经营模式。特斯拉还仿效苹果模式，通过体验店的方式发展网上销售端，从渠道通路上来看，特斯拉的销售模式与传统的汽车 4S 店的销售模式大相径庭。

5. 关键业务

特斯拉的关键业务主要集中于三个开发制造平台，即最早的修改版的莲花 Elise 平台、Tesla Model 平台和 Tesla GENIII 平台。公司还有部分研究开发服务，这部分营收来自向其他汽车制造商提供电动汽车动力系统及组件的设计开发服务，特斯拉认为目前这是一种可持续也可行的营收创造手段。开发合同中会标定一些技术节点，当开发服务满足某节点时相应部分会被确认为递延收入，直至全部满足后确认为营收。

从目前已投产过的两个平台产品来看，特斯拉产品的续航指标要大幅领先于同行业其他厂商的续航里程，关键业务平台优势明显。

6. 核心资源

特斯拉最为核心的技术就是 BMS 系统，在同行业中这一技术是遥遥领先的。例如，特斯拉采用的是钴酸锂系列的锂电池，其优点是电池的单位重量比能较高，可以产生更多的能量。但是在其他方面的技术优势并不明显。另外，特斯拉公司对资源的整合能力也是其成功的核心资源之一。

7. 重要伙伴

特斯拉的合作伙伴深深体现出资源整合的意识。公司最早与莲花汽车合作，通过莲花汽车优秀的车身设计技术来弥补公司对车身设计技术的不足，后期又与丰田、奔驰合作，解决了公司在汽车制造领域底蕴不足的状况。对于电动车最核心的电池系统，特斯拉又与日本松下公司合作，为电动车装置上高端的电池系统。

8. 成本构成

特斯拉 Model S 系列的电动车单是电池的成本就占到了整部车的 50%左右，其次是 BMS 系统占 25%，车身等其余构件占其余的 25%。可以看出特斯拉电动车成本的核心就是其电池系统。

9. 收入来源

与国内的电动车行业收入构成类似，特斯拉的主要收入也是由汽车销售和退税补贴构成。

特斯拉汽车的商业模式，对你有哪些启发？

第三节　论证商业模式

一、商业模式的评估

商业模式的适用性、有效性和前瞻性直接影响其是否能为企业高效地创造持久性的商业价值，在一定程度上会决定创业的成败。因此，在设计和确定商业模式的过程中，要对商业模式进行系统、科学的评估与论证，以保证商业模式设计的合理性与适用性，进而改进并提高商业模式的有效性。商业模式的评估，主要通过以下三个方面来进行。

（一）适用性评估

商业模式的适用性可以理解为商业模式的个性，意思是企业的商业模式都应该具备独特性，每一个企业都应该拥有一个适合自己企业发展的商业模式。不同的商业模式，适用于不同的行业和企业类型。在评估商业模式时，企业首先要根据自身情况，结合商业模式的特点和要求，判断其适用性如何。否则，盲目套用与拷贝别人的商业模式，往往会因不适用或做不到而导致失败。商业模式没有好坏之分，只有适用和不适用之分。对于创业者而言，必须找到适合自身情况的商业模式，才有可能成功。

（二）有效性评估

有时候，创业者虽然找到了适合自己的商业模式，但并未达到提高效率、降低成本和扩大收入的效果，未能充分发挥商业模式的价值。这往往是因为企业核心竞争力与商业模式成功要素之间未能匹配。判断与评估商业模式设计是否理想，是否能确保实施相应的商业模式后真正达到期望的效果，通常需要从以下三个角度进行评价。

1. 客户价值实现的程度

判断创业者所设计的商业模式是否合理，首先要审视该模式对于创业团队所构想的价值体现的实现程度，即该商业模式能够在多大程度上实现创业团队原本拟为客户创造并传递的价值。要回答这一问题，创业者一是需要评价该商业模式可能为客户创造并传递的价值是不是原本拟创造的价值。例如，创业者原本打算为客户创造节能的价值，但通过所设计的商业模式，是不是真的就能帮助客户节能。二是需要评价该商业模式实现拟定价值的程度。如前假设，如果所设计的商业模式能够为客户提供节能的价值，则还需要进一步评价该商业模式能够为客户节能的程度大小。

2. 客户价值实现的可靠性

多数商业活动都存在风险，这就有了特定商业活动实现其价值的可靠性问题。相应地，创业者借助所设计的商业模式为客户提供价值，也存在可靠性问题。由此，创业者在设计特定商业模式后，也需要评价其能够为客户提供特定价值的可靠性，即评价该商业模式能够在多大程度上为客户可靠地提供拟定的价值。显然，只有那些能够可靠地为客户创造拟定价值的商业模式，才是可行而有价值的。不难看出，商业模式的可靠性评价，相当程度上就是商业模式的风险评价，既需要搞清特定商业模式的系统风险和非系统风险，还需要搞清各种具体风险的程度大小。只有搞清了各种可能的风险，才能称之为对特定商业模式的可靠性进行了较为充分的评估与分析。

3. 客户价值实现的效率

如果估计特定商业模式能够较为可靠地为客户提供拟定的价值，则还需要进一步关注该商业模式为客户创造与传递价值的效率。在商业模式的顶层要素中，价值创造方式和价值传递方式二者共同决定客户价值的实现效率，故创业者评价客户价值的实现效率，一是需要评价特定商业模式为客户创造价值的效率，二是需要评价特定商业模式为客户传递价值的效率。最终效率的形成，则是价值创造和价值传递两个效率的“乘积”，而不是两个效率“相加”。换言之，只有特定商业模式的价值创造效率和价值传递效率都很高时，创业者才可能以较高的效率为客户提供价值；反之，如果其中任何一个环节的效率较低，都可能影响创业者为客户提供价值的效率。

（三）复制性评估

在评估商业模式时，创业者要基于自身实际和外部情况，分析判断商业模式的可复制性。好的商业模式，既要保证自己可以快速、低成本地进行模式的复制，又要具有一定的竞争门槛和优势，防止被更强大的竞争对手轻易复制甚至超越。

（四）价值性评估

一个商业模式能否成功的最基本要求是能否给创业者带来足够的价值。商业模式的价值性评估，主要看两个方面：一是商业模式带来的价值创造及其效率，是否能满足创业者的期望与目标；二是商业模式带来的盈利能力是否足够。商业模式盈利能力主要通过收入来源、收入层次和结构、成本结构与资源效率、获取和转移客户成本、客户价值循环效率、利润规模和利润率等方面进行系统评估。

（五）创新性评估

一个好的商业模式，要具有一定的新颖性和前瞻性。创新性是商业模式的灵魂。具有一定创新性的商业模式，有助于创业者构建竞争壁垒、打造自身竞争优势，有助于降低运营成本和竞争风险，有助于创造优于同行和现有商业模式的高利润率，有利于提升商业模式实施的弹性和未来发展的可扩展性。创新性的评估可采用横向对比和纵向对比的方法，横向对比是与现有的、同行的商业模式进行对比，而纵向对比是与过去的各种商业模式进行对比。商业模式创新性越强，越有利于创业的成功。

二、商业模式的检验

设计论证的商业模式，最终是否适用、是否能取得成功，是需要检验和实践证明的。商业模式的检验，一般有理论和实践两种基本途径。其中，理论检验分为定性检验和定量检验两种方式。商业模式的可行性、合理性和有效性，最终靠实践来检验。下面简单介绍商业模式在理论上的定性检验与定量检验方法。

（一）商业模式的定性检验

商业模式的定性检验，是指对商业模式进行逻辑层面的定性分析，主要包括两个方面：一是商业模式的价值逻辑，二是商业模式的盈利逻辑。

1. 检验价值逻辑

商业模式从价值角度讲，其本质是创业者创造价值并收获价值的逻辑过程。因此，依照商业模式的价值要素和价值逻辑，逐一分析其合理性，是商业模式价值逻辑检验的基本方法。创业者依次对所设计的商业模式中的价值发现、价值定位、价值主张、价值创造、价值配置、价值转移和价值实现进行分析，判断其整个“价值流”在逻辑上是否顺畅，在某个环节是否存在“卡壳”、不可实现或致命性风险，以此判断商业模式的价值逻辑是否合理、可行。

2. 检验盈利逻辑

商业模式的根本价值在于能否为企业或创业者带来盈利，以及盈利效率是否可实现有效的提高。因此，从整体上分析商业模式实施带来的盈利可能、空间规模和效率，在财务方面进行盈利性检验是根本有效的方法。运用财务分析工具和方法，对商业模式给企业运营结果带来的作用和影响进行粗略的逻辑分析，很容易对商业模式可行性和合理性做出定性判断。

（二）盈利状况的定量检验

对商业模式盈利性的定量模拟检验，最常用的方法是 e^3-value 法。该方法清晰地描述企业价值创造和转移的过程，并实现对商业模式的仿真运算，以数值体现企业商业模式的获利和有效性，从而帮助企业对当前商业模式进行有效评估。e^3-value 评估法是利用利润/效用表进行的，首先是确认商业模式参与主体及其产生的价值行为；其次是对各价值目标进行评估，明确不同部分是如何产生价值或消耗价值的；最后对评估结果进行汇总，分析优劣势，并提出相应的愿景。通过对商业模式不同部分的价值进行计算，不仅有助于评估某种商业模式的好坏，而且有助于认清其好坏的原因，针对所得到的数据发现新的商业机会及机会存在的基本条件。此外，通过对所选参数的调整和测算能进一步揭示商业模式的内在机制，帮助企业发现模式中好与坏的部分，进而制定切实可行的创新措施。e^3-value 法在使用时需要建模和拟定各种参数，比较复杂。

当然，对商业模式盈利状况的定量分析检验，也可以采用编制财务报表（现金流量表、利润表和损益表等，相关方法可查阅本书第七章的相关内容）的简单方法，通过成本、收入和利润等量化分析，当投资收益率和利润率等指标达到预期目标时，则表示该商业模式通过了盈利性检验，可以实施。

实践活动

“硬币”带来的创业机会

一名大学生在校期间利用课余时间勤工俭学，主要是打扫学生公寓。他在打扫的过程中，发现床铺下、桌子下和墙角有很多沾满灰尘的 1 毛、5 毛及 1 元的硬币。在他将这些硬币还给同学时，谁都没有表现出丝毫的感谢之意。

请根据以上背景信息，讨论以下问题。

1）有哪些创业机会？

2）创业项目可能的商业模式是什么？

3）结合上述设计的商业模式，思考以下问题，做出你的选择。

- 自己的商业模式能有效避开强大的竞争者吗？ 是（ ）否（ ）
- 自己的商业模式能实现简单、快速、低成本复制吗？是（ ）否（ ）
- 自己的商业模式一句话就能让人听懂，但却很难模仿吗？是（ ）否（ ）
- 自己的商业模式能获取预期的销售收入和利润吗？是（ ）否（ ）
- 自己的商业模式可能有多个收入层次和多种收入来源吗？是（ ）否（ ）
- 自己的商业模式会给相关者带来足够吸引力的利益吗？是（ ）否（ ）
- 自己的商业模式能获得充沛而可持续的现金流吗？是（ ）否（ ）
- 自己的商业模式所产生的利润率能远高于同行吗？是（ ）否（ ）

回答“是”得1分，回答“否”得0分。如果你的得分为0～3分，说明商业模式很难成功；得分为4～6分，说明商业模式有效但不顺畅，需要优化调整；得分为7～8分，说明商业模式非常好。

实践训练

活动一 绘制春雨医生的商业模式画布

1. 目标

通过本次活动，掌握商业模式画布的设计方法。

2. 时间安排

15～20分钟。

3. 活动进程

步骤1：根据全班学生总人数确定分组数，每组以6～8人为宜。

步骤2：通过阅读以下资料并结合网络上公开的其他文献绘制春雨医生的商业模式画布。

春雨医生的疾病数据库非常齐全，数据库里的所有数据都来源于权威的医典。春雨医生可以通过用户的地理位置来寻找并推荐给用户最为合适的医院、医生和药店。用户还可以通过春雨医生免费咨询一些专业的医生。

活动二 评价“万物生”项目的商业模式

项目简介：广州万物生健康产业公司与华南农业大学食品学院生物炼制实验室、生物质能研究所、天然产物研发中心合作研发出一套富含天然活性成分的产品。项目由天然活性产物领域专家林俊芳研究员带队，由10名教授、工程师、博士、硕士组成的专家研发团队，凭借先进的理念和丰富的经验，将多年研发成果应用于健康产业。公司主营食品、保健品和护肤品三大领域，目前以线上线下两种渠道做营销推广和产品销售，已有两项专利被成功应用。

对上述项目进行适用性、有效性、价值性、复制性和创新性等方面的评估，并做逻辑层面的价值逻辑与盈利逻辑的定性检验。

实践拓展

商业模式的设计、完善、检验与评价

1. 设计并创新商业模式，制作出商业模式画布

基于小组选择的创业项目，并根据本章理论方法，设计并创新一个符合逻辑的商业模式，凝练概要并制作自己的商业模式画布，填写在图 8-3 中。

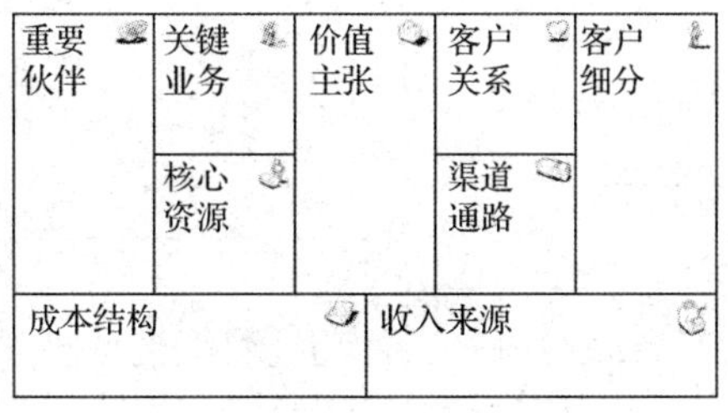

图 8-3 制作自己的商业模式画布

2. 检验与评价商业模式，完善改进商业模式画布

根据本章介绍的内容方法，对上述设计的商业模式进行检验与评价。

3. 展示与评比

各小组展示自己的商业模式画布，并进行评比。评比标准如表 8-2 所示。

表 8-2 商业画布评比

指标	独特价值	不可复制	可操作性	持续稳定	扩展延伸	整体协调	盈利性	创新性	总分
分值	20	15	15	15	10	5	5	15	100
得分									

第九章 创业计划与创业路演

- 【知识重点】
- 【案例故事】小生意的大格局，小创业的大就业——罗三长和他的红糖馒头
- 【实践训练】计划概要的拟定；创业计划可行性评估
- 【实践拓展】撰写简要创业计划书并路演

第九章 创业计划与创业路演
- 第一节 了解创业计划
  - 创业计划的内涵
  - 创业计划的作用
  - 创业计划制订的方法与步骤
  - 【实践活动】计划的重要性
- 第二节 撰写创业计划书
  - 创业计划书的基本构成
  - 创业计划书的写作要点
  - 创业计划书的评判标准
  - 【实践活动】简版商业计划书的设计
- 第三节 路演创业计划
  - 路演的内涵与分类
  - 创业路演的准备
  - 创业计划路演技巧
  - 【实践活动】路演案例分析：贝壳造纸

知识重点

1. 创业计划的内涵与作用。
2. 创业计划的主要内容。
3. 创业计划书的构成与写作要点。
4. 创业计划的路演技巧与注意事项。

【案例故事】

小生意的大格局，小创业的大就业——罗三长和他的红糖馒头

1.5 元一个的红糖馒头，两年卖出 7800 万个，拥有自营店和加盟店 100 多家，直接带动大学生和下岗职工 1000 多人就业。如今，云南大学滇池学院学生罗三长的名字已经被“罗小馒”取代，他也成为学生创业中的一个传说。

1. 校园创业史 高中时开始打工创业

就读于云南大学滇池学院 2014 级经济学院的罗三长，虽然还是个大学生，可在创业方面经验十足。

罗三长出生于江西赣州农村，自小他的父母就外出打工，家中只剩他一个人。上初中时，他尝试在家里种冬瓜出售，赚到了人生中的第一笔钱。2008 年，父亲意外去世，家里失去了顶梁柱。为改变家里贫困的状况，罗三长一边上学，一边贩卖一些农产品以

继续学业。2009年，罗三长进入高中，成为学校的学生会主席，随后成立了一家劳务派遣公司，积累了人生中宝贵的经验。他还在新东方学习过烹饪，拿到了新东方二级厨师证。

“在创业过程中，我遭遇过很多挫折，而且现在还只是个学生，还需要多学习和积累社会经验。2012年，我带200多人外出东莞打工赚钱遇到过黑中介，虽然最后工资追回了3.2万元，但还是被坑了8万元。不过，这些经历对我来说是一种成长的积累。”罗三长很乐观，他觉得人生不可能一帆风顺，遇到些挫折很正常。

2014年，罗三长被云南大学滇池学院经济学院录取。为解决生活费的问题，他利用寒暑假在学校里的一家餐馆打工，也因此结识了自己后来事业的合伙人。不乏创意想法的罗三长，在做厨师时曾创新过“水果盖饭”。这个看似有些奇怪的盖饭，一经推出，就受到学生们的欢迎，这也让罗三长备受鼓舞。当时想要在校创业的他，和餐馆老板一拍即合，两人决定开创一番事业。

2. 百次失败终获成功 店面扩张到百余家

“我想着就从面食上下功夫，然后就想到了馒头。馒头在整个中国，一般都是以白馒头为主，毕竟大众吃的多数都是白馒头。”罗三长凭借专业优势和多年的打工经历，分析了云南的市场后，他们决定做红糖馒头。

“云南本来就有红糖馒头，但用的是砂红糖，口感太黏、太甜，不太适合大多数人的口味。”2015年7月，他和一位合伙人去台湾“取经”，因为台湾的小吃很出名，包括红糖馒头。为了做出好吃的红糖馒头，罗三长用从台湾学到的技术，做了100多次的试验，都失败了。用什么样的水？什么样的红糖？配比多少？20多种配方，罗三长一次次地尝试，最终找到了合适的配方。

2015年11月8日，罗三长在学校食堂租了一块地方，首家“罗小馒红糖馒头”店正式开业。

“第一天，路过的人好奇地问红糖馒头是什么样子的？品尝过后，客人们都竖起了大拇指。那个时候觉得自己特有成就感。”罗三长说，开张第一天就盈利1050元，一个月下来，营业额达到6万多元。这给了创业初期的他很大的动力。“红糖馒头不仅味道好，还养生。”

罗三长的红糖馒头渐渐有了名气，“红糖馒头”开进了西南林业大学、云南民族大学、云南师范大学……如今，自营店也从1家开到了5家，加盟店已达百余家。找他加盟的人络绎不绝，甚至还有人专门从上海来加盟。在线下实体店取得成功后，罗三长还开通了微信公众号，通过网络进行售卖。

3. 创新不止步 诠释新时代“工匠精神”

2017年9月18日，在第三届“互联网+”大学生创新创业大赛中，“罗小馒红糖馒头”获全国金奖，同时还获得“最佳带动就业奖”单项奖，并和中国高校创新创业孵化器联盟现场签约。

“我们用了互联网产品思维和工匠精神去做。”罗三长表示，一般商家考虑的是如何卖得最多，而他们想到的是怎么让消费者喜欢。

不满足于现状，如何扩大规模是罗三长一直在思考的问题。他还与技术人员一起研发红糖奶黄包、红糖发糕。他希望有更多甘蔗和小麦种植户加盟他的红糖馒头品牌，从原材料环节进行把控，让红糖馒头能够走出云南。

罗三长说："我觉得我们的项目，不仅仅是一个馒头，而是一个极具发展潜力的项目。它不是一个凉馒头，而是一个有温度的馒头。"

借全国总决赛的舞台，罗三长发起了"全国高校 500+小馒人合伙加盟计划"推动大学生就业，同时他已经注册了"罗小馒"品牌商标，计划将他的馒头覆盖到更多省份。按照罗三长的品牌发展规划，他正抓住红糖馒头的品牌故事，抓住"85后"群体的消费心理和口味，在红糖馒头的基础上研发出适合女性的"小蛮腰"、适合男性的"小蛮牛"、适合小朋友的"小蛮萌"等产品。

"我今天的成功，与我的坚持分不开。太多人把小事不当事，大事当作麻烦事，最后一事无成。"在罗三长看来，他最大的成功就是敢想敢做，且善于不断总结经验教训。

（资料来源：杨之辉，2018．两年卖出 7800 万个馒头！罗三长的创业"罗馒史"[EB/OL]. (2018-05-05) [2020-12-04]．http://society.yunnan.cn/html/2018-05/05/content_5192909.htm.）

启示：

作家格拉德威尔曾提出一万小时定律——人们眼中的天才之所以卓越非凡，并非天资超人一等，而是付出了持续不断的努力。一万小时的锤炼是任何人从平凡变成世界级大师的必要条件。对于期望参加创业大赛、进行创业实践的大学生来说，应当根据自身的现实条件（专业背景、实践经验和创业基础等综合因素）选择项目，既可以选择具有科技含量较高的项目，也可以选择与民生有关的传统项目进行创新和创业，但不能背离实际情况，天马行空地肆意想象。如果自己不具有科技开发能力，则更应该脚踏实地，从项目调研和小项目的实践做起，在创新创业的过程中立足于经济与社会效益双赢，才能在市场上逐渐站稳脚跟，让自己的理想变成现实。

第一节　了解创业计划

一、创业计划的内涵

创业计划，又称"商业计划"（business plan，BP），是创业者实施创业活动的系统设想及行动方案。创业计划主要描述创立新企业相关的内外部条件和要素，它包括战略构想、组织架构、行业市场、产品服务、商业模式、营销规划、财务融资和风险评估等内容。创业计划至少要回答三个基本问题：创什么业、靠什么创业和怎样创业。创业者不一定会写详细的创业计划书，但一定会有相对周密而可行的计划。创业计划按计划目的和周期可分为半年或 1 年的短期操作计划和 1～5 年的长期战略计划。

二、创业计划的作用

（一）论证构想，规避风险

创业计划制订的过程，实际上是创业者厘清方向和目标、分析评估项目可行性与竞争力、梳理各种资源、明确工作重点与难点和评估各种影响因素与风险的系统思考过程。可把创业计划看作一篇论文，其中心论点是创业构想可行且有前景，而计划中各部分内容是围绕论点进行理论与事实的深入论证。通过创业计划的制订，有助于创业者创业激情的理性回归，有助于创业者重新客观地审视创业项目，进一步厘清创业思路，规避必要的风险，提高创业成功率和企业效益。

创业，是一项系统、复杂的“工程”。创业者需要做好各方面工作的规划与安排，才能有序、高效地推进创业进程。创业者必须具备良好的管理能力，而管理的前提是框定目标、梳理资源，根据创业活动的实际情况制订出科学合理的行动计划。一份良好的计划，有助于创业者明确思路，统筹安排各项重要工作，将创业活动由笼统的想法转变为可执行的步骤，从而降低创业的风险。

（二）明确思路，指引行动

创业计划，是创业者带领团队进行创业的“行路图”，在指明方向的同时，还从企业内部的人员、制度、管理及企业的产品、营销、市场等各个方面详细描绘了实现目标的可行策略、组织模式、工作方法和行动步骤。也就是说，一份好的创业计划，会明确各部分的具体工作安排：如何开展技术研发、如何开发产品服务、如何进行营销和如何做好销售工作等。一份合理可执行的创业计划，有助于各职能团队明确其工作职责和目标，明确开展工作的基本思路，指导其制订具体的工作计划，从而有效地开展工作。

在开展与推进创业各项工作的过程中，难免出现一些困惑、困难或工作协调问题。创业者在指导和帮助团队完成任务时，可以依据创业计划，分析工作的重点和问题，完善优化工作方法，指引团队合理安排工作，提高工作效率效果。

（三）凝聚团队，整合资源

一份清晰的创业计划，就是一个“创业故事”的基本脚本。创业者可以依据创业计划，构思一个向其他人讲述、展示自己创业项目的“动人故事”。创业计划在企业内部，有凝聚团队的重要作用。首先，创业者在构建核心团队时，要利用创业计划，说服并感染创业活动所需的“关键人物”，为其描绘事业价值与蓝图，分析可行性，以打消未来合作伙伴的顾虑，迅速打造出一个匹配创业项目的优势团队。其次，在创业团队管理过程中，创业计划可为团队明确创业愿景与目标，统一思想，团结协作，形成默契和高度凝聚力，为实现共同目标而努力。尤其在创业遇到困难或工作思路出现分歧时，创业计划有助于澄清问题，引导回归“初心”，从而坚定决心，重新构建信任与行动力。

创业计划是整合外部资源的必要材料和沟通载体。创业者在参加创业比赛、申请入驻创业园或孵化基地、融资和申请政府资助或办理创业政策优惠项目时，都需要按要求提供不同形式的创业计划。特别是在融资时，创业计划往往是“先行者”和“信使”，因为投资人或投资机构首先要通过创业计划了解基本信息，而创业者也往往通过邮件或其他方式将自己的创业计划传递给融资对象，以寻求潜在的投资者。另外，创业者在开拓销售渠道、寻求合作与供应商时，有时创业计划也是谈判的指南和重要砝码。

三、创业计划制订的方法与步骤

创业计划的制订，需要通过明确创业构想、搜集相关信息、调查行业市场、分析主要问题、凝练计划概要和论证完善计划等步骤，由此才能制订出科学、合理和可行的创业计划。

（一）明确创业构想

创业构想是指创业者在创业前期，对创业目标、模式选择、原则策略、方法步骤、资源条件和团队需求等进行统筹安排的整体构思过程及结果。创业构想是创业计划的顶层设计和框架安排。第一，创业构想要厘清创业的目的和目标，明确要做什么项目，为谁提供产品和服务，如何做才能达成创业目标等。第二，创业构想要通过分析自己的优势和劣势，选定最适合自己的创业模式。例如，是选择独立自创，还是选择合伙共创的模式；是选择自主投资，还是选择融资创立企业；是选择自主开发产品服务、自创品牌，还是选择加盟代理的模式运营企业；等等。第三，创业构想要确定创业的基本原则和策略。创业者在研讨创业构想时，要明确哪些事情可以做，哪些事情不做或不能做；要制定基本的“游戏规则”及其底线；要确定团队组建与管理、企业的组织与经营、产品与市场的开发和财务管理与融资等方面的基本策略。第四，创业构想要规划出合理可行的、服务于创业目标实现的大致步骤与阶段性安排，如什么时候注册企业、通过多长时间开发出产品、产品上市销售的计划安排与阶段目标、计划什么时间启动融资、融资目标与期限等。第五，在进行创业构想时，创业者要注意分析创业所必需的资源条件和团队需求。不同的创业项目，对资源条件和团队有不同的要求和需求。创业者要深入分析项目或商机开发需要的资源条件，发挥创造力，利用有限资源整合内外部有利条件，充分发挥团队价值，以保障创业构想的实现。

（二）搜集相关信息

创业计划需要搜集的信息主要有创业优惠政策、行业状况和发展趋势、竞争企业与产品服务、目标市场和顾客（用户）偏好和与创业相关的其他信息。首先，搜集信息要基于创业构想，围绕创业项目，服务于创业目标。其次，搜集信息时要分门别类，突出重点，制订系统的信息搜集计划，以利于做出合理判断和创业决策，满足创业计划的信息需求。

搜集创业计划相关信息，主要通过政府部门网站、相关出版物、相关媒体机构、市场咨询与调查机构、顾问、竞争对手、行业协会和其他关联方（用户、律师、银行、会计师事务所、广告公司、经销商、供应商、媒体、质量检验部门及储运部门等）等渠道，通过网络搜索、市场调查、访谈、参加展览会和直接体验等方式方法来进行。

在搜集信息和分析利用时，需要注意信息的信度和效度两个方面。首先，要注意甄别信息的来源，要保证信息的可靠性和准确性，以免造成误导。移动互联网时代，对各种自媒体发布的信息需要认真识别，谨慎对待。其次，要注意信息的时效性和适用性。

一些过时的、适用于特定范围和场景的信息，需要认真筛选、比较和分析，规避信息陷阱。

（三）调查行业市场

调查行业市场是创业者搜集一手信息，通过实践论证与检验创业计划可行性的主要方法手段，是制订创业计划的关键步骤与基础。一方面，创业者通过调查行业市场，深入分析创业项目与市场相关的客观因素，了解创业环境、政策、法规、消费需求和竞争状况等实际状况，进一步论证创业构想的可行性，做出科学判断和理性决策。另一方面，通过调查行业市场，创业者可优化调整市场定位、精准细分市场和做出科学营销决策，为技术研发、产品开发与生产，特别是营销计划的制订，提供信息和依据。

（四）分析主要问题

创业计划制订的过程，虽然是论证可行性的过程，但还必须从面临的问题、困难和风险的角度思考、分析问题与困难并找出克服的办法，才能最终得出有说服力的可行性结论。

首先，分析所做的创业项目是否有致命缺陷。例如，市场是否足够大并能克服进入壁垒，技术是否能够支撑产品开发与良品率达标，是否有较大不确定性的政策管制风险，客户是否真正愿意付费并具有足够的购买力，是否具有清晰的商业模式保证创业活动的可持续，等等。

其次，分析创业项目对团队和资源的需求，是否具备必要的核心成员和必需的资源。如果当前团队和资源不足以支撑创业项目的启动，是否有可控的策略与办法来及时弥补。在团队和资源与项目基本匹配的前提下，还需要分析利用当前拥有或掌控的团队与资源，是否可以构建起相对的竞争优势。

再次，分析创业财务的基本可行性。一方面，要分析财务成本和预期收入，大致评估销售毛利率是否在30%以上。如果销售毛利率低于30%，则需要考虑该项目是否值得做，是否有提高的可能。另一方面，需要大致分析出盈亏平衡点和盈亏平衡周期，以判断项目的可行性。通过盈亏平衡点判断团队的成本控制与销售能力，是否能够保证未来可以实现盈利；通过盈亏平衡周期判断资金资源是否可以支撑创业活动的顺利开展。

总之，分析以上主要问题，是反向论证创业构想和创业计划可行性的过程，也是制订创业计划的必要步骤。

（五）凝练计划概要

通过以上创业构想、搜集信息、市场调查与问题分析，创业计划基本就“有谱”了，可以凝练出创业计划的计划概要了。创业者无论拟定详细还是简略的创业计划，计划概要都是必需的内容。

清晰简洁的计划概要需要描述出创业的理想与愿景、战略目标与定位、团队与项目优势、产品与市场策略和发展规划等几个方面的内容。凝练计划概要的主要目的是框定创业思路，因此，它的措辞应尽可能简洁、严谨而条理清晰，同时富有激情；要尽量避免使用专业词汇和术语，以浅显的语言介绍创业计划的核心逻辑和内容。

尽管从形式上看，计划概要先于创业计划，但它的撰写却应在完成创业计划之后，因为只有这样，才能形成对创业计划的准确概括。需要注意的是，计划概要并非创业计划的引言、前言或背景。恰恰相反，它是对整个创业计划高度精练的概括，是整个创业计划的精华和亮点，也是创业计划的灵魂。因此，计划概要应包括创业计划的所有关键内容，是对所有内容的精确提炼。

（六）论证完善计划

在完成初步的创业计划之后，需要对制订的创业计划进行论证和完善，以保证创业计划的适用性与可执行性。创业计划论证是对创业计划做最终的分析与评估。论证创业计划时需要论证的内容有市场定位与目标、目标用户与客户、产品与服务、市场与营销策略、经营管理、团队与组织、财务分析、投资回报和发展规划等。

论证创业计划最好的方法是市场测试，用实践验证计划是否可行。市场测试通常采用将样品投入特定市场进行试用或试卖的方式进行。市场测试根据创业实际采用部分性测试、全面性测试和阶段性测试等策略。

无论采用什么方法论证创业计划，都要论证计划是否具有可支持性（创业的动机与理念）、是否具有可操作性、是否具有可盈利性、是否具有可持续性。同时，要验证创业计划以下几个方面的效度。

1）创业项目的真实效度：是否有详细的、准确真实的市场数据和信息。

2）创业项目的盈利效度：是否能获得足够的投资收益。

3）创业项目的可控效度：项目的风险是否可控。

4）创业项目的行为效度：创业项目的运作行为（企业运营与管理、市场开拓、产品服务开发与提供及产品技术工艺等）是否可规范。

5）创业项目的成长效度：项目在短期市场扩张和长期战略发展规划上是否具有足够的成长空间。

6）创业项目的资源效度：项目所需的各种内外部资源是否有足够保证。

论证创业计划是为了降低创业风险、提高创业效率和成功率，创业者要有足够的耐心对创业计划进行细致、严谨和深入的推演和实践验证。在此基础上，创业者可修正、调整和完善自己的创业计划，制订出科学合理的创业计划。

实践活动

计划的重要性

让学生在黑板和教室的地面上分别画出长度为 1 尺、1 米和 5 米的线。画好后，让学生猜哪些线最接近准确。用尺子现场测量，告知结果。然后，让学生分析、思考原因。

活动总结：一般来说，越短越好把握，越长误差越大。由此引出计划的重要性，并总结计划写作的步骤与方法。让学生理解：以明确的目标，定明确的计划；以明确的计划，定行动方案；以行动方案，定有效方法；以有效方法，见实际效率；以实际效率，见目标结果。

第二节 撰写创业计划书

一、创业计划书的基本构成

创业计划书有多种分类和形式：从内容详略程度可分为简版和完整版两大类；从内容载体的表现形式可分为电子版和文印版；从不同读者对象可分为股东版、内部员工版和融资版；等等。

一份详细而正式的文印版创业计划书通常由封面、保密要求、目录、摘要、正文（综述）和附录等几个部分构成。

（一）封面

对于创业计划书的封面，创业者可自行选择设计风格和表现形式，通常设计为醒目的彩色版面，一般会考虑融合项目特点及其视觉识别设计，以吸引眼球，让读者感受到创业者及其团队的专业素养与用心程度。除了设计，创业计划书的封面通常需要包含项目名称（企业名称）、价值特色、创业愿景与定位、slogan（口号）、logo、核心团队成员和日期等必要信息。

如果尚未注册企业，建议封面不要写拟创企业的名称，而写创业项目的名称。否则，容易让读者产生歧义，误以为企业已经创立，对创业计划阅读重点会产生误导。

（二）保密要求

如果创业计划书涉及核心商业机密，创业者认为有必要规避传播风险的话，可写一份简略的保密要求，声明未经许可或同意，不得转发、复印和公开计划书涉及的相关内容。一般来说，该内容不是必选项，因为读者拷贝其创意并能将其付诸执行的人甚少。况且，如果能轻易被他人复制的项目，其竞争力和执行性本身就存在问题。

（三）目录

详细的创业计划书篇幅一般都比较长，目录有助于引导读者阅读并让读者快速了解整个创业计划的主要内容。制作目录时，需要标明各部分内容标题及页码，要注意确认目录页码与内容的一致性。

（四）摘要

摘要，就是创业计划的概要。计划概要在本章第一节中已有详细阐述。需要注意的是，摘要是创业计划书最重要的部分。摘要必须概括出整个创业计划的关键信息，它是读者首先要看且会重点阅读的内容。因此，摘要必须简要而生动。

（五）正文

正文是创业计划书的主体部分，是创业计划全面而细致的阐述。一般来说，创业计划书要分别从创业项目（公司）的基本情况、核心团队、产品（服务）、技术研发、行业市场分析与预测、市场营销策略、竞争策略、生产计划、经营管理与组织计划、融资计划、财务状况与分析预测、项目进展状况与发展战略及风险控制等方面对读者关心的问题进行系统而详细的介绍。创业计划书的正文要求内容全面、数据翔实、重点突出和实事求是，让读者想要了解的信息都能找到对应的、具体的、使人信服的内容。

（六）附录

附录是对创业计划书正文中涉及的相关数据、内容与信息的具体补充，具有补充和备查的作用。附录的内容一般包括已取得的各种资质、专利技术、经营数据、媒体报道、权威评价、客户反馈、专业用语解释、各种合作协议、财务报表、原始数据和市场调查报告等。需要注意的是，附录并不是创业计划书必备的部分，附录内容也不是越多越好，只有对正文的某些内容起到必要的支撑、说明或帮助作用的时候，即更有利于创业计划的完整阐释和说服力时才需附上相关内容。

二、创业计划书的写作要点

撰写创业计划书，一方面要基于创业构想，将创业计划转化为可读性强的书面材料，即要做到忠实反映创业构想及计划；另一方面，要注意内容逻辑与呈现的方式，即要做到专业性和可读性强。下面详细阐述撰写创业计划书的要点和注意问题，以提升创业计划书的专业性和创新性。

（一）计划概要

计划概要，也称执行概要或摘要，是整个创业计划的高度概括与要点凝练，是创业计划的“微缩”版精华。计划概要的写作要点是：围绕创业项目的商业核心价值，简要阐明独特优势（团队、产品技术、资源和模式），用事实和数据论证计划的可行性。

需要注意的是，计划概要并不是正文计划各部分的简单摘录，而要精心设计与组织内容，要精益求精，反复推敲与完善，力求完美。建议在正文计划编制前，先完成该概要，在计划编制后，重新审视和优化该内容，以求论述精准，打动读者。

（二）企业（项目）介绍

这一部分是向读者介绍企业或项目的基本情况。这里需要注意的是，根据企业所处发展阶段，可分为两种情况：一种是处于种子期或创建期的项目创意阶段，另外一种是处于初创期和成长期的起步发展阶段。这两种情况，在介绍企业时，其写作要点有所不同。

具体而言，处于种子期或创建期的创业项目，撰写项目介绍的要点是：具体阐述商业创意是如何产生的，该创意是解决哪个群体的哪个“痛点”需求的，是通过什么样的解决方案满足目标顾客（用户）的需求的，其价值逻辑、商业逻辑和盈利逻辑是怎样的，目前项目的进展如何，等等。项目介绍要围绕创业项目的可行性和创新性，论证其价值与实现的模式与思路。如果有创意有故事，可用类似广告语的形式凝练出来，阐述创业使命和情怀，以引发读者兴趣和共鸣。

处于初创或成长期的创业企业，撰写企业介绍的要点是：介绍公司的简要发展过程和性质定位，概述公司名称、地址、经营理念、规模及经营范围，详述公司的组织架构、团队状况、产品服务、经营业绩（销售额、利润率、纳税额、市场占有率和增长率等）和竞争优势，简略描述公司发展规划和以往经营得失。企业介绍要围绕其经营状况，重点论证其优势及未来发展潜力。

（三）核心团队介绍

创业的成败关键在于团队。任何创业团队都至少需要三种核心角色：管理者、技术者和营销者。核心团队介绍的写作要点是：简要介绍核心成员的角色、职能责任分配、股权比例和薪酬体系，详细介绍其背景、经验、资历、素质、能力、业绩和特点优势。通过该部分的介绍，要让读者了解并信任创业团队在执行力与凝聚力方面具有优势。

撰写该部分，需要注意三点：一是只需要介绍团队的核心与关键成员即可，不必面面俱到；二是要围绕创业团队与创业项目的匹配性、胜任性和优势性，即由该团队做该项目最有把握成功；三是团队结构合理，优势互补，股权分配科学，团队权责明确且具有稳定性和发展性。

（四）目标市场分析

目标市场分析这部分，主要基于搜集的各种信息与行业市场调查的数据对目标市场进行详细的分析与阐述，其核心点在两个方面：一是目标市场有潜力且具有合适的进入时机，二是对目标市场有深入的了解与把握。目标市场分析可从行业市场、细分市场和顾客（用户）分析三个方面进行具体分析与阐述。

首先，可简要做中观层次的行业市场分析。通过引用市场调查数据或第三方权威数据，重点从行业市场容量足够大（即行业市场具有足够成长潜力）和行业市场处于萌芽期或快速增长期（即行业市场处于切入的机会“窗口期”）两个方面进行论证，而宏观的政策、环境和发展趋势等可以略述或略去，因为读者（特别是投资人或评委）一般是行业人士，无须赘述。

其次，要详细描述创业项目（企业）瞄准的目标细分市场。这里需要注意的是，目标市场要足够明确且细分，而不能笼统地认为可能购买同类产品服务的所有用户都是目标市场。例如，产品是智能手机，目标市场要细分到是国际市场还是国内市场，国内市场是全部还是部分区域，目标是哪个年龄段的哪个收入群体的细分市场。目标市场要细分到不能再细分为止，要足够明确。在此前提下，将细分市场的容量、竞争情况、主流盈利模式、购买力、购买行为等特征进行深入分析与阐述。

最后，目标市场分析还必须有详细的用户（顾客）分析。这里需要注意的是，有时用户与顾客是分离的，即负责购买的顾客不一定是产品服务的用户。如果用户与顾客是分离的，要分别分析描述其具体特征。详细的用户分析，可通过描述用户的年龄、地域、性别、职业、角色、行为偏好、购买动机、购买力、决策风格和忠诚度等方面的详细信息，也可用给用户“画像”的直观方式来表达。足够详细的用户分析，是产品设计与市场策略的前提，也是目标市场分析深入可信的证明，必须分析到位。

（五）产品（服务）介绍

产品（服务）是创业计划的核心部分。产品（服务）介绍要阐述清楚四个基本问题：产品是什么、解决什么问题、优势如何和反馈评价如何。

首先，对产品（服务）做出详细、清晰、准确而直观的说明。如果产品（服务）属于高新技术或比较复杂的“虚拟”服务，介绍时尽量避免专业术语，多用通俗易懂的描述方式让读者尽快理解并能抓住其特征。如果有产品原型、照片、demo（样品）或体验品，将其直观地表达出来是最好的办法。

其次，阐述清楚产品（服务）是为谁提供并解决其什么问题（痛点）的，即产品（服务）是为何而“生”的。一般可按重要性列出目标用户的三个核心问题（痛点），然后阐述产品（服务）是如何解决、多大程度上解决这些问题的，最后总结出产品（服务）的核心价值点。

再次，做竞品的深入对比分析，阐明产品（服务）的竞争优势。一般要对行业内“标杆”性的直接竞争产品做性能、价格、用途和体验等方面的深入分析对比。如果没有同类直接的竞争产品，可列出潜在的或替代解决方案的对比分析。

最后，列出证明产品竞争力的直接证据。如果是高新技术产品，要重点介绍证明技术先进性的专利、政府或权威部门或行业专家的鉴定报告和技术资质认定的相关材料。如果产品（服务）在技术方面没有硬性指标可衡量的话，可通过用户的反馈与评价，尽可能提供一些直观、有说服力的证据材料。

此外，根据产品（服务）的性质和经营实际，往往还需要对产品的生产计划、成本控制、质量控制和供应商可控性等方面做进一步的说明。

（六）营销规划与销售计划

营销规划与销售计划是创业计划的重要组成部分，它主要描述产品或服务如何被推向市场并成功销售出去，主要论证市场可实现性。科学可行的营销规划与销售计划是创业项目成功的关键，是创业活动获得回报的基本保证。因此，创业者应尽一切努力把该部分计划制订得周详且可执行，让读者建立充足的市场信心。营销规划与销售计划是两个不同的内容，下面分别介绍其重点。

1. 营销规划

营销规划要重点从营销策略、营销模式、营销推广、营销手段和营销预算等几个方面清晰阐述其规划思路与方案。营销策略的选择，对于创业初期和市场切入阶段的创业者来说，往往选择差异化、集中化和阶段化的营销策略，即选择利用特色差异化的拳头产品或服务切入局部、单一细分的市场策略，随着市场成功、品牌和资源的积累，分阶段适时面向全面市场并横向拓展不同产品或服务。营销模式的选择，首先要基于产品（服务）面向的客户（用户）群是“B2B”（面向单位客户）还是“B2C”（面向终端个人客户）来考虑营销模式，然后合理确定体验式营销、一对一营销、区域化分别营销、关系营销、品牌营销、深度营销和网络营销等模式及其组合。营销推广有线上推广、线下推广、付费推广、平面推广、隐性推广、人脉推广、品牌推广及口碑推广等多种方式，可重点考虑一种或几种的组合。营销手段有广告、公关、服务、促销、推销、展会和套餐等可供选择。基于创业者选择的营销策略、模式、推广方式与手段，要尽可能精确测算出一定时间段内的营销预算，通过营销预算可简单评估出营销效率。如果效率较低，就需要完善优化整个营销规划体系。

营销规划的介绍要能回答创业项目如何快速、高效、精准、低成本地实现产品（服务）让目标客户认同并产生购买冲动这一核心问题。

2. 销售计划

销售计划要重点从销售目标任务、销售渠道和销售流程规范等几个方面进行阐述。销售目标任务的制定，要根据产品（服务）特点及其定价、销售渠道和团队规模能力进行合理测算，不宜过高或过低。销售目标任务的制定，最好有登陆市场的试销售案例来测算，也就是说要有基本的客观依据才有说服力，忌从市场规模及其占有率的单纯目标来制定任务。销售渠道主要分直销渠道与代理渠道两种。销售渠道的建立与选址，主要考虑产品（服务）自身特性、目标客户特点、市场规模、销售成本及经营模式等因素，创业者可选择其中一种或两种并举的策略。销售流程规范是销售管理的核心，是销售计划可行的管理保证。明确而专业的销售流程与规范，可增强销售计划的说服力。

销售计划的介绍要重点论证计划的合理性与可实现性，让读者对销售乃至市场回报产生足够的信心。

（七）生产规划

如果创业项目属制造业，专业可行的生产规划是必需且至关重要的内容。这部分应介绍生产条件、技术、原材料供应、生产过程和质量控制等方面情况。由于生产条件和设备投入等问题，目前创业者通常会选择外包代工的方式进行生产。在生产外包情况下，创业者要重点论证生产成本控制、质量控制与产品供应能力等几个关键问题是可以解决的。

如果创业项目属销售型、知识型、研发型或服务型，这部分可以不写。其中如果涉及供货、存储和库存等环节，简单介绍即可。

生产规划的介绍能回答生产成本与质量可控及供应能力能满足市场需求这两个关键问题即可。

（八）盈利模式

盈利模式是指从哪里赚钱、以什么方式赚钱的机制方法。盈利模式极其重要，但在创业计划书中又是极其敏感的内容，属于商业机密的核心。因此，一般来说，若非必要，此处不宜介绍得过于详尽。盈利模式的阐述做到明确而可行即可。

盈利模式一般重点介绍利润源（指客户与用户，主要分为利润源、辅助利润源和潜在利润源三类）、利润点（指产生利润的产品或服务）、利润杠杆（提高利润率的一系列业务活动）和利润屏障（应对竞争的防范措施）。创业初期，采取单一盈利模式比较现实，后期随着发展实际可随时调整升级为多元化盈利模式。当前盈利模式大致分为直接客户（产品服务的直接销售）、“产品＋内容”（产品售卖与增值服务并行，附加服务利润更高）、第三方（即平台模式，用户付费很少或免费，第三方“买单”）、“直接客户＋第三方”（即一方面通过平价销售，一方面通过第三方付费，如京东商城等销售平台模式）、“客户自助”（通过客户或用户的参与达成其个性化需求的模式，如宜家、直播平台等模式）等。

（九）财务状况与融资需求

财务方面是创业计划的重要组成部分，其主要论证创业活动在经济上可行并有吸引力。财务部分一般从经营的财务状况及其分析（已经开始经营）、财务预测与分析和融资规划三个方面进行阐述。

1. 财务状况及其分析

如果已经注册企业并运营，可以资产负债表、现金流量表和利润表的形式将过去一段时间的财务状况展示出来，并将分析结果以简洁的形式概括出来。若有必要，可做适当的说明与解释。

2. 财务预测与分析

如果尚未运营，财务预测与分析是重点。财务预测也可以会计表格的形式进行，这样显得清晰而专业。财务预测与分析主要集中于前期投资估算、盈亏平衡点和盈亏平衡周期分析、投资回报率预测等几个方面。这部分内容比较专业，可以找专业人员来协助。

3. 融资规划

如果创业者有融资需求及计划，融资规划就是必需的。融资规划主要是根据经营规划制订融资需求的数量、融资方式、投资者权益、投资收益、资金安全保证、资金用途和投资退出方式等方面的计划与方案。

由于融资有多种方式与合作模式，创业者需要根据自身实际设计一种或几种备选方案，以提升融资成功率。

（十）风险分析与控制

任何创业项目都存在着不确定性，都有一定的风险。从读者角度来讲，对创业计划会有某些问题或担忧，即存在风险担忧。该部分要从创业项目和团队自身实际出发，客观、实事求是地将涉及的主要风险理清，重点分析风险的来源与应对策略。让读者认为风险点找得准，分析到位，风险是可控的。

一般来说，风险会存在多个方面，创业者只需要列出主要风险，对其进行透彻分析，提供必要的备选方案，打消读者的顾虑即可。

（十一）附件资料

附件资料主要是对创业计划书中涉及的一些问题的细节和相关的证书、图表进行描述或证明，如企业的营业执照、公司章程、验资审计报告、税务登记证、高新技术企业（项目）证书、专利证书、鉴定报告、市场调查数据、客户反馈、销售数据、主要供货商及经销商名单、主要客户名单、场地租用证明、公司及其产品的介绍、宣传推广等资料、工艺流程图、各种财务报表及财务预估表、专业术语说明等。附件资料与创业计划书主体部分一起装订成册。备查资料只需要列出清单，待资金供给方有投资意向时查询。

三、创业计划书的评判标准

对创业计划书的评判主要从形式及内容两个维度来进行。

（一）计划书形式

创业计划书是用来看的，如何从外在形式上展示出创业团队的专业和用心程度，是让读者产生良好第一印象的关键。

1. 设计感

一份专业的创业计划书，无论从封面设计、装帧质量，还是从图文排版、语言风格，都需要精心设计。如果在表现形式上能够有创意、有创新，不但可以吸引读者，从细节见精神，还可以表现出创业团队积极的创业态度、较高的职业素养、严谨的做事习惯和专业的行为风格。

2. 完整性

读者阅读创业计划书，在内容的外在表现形式上，至少要求内容展示的顺序合乎阅读习惯和基本逻辑，内容模块的构建要系统完整，至少要包含计划的全部要素。

（二）计划书内容

1. 真实客观

创业计划书的内容首先要保证真实客观，这是最基本的诚信，也是评判创业计划可行性与价值性的基本前提。创业计划涉及的产品优势、专利技术、竞争分析、市场数据、财务数据、核心团队和各方反馈评价等内容，都必须客观而真实，不能包装、掺水甚至虚构造假。

2. 严谨专业

一方面，创业计划书内容的组织在逻辑与结构上要严谨。创业计划书的内容要按商业计划和读者习惯进行组织架构，做到逻辑清晰、思路顺畅，切忌杂乱无章、东拼西凑。另一方面，创业计划的每个部分具体内容表述，要契合项目性质特点，做到有理有据、专业严谨，切忌表意含混不清、引起误解。例如，市场调研数据及其分析，调研方法要科学、取样要合理、结果分析要严谨，引用数据要权威而有效；产品技术描述要严谨专业，财务分析与预测要有推算的依据和模型等。

3. 简要易读

由于读者翻阅创业计划书的时间有限，要求创业计划书简明扼要，篇幅适当。根据创业计划书的读者对象和阅读场景，可有针对性地准备繁简不同的多个版本。一般来说，创业计划书的读者不一定是该方面的技术专家或行业创业者，因此，创业计划书在篇幅上不宜过长，文字表述不宜过于专业晦涩，尽量降低阅读和理解的难度。

4. 重点突出

创业计划书不仅是介绍性文书，还具有论述性质。无论是内容框架安排还是模块内容的介绍论述，都要求详略得当、重点突出。例如，计划概要部分是否突出了项目的创新性、市场可行性、产品技术与团队的优势性和投资价值性，市场分析部分是否突出了目标针对性、持续发展性和自身优势性，等等。

依据上述评价维度和标准，创业计划书评价可用表 9-1 所示的方法进行量化分析。

表 9-1　创业计划书的量化评价

评价指标	评价权重/%	打分
外观设计	10	
内容形式	10	
真实客观	20	
严谨专业	20	
简要易读	20	
重点突出	20	
总体评价	100	

实践活动

简版商业计划书的设计

简版的商业计划书一般 8～10 页即可，下面是每页的主要内容。

第一页：项目名称和口号即我们常说的 slogan。

第二页：描绘市场中存在的问题和痛点。

第三页：介绍产品，讲清楚产品是如何解决市场中存在的问题和痛点的。

第四页：竞品分析。

第五页：介绍团队。

第六页：如果是正在创业的项目，则通过财务报表、用户增长规模等数据证明此创业项目的可行性。

第七页：介绍基于自身的资源与市场环境约束，如何构建有效的针对竞争对手的“竞争门槛”。

第八页：介绍企业对未来的规划。

第九页：介绍融资规模、融资后的资金用途和未来财务预测。

现在，请拟出自己项目的简版计划书的草稿吧。

第三节　路演创业计划

一、路演的内涵与分类

路演（road show）是指在公共场所进行演说、演示产品、推介理念，及向他人推广自己的公司、团体、产品、想法的一种方式。

路演最初是证券发行的一种推广方式，指证券发行商向投资者推介公司优势、经营业绩、产品服务、发展方向与潜力、投资价值等信息的活动。目前，路演的内涵与形式拓展延伸很广，很大程度上已成为展示发布、宣传推广活动的代名词。本书将路演界定为创业者向投资人（或特定对象，如创业计划大赛评委）介绍展示创业项目，以获得认可与资源的沟通活动。

创业路演从形式上分为两种，一种是传统的线下现场活动，一种是借助网络平台（如网络直播平台、电视电话会议系统、QQ 群和微信群等）的线上路演。传统的现场路演，目前主要有四个模式：①“一对一”模式；②“私董会”模式（特定的投资圈及精筛项目对接）；③孵化平台模式（由政府相关部门、投资机构、孵化器、创业服务等机构定期举办的项目路演会或专场路演会）；④创业大赛（创业秀）模式（带有推广和比赛性质）。

二、创业路演的准备

常言道：准备足，成功易。为取得较好的路演效果，充分的准备工作是关键。一般来说，路演前要做好目的、对象、信息、心理、材料、演讲和答辩等多方面的准备。

（一）目的准备

明确目的和澄清需求动机，是创业者做路演准备的第一步。创业者参加路演前，需要明白为何参加这场路演，通过路演欲达成的目标是什么，这是准备工作的前提和基础。创业者参加路演，有的是为了项目融资，有的是为了推广产品，有的是为了推广品牌，有的是为了认识投资人进入创业圈，有的是为了完善创业想法寻找合伙人，还有的是为了获奖……目的与动机决定着路演的定位、思路与方案。

（二）对象准备

路演前，需要明确路演的对象，即听众是谁。路演的对象分为投资人（一般投资经理还是投资决策关键人）、比赛评委、专家顾问、代理商、合作供应商和创业团队等几类。不同类别的对象，路演目的和要求不同。路演前，创业者需要详细了解路演对象的背景、偏好、思维模式、性别年龄、阅历和职位等信息，以提升路演沟通效果。明确并了解路演对象后，路演者需要通过“换位思考”的方式，做好对方想听什么、想要什么、关心什么和可能问什么等内容的准备。

（三）信息准备

路演前，还需要做好各种信息的准备。首先是对创业计划各个部分内容信息要了解透彻，特别要注意根据创业进展更新关于企业、项目、产品、市场、财务和团队的相关信息，力求信息准确、及时和到位。其次要做好路演现场各种信息的了解，如路演时间、地点、时长要求、方式、对象、听众人数、现场条件和环境等细节，以免出现意外情况。

（四）心理准备

路演过程中有时难免紧张和遇到突发状况，充分的心理准备有助于克服这些问题。首先，路演者要建立自信，要对自己、团队、项目和准备有充足的信心。其次，路演者要克服心理紧张与恐惧，把路演当成一次普通的演讲或沟通，通过语言节奏和呼吸调整等方法减轻心理压力，遇到忘词或突发干扰等情况可停顿、回顾或跳过，保持镇定。最后，要对路演效果不好或失败持客观与平和心态。要理解未获得认可或投资，不一定是路演或项目本身不好，有可能是理念不合、行业偏差或投资额度不够等对方的问题。

（五）材料准备

最重要的路演材料是路演的 PPT。路演 PPT 的准备要注意是否是最终版本，是否需要转换文件格式，是否需要多备份一份等细节。路演材料还可以根据路演方案，准备视频、创业计划书、产品样品、演示 demo、证据材料和宣传材料等。

（六）演讲准备

演讲是路演的重点和关键。演讲要做好构思故事、撰写讲稿、彩排训练和形象设计等几个方面的准备。为吸引和打动听众，构思一个好的故事是一个好办法。故事构思可参考著名创业家马斯克的逻辑：首先提出市场问题或用户痛点，然后讲述该问题如果得不到解决带来的糟糕后果，再对比展示该问题若得到解决的光明前景，接着分析解决该问题的障碍与瓶颈并给出解决方案及其优势，最后用事实和数据证明方案是可行的。撰写讲稿要结合执行概要和 PPT 思路顺序，根据演讲目的、时长和听众来确定讲稿重点与字数，讲稿语言尽量多用易懂的短句，可以适当根据演讲情景进行润色。

演讲准备，最重要的是要通过彩排进行多次训练，讲得多了，对内容熟悉了，信心和效果往往就出来了。通过彩排训练，对演讲过程充分打磨和完善，做到时间控制合理，团队分工配合默契，有效应对现场意外状况的发生。需要注意的是，路演最忌讳的是念PPT，这不符合路演的基本要求。另外，演讲者还应做好着装和礼仪等方面的准备。

（七）答辩准备

路演陈述完成后，一般都有听众的互动答辩环节。答辩环节主要从常见问题和回答策略技巧两个方面做好准备。针对创业项目和路演设计，创业者要尽量准备好一些常见问题的答案，做到心中有数。在回答策略技巧方面要做到以下几点。①正确理解评委提问：对评委问题的要点有准确的理解，回答具有针对性而不是泛泛而谈。②尽量及时流畅地做出回答：能在评委提问结束后迅速做出回答，回答内容连贯、条理清楚。③回答内容准确可信：回答内容建立在准确的事实和可信的逻辑推理上。④对特定方面的阐述要充分：对评委特别提出的方面能做出充分的说明和解释。⑤对某些刁难问题尽量回避：不宜直接顶回，尽量展示机智、幽默和情怀，也可由团队其他成员配合化解。

三、创业计划路演技巧

（一）讲清楚

路演的最基本要求是把项目讲清楚。重点把以下五个方面的情况介绍清楚，就可以做到把整个项目讲清楚了。

1. 讲清团队及其优势

首先，要讲清楚“你是谁”，这个项目主要由谁来干，即重点介绍核心团队成员及其分工。其次，要讲清楚为何这个团队可以把这件事做成，即讲清团队优势。团队优势可从背景、经验、结构、互补性和过往相关绩效等方面进行介绍，用事例和数据佐证。介绍团队时，可采用组织架构图、鱼骨图和数据化等直观方式展示在路演PPT中。

2. 讲清项目及其优势

如果路演者能清晰回答以下问题，就说明把项目及其优势讲明白了。

- 为谁提供服务？用户和客户到底是哪个群体？
- 为目标用户解决的第一痛点是什么？
- 解决用户痛点的具体方案是什么？如何证明真正解决了？
- 解决方案的竞争优势和壁垒在哪里？有多大？

讲解这部分内容时，可采用列表对比、SWOT分析和事实证据等方法。

3. 讲清盈利模式

要讲清楚项目如何盈利。路演者可从哪儿赚钱（即利润来源）、靠什么赚钱（即利润点）和能赚多少钱（即投资回报率）进行概要介绍。讲解这部分最好采用类比成功案例的方法进行说明，这样既通俗易懂，又能获得快速认同。

4. 讲清成功依据

路演的中心论点和目标是说服听众创业项目是现实可行的，成功可能性是非常大的。所以，要从创业团队拥有什么、干成了什么和准备怎么干三个方面阐述明白。拥有什么，可从团队软实力与硬实力、拥有的技术专利与成果、可控的资源网络与市场渠道等方面进行介绍。干成了什么，可从产品开发进程、市场开拓业绩、已有运营数据、第三方权威报道和鉴定等方面进行阐述。准备怎么干，可从生产计划、营销策略、销售计划和财务预算等方面进行讲解。这部分的讲解，可采用演示、例证、数据和方案等方法进行佐证说明。

（二）讲关键

创业成功有三个关键点：人、事、利。首先，创业成功是人干出来的，团队是第一核心要素。因此，要证明将项目做成的团队是靠谱、一流的团队，要讲出彰显团队各方面的软实力，这是创业成功的关键。其次，创业不能仅靠梦想和激情，不能仅停留在创意和逻辑推演阶段，更需要用实战业绩来证实，即关键是用客观事实证明可以做成。最后，创业要保证财务上可行并具备吸引力，即如何通过系统化的商业模式设计，聚集核心竞争力，为用户和客户创造最大化价值，以确保利润可持续与最大化。

（三）讲生动

成功的路演，往往是专业而生动的。如何在讲清楚的基础上，把路演设计得更生动、更吸引人呢？可采用讲故事、植入场景、互动等方法。如何寻找、设计故事呢？可从创意来源、市场痛点、创始人经历、典型用户、领先客户、意外事件等方面来构思故事。讲故事应尽可能贴切、简短、富有创意并有说服力。植入场景，是指路演过程中采用真实情景再现或情景模拟的方式，增强路演的直观性和感染力。场景可以是市场痛点解决前后的情景，可以是产品服务的应用场景，可以是销售现场的火爆场面，还可以是用户体验与反馈评价的情景。植入场景可以采用情景剧、魔术表演、真实视频、模拟对话、展示演示和直接连线等多种方式。在路演过程中，如果能做到与听众直接互动，而不是单纯地讲解与展示，效果自然会好得多。路演现场的互动，可采用现场提问或调查、产品服务体验、上手操作、扫码、抽奖、促销和共同喊广告语等方法。

需要提醒的是，以上方式方法都是表现形式，切忌现场气氛高涨却没把计划讲清楚，形式必须服务于内容与目的，避免舍本逐末甚至弄巧成拙。

（四）答到位

路演最后的问答环节也非常重要，此时听众往往考察创业者的综合素养，挖掘问题的本质，以及进一步深入了解细节，因此，此时是说服打动听者的最后机会。

现场回答听者问题要注意以下几点。

1）对问题的要点有准确理解，回答要具有针对性而不是泛泛而谈。

2）尽可能迅速作答，条理清楚、重点突出并逻辑严谨。

3）回答尽量准确、充分，有理有据，回答内容宜多用具体的事实、数据和案例。

4）团队成员在回答时尽量配合默契，发挥各自职能与专业特长，优势互补。

实践活动

路演案例分析：贝壳造纸

观看创业英雄汇的贝壳造纸项目路演视频，讨论以下几个问题。

1）创业项目路演的目的是什么？

2）项目路演在形式上可以做哪些创新？

3）项目路演的核心内容应包括哪几个部分？

实践训练

活动一 计划概要的拟定

1. 目标

通过本次活动，熟悉创业计划概要的书写。

2. 时间安排

15～20 分钟。

3. 活动进程

对于投资人或评委来讲，他们希望在计划概要中看到关于项目商业模式的明确论述，以及对于人员、技术和市场的总体情况，而一个好的计划概要能让投资人或评委了解这个项目的吸引力所在。

各小组根据前期自己创业项目的论证情况，拟定一份创业计划项目概要。鼓励用图片加关键词的方式呈现。

1）目标市场与用户分析

____

2）产品服务与技术研发

____

3）盈利模式

____

4）竞品与壁垒

____

5）营销策略与销售实现

____

6）团队状况及优势

____

7）财务分析与融资需求

8）项目进展与发展规划

活动二　创业计划可行性评估

创业计划是否可行，可通过以下问题进行简单的自我评估。

1. 能否一句话准确描述出创业构想

容易成功的、好的创业想法必须简单而明确。现在试试，你能否用一句话准确描述出自己的创业构想。如果不能，或不能很精准地说出来，这可能是因为你尚未想清楚，创业计划可行性会大打折扣。

2. 是否深入了解行业状况与环境条件

俗话说，隔行如隔山，创业做熟不做生。问问自己，是否具备行业经验，是否对行业现状和发展趋势有深入了解，是否通晓行业企业运作的规律。另外，还要回答是否具备有利的政策环境，是否拥有创业所必需的优势资源和必备条件。如果还不清楚，说明还需要进一步调查研究与论证创业计划。

3. 是否有类似的成功案例或商业模式

有人说，还没有被实施的创业构想往往可能实施不了。一般来说，未经实践检验的、全新的经营方式或商业模式，成功率比较低。对照创业计划，认真分析，看看自己的创业想法是否有成功先例的“影子”，如果没有可参考的标杆，需要进一步思考如何保证现有创业计划的现实可行性的问题。

4. 是否能灵活适应未来不确定性的变化

任何创业计划在实施过程中，都必须面对未来不确定性的发展变化。重新论证一下，目前的创业计划是否只需要做细节和局部的优化调整，能否适应环境的发展变化，能持续多久。如果只能适应半年到一年的时间，就需要对创业计划的顶层设计进行再设计。否则，容易导致提前失败，很难实现创业计划的目标。

5. 是否能保证自己全身心、长时间地投入

面对创业计划，反复问自己，为了这个创业构想，是否能做到心甘情愿无条件、倾其所有全身心地投入，无论遇到任何问题和困难，都能长期坚持下去。如果你还有犹豫，或不能保证坚持三年以上的话，就需要重新审视和思考创业计划了。

6. 是否拥有或可能拥有必要的创业资源

创业计划的实施，必须拥有必要的资源（如团队、技术、资金和场地等基础条件）才能开启创业之旅，至少通过自己的努力和创造可以整合到这些必需资源，否则创业计划就是空想而无法真正付诸实施。现在，基于创业计划，可简单梳理一下自己目前拥有的人脉网络和资金技术等资源，看看能否顺利启动创业计划。

7. 是否能满足自己的期望与长期发展需求

创业有各种风险和变数，重新审视创业计划，如果创业失败，自己能否承受。另一方面，如果创业顺利，创业成功带来的回报是否能满足自己的期望，除了金钱，在事业成就感、爱与尊重及经验能力提升等方面是否与自己的生涯规划目标一致，是否能满足个人长期发展需求。如果不能满足，或不一致，创业计划可行性就存在很大的问题。

实践拓展

撰写简要创业计划书并路演

1. 基于商业模式画布，撰写创业计划（简版）

各小组已经有了项目和团队，评估了风险，论证了资源，设计并验证了商业模式，现在根据商业模式画布写一份简版的创业计划（图片＋关键词的PPT即可）。

2. 基于创业计划，拟定路演策略，做好路演准备

认真思考并讨论创业计划的路演策略，确保自己掌握了创业项目的所有信息，然后凝练出创业计划的各个要点，以此来做路演训练。

3. 路演比赛

现在，各小组的“CEO”代表自己的创业团队，进行路演展示比赛。用来陈述项目计划的时间不超过 8 分钟。你们准备用什么样的方式和策略，去打动评委投资人，引起评委投资人兴趣，进而获得融资机会呢？

4. 路演评估

全部展示完毕后，要求学生将自己的笔记与“演讲评估表”（表 9-2）进行比较，同时完成对每个演讲的评估。

表 9-2　演讲评估表

评估标准	评分	评论
创意（清晰易懂地描述产品或服务）		
顾客（明确描述初始目标市场及其规模）		
需求（明确陈述并理解问题或机会匹配）		
商业模式（各个要素是明确理解的）		
差异化（已经识别并证实了某些与目标顾客共鸣的独特特征）		
团队（团队拥有所需的技能、资源和经验）		
资金（融资计划是合理的，有具体数量的资金需求）		

5. 讨论与反思

针对每一个路演，讨论以下问题。

1）有人能描述产品或服务是什么以及如何发挥作用吗？

2）谁是目标顾客以及要解决的问题是什么？

3）这是个好机会吗？为什么？

4）存在任何情境因素使你相信这是一个好机会吗?

5）该产品是独特的或与竞争产品以及其他替代产品有何不同吗?

6）项目计划如何赚钱?

7）团队的技能与企业的需求一致吗?

8）启动新企业需要什么资源?

9）你觉得信息沟通的方式如何?

10）在给定的时间范围内，演讲者可以做些什么来改进演讲内容和沟通方式?

11）之前的评估与运用“演讲评估表”之后的评估有哪些区别?

第十章 新企业创办与初创管理

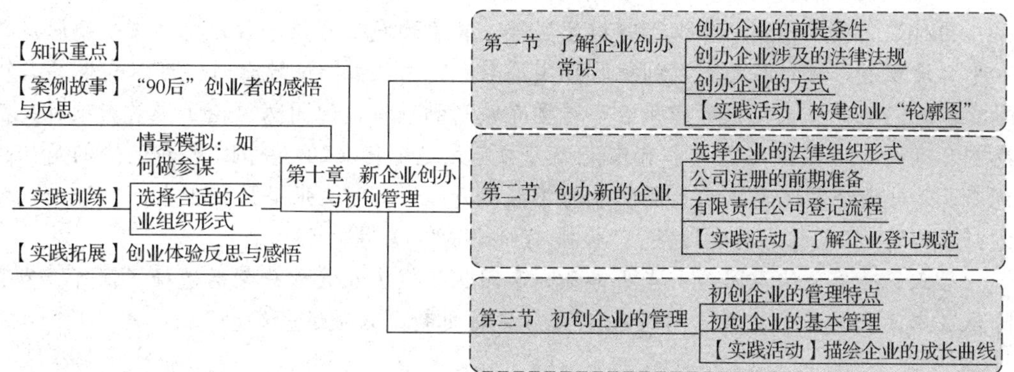

知识重点

1. 创办企业的前提条件。
2. 创办企业相关的法律法规。
3. 创办企业的三种方式。
4. 不同企业组织形式的特征及权利义务的区别。
5. 公司创办的前期准备工作。
6. 企业注册的流程及相关注意事项。
7. 初创企业的管理特点。
8. 初创企业的基本管理内容与方法。

【案例故事】

“90后”创业者的感悟与反思

小王大学毕业后联合几个朋友开始了创业之旅，做的项目是“喜事电商”平台。

刚开始，他们感觉找到了一个极具前景的项目，为拥有了放手一搏的机会而激动不已，每天早晨7:00起床，次日凌晨2.00左右才回家，除了加班没有任何其他活动，几乎“与世隔绝”，只为“喜事电商”平台可以早一天上线。

虽然每天都加班，但他们好像有用不完的劲。面对8000亿元的目标市场，他们每天都在讨论如何占领其中的20%。刚开始时，他们经常与创业者交流，聊项目，谈目标，说理想，还给创业者分享经验、提指导意见。

随着项目的推进，他们才感受到在这个行业成功太难了，慢慢地对公司的未来发展产生了迷茫。小王主要负责 IOS 开发，每天把自己“埋在”代码里，不分昼夜，不分周六、周日。他们的平台开发了一版又一版，不断添加新功能，不断优化使用体验。面对开发出来的平台软件，他们激动之余又深感迷茫，因为平台上线后，迟迟未做市场推广。团队中有几个人想放弃却又心有不甘，因为他们连续进行了 7 个月的平台开发却未领一分钱的工资，天使轮的融资仅仅够维持公司日常的经营开支，而第二轮融资一直未能落实。团队的领头人为降低运营成本决定把公司搬到郑州，把目标市场锁定在河南。到河南后，又发现了最大的困难：平台的用户量小、活跃度不高，平台签单率几乎为零。

面对这种情况，他们可以选择继续坚守，继续开发运营该平台，想办法提高用户数和平台活跃度，但他们无法做到短时期实现盈利，也无法保证什么时候可以实现第二轮融资；他们也可以选择放弃该平台，转型寻找新的项目，但团队讨论了很多新项目，都感觉不可行。这时候，团队中有人说公司注定是这个行业的“先驱”，即使他们是如此优秀。公司的经营现实推动着团队矛盾不断地升级：有人主张坚持做下去，“不忘初心，方得始终”；有人认为前途迷茫，“长痛不如短痛”，应早关门大吉。

后来，一个合伙人因为一点小矛盾，和团队的领头人大吵一架后选择了离开。为了降低成本，公司开始裁人，同时决定 App 不再更新，只做运营维护。

启示：

创业成功的关键在于团队，团队管理是创业初期公司管理的重中之重。团队管理必须有一个统领全局、有一定管理经验的人来负责。团队管理需要“制度+情商”。在制度方面，一方面要做到赏罚分明，一方面要兑现承诺的福利。团队要建立相对完善的绩效考核机制，明确考核规则，绩效考核要以结果为导向。

另外，股权分配也很重要，分配比例和方式需要考虑周全。初创的互联网公司，大多需要去融资。在股权分配时，就要全面考虑，如联合创始人占股多少、每轮融资出让比例及期权池的分配等。

最重要的一点是，初创公司要有现金流，要能通过团队的努力获得销售收入，而不能仅靠初始资金和融资。如果不能获得销售收入，再好的企业也无法经营下去，创业项目也不可能获得成功。

第一节　了解企业创办常识

一、创办企业的前提条件

创办企业，对于创业者来说是人生的重大决定。因此，在创办企业前，创业者应认真思考创办企业的时机是否成熟、创办企业应具备哪些条件，以及何时、如何创办等问题。如果没有做好创办企业的准备，或者说创办企业的条件不足、时机不成熟，贸然成立公司就会给创业者带来沉重负担，甚至造成企业经营不下去而导致创业失败。下面对创办企业需要具备的条件进行逐一分析，帮助创业者梳理思路，做好创办企业的充分准备。

（一）具备有利的外部环境

创业的外部环境包括制度环境、政策环境、金融环境、市场环境、科技环境和人文环境等。有利的创业环境是创业活动的“推进器”，可以为创业者提供如基础设施、生产条件、启动资金和人才技术等创业所需的要素资源，也可以为创业企业提供生存期所需的财政、税收、信息、公共服务等政策性支持条件。如果具备了这些要素资源和支持条件，创业者就能充分利用创业环境的红利，创办企业将会顺利得多，有利于度过初创生存期，大大提升创业的成功率。

（二）拥有确定的市场机会

如何判断是否拥有了确定的市场机会呢？结合项目实际情况，问自己下述问题是否有确定的回答：是否做了客观周密的市场调研，所在行业是否还有市场切入的机会，是否能跨越现有行业市场的壁垒，行业发展是否处于萌芽期和快速增长期，市场容量是否足够大，目标市场是否足够明确、足够细分，是否能详细描述出目标客户与用户的特征，是否选定了登陆市场并做了小范围的市场实验，是否具有必要的销售渠道，是否拥有第一批“天使顾客”，等等。如果有些问题尚没有确定的、具体的答案，则说明该市场机会对于你而言，存在不确定性，在这种情况下，可考虑稍后创办企业，等待市场机会相关条件成熟后再创办也不迟。

（三）开发出好的核心产品

产品（服务）是企业满足消费者需求、实现商业价值的载体。创业者在创办企业前，最好能开发出相应的产品，至少要有产品开发的方案，拥有产品开发与生产的可能条件。产品研发与生产准备情况影响着企业创办的合理时机。

创业者在创办企业时，在产品准备方面，可梳理以下几个问题：产品的价值定位是否明确，产品研发所需要的核心技术是否可获得，是否能清晰地描述或展示产品使用的流程、场景及其案例，是否已经开发出可行的原型产品，产品质量与产量是否可控，与竞品相比竞争优势如何，是否能“可视化”地展示给用户，是否有首批测试用户的良性反馈，等等。如果以上问题都是肯定的话，那么就可以考虑注册企业了。

（四）掌控必要的创业资源

虽然创业的定义是不拘泥于资源约束、寻求机会进行价值创造的过程，但创办企业需要具备必要的资源才能进行。创办企业虽然不需要具备所有资源条件时才能启动，但需要具备可以掌控的必要资源，如必要的启动资金、核心团队、技术和市场等资源。在拥有这些必要资源的基础上，创业者才能整合其他资源，推进创业活动的进行。

二、创办企业涉及的法律法规

企业只有在法律法规允许的条件下合法运营，才能保证企业的长久发展。下面对与创业相关的法律做简单梳理，让创业者有个初步了解，涉及相关法律时可再详细查阅或咨询法律顾问。

（一）企业设立相关法律法规

企业设立相关的法律法规主要有《中华人民共和国公司法》《中华人民共和国合伙企业法》《中华人民共和国个人独资企业法》《中华人民共和国公司登记管理条例》《中华人民共和国企业破产法》等。这些法律法规规范的是企业设立期间的商业行为活动，包括企业创办的条件、企业组织要求和相关法律关系的规范等。

（二）劳动关系相关法律法规

这部分法律法规主要包括《中华人民共和国劳动合同法》《中华人民共和国就业促进法》《中华人民共和国社会保险法》《工伤保险条例》《最低工资规定》等。这些法律法规是规范劳动关系的，在企业人员聘用与管理等方面需要注意遵守和合理利用。

（三）知识产权相关法律法规

与知识产权相关的法律法规主要有《中华人民共和国专利法》《中华人民共和国商标法》《信息网络传播权保护条例》《计算机软件保护条例》等。知识产权对企业经营与发展有着重要影响，熟悉这些法律法规，一方面可有效保护自身的知识产权权益，另一方面可有效防止侵犯他人相关权益，以免给企业经营造成不必要的麻烦。

（四）商业活动相关法律法规

有关市场交易等商业活动的法律主要有《中华人民共和国合同法》《中华人民共和国担保法》《中华人民共和国产品质量法》《中华人民共和国反不正当竞争法》《中华人民共和国反垄断法》《中华人民共和国广告法》《中华人民共和国消费者权益保护法》等。这类法律法规主要规范与调整经营者之间、经营者与消费者之间的法律关系。了解这些法律，可有效规避企业经营过程中的法律风险，保障各方的权益，促进商业活动的顺利开展。

（五）政府宏观调控相关法律

为保证经济平稳运行和社会和谐发展，政府在宏观上通过相关法律法规进行规范与调控。这类法律法规主要有《中华人民共和国环境保护法》、《中华人民共和国对外贸易法》、税法、金融法和投资法等，它们主要用于调整政府与经营者之间的关系，政府可据此规范和调整经营者的行为。

（六）纠纷诉讼相关的法律

解决纠纷的法律主要有《中华人民共和国民事诉讼法》《中华人民共和国刑事诉讼法》《中华人民共和国行政诉讼法》《中华人民共和国仲裁法》《中华人民共和国劳动争议调解仲裁法》等。熟悉这些法律法规，有助于在遇到纠纷时，利用法律武器保护自身合法权益。

三、创办企业的方式

创业者创办企业，不一定非要采取自己投资的独创方式。创业者可以根据自身资源状况、经营能力和项目实际选择企业创立的方式，如独立自创、合伙共创或收购现有企业。通过系统的评估与比较，创业者可选择最适合自身实际、最有利于企业运营的方式开办创业企业。

（一）独立自创

独立自创是指创业者自己独立创办企业。采用独立自创这种方式创办企业，企业产权完全归创业者个人独有，产权清晰，利润独享，其优势在于企业由创业者完全掌控，创业者可自主决策，不用顾虑合伙人的利益要求和想法，可完全发挥个人智慧与才能。

但这种方式也有弊端。独立自创这种方式最大的弊端是独自决策风险，无法得到其他股东的优势补充，一旦决策失误，有可能会对企业造成致命打击。另外，独立自创对创业者的能力、经验和资源要求比较高，资源整合能力相比较团队而言，获取资源的途径少一些，一般获取外部融资的难度大一些。

（二）合伙共创

合伙共创是指创业者直接加入他人现有企业或与他人共同创办企业。这种方式的劣势在于存在团队磨合与管理风险，一旦磨合不好或在企业经营过程中遇到不可调和的矛盾，容易阻碍企业发展甚至导致企业经营失败。

与独立自创相比，合伙共创有以下几个优势。

1）共担风险与责任。由于合伙共创至少拥有两个或两个以上的创业者，大家可以共同承担企业经营过程中的风险，在企业遇到困难时也可以一起分担相应责任。

2）整合资源渠道较多。一般来说，创业团队多一个人就多一份力量，每个人背后都有相应的资源，在需要整合外部资源时，获取资源的渠道就相对较多，可整合的资源也相应增多，这无疑对企业经营是有利的。特别是在融资时，合伙共创的方式相对独立自创更容易，因为很多投资人只投合伙共创的团队。

3）可产生团队效应。合伙共创企业本质是团队创业，因此这种方式可有效发挥团队的作用与价值，如果团队结构合理且具有凝聚力，就可以集合各自智慧、才能和资源，做到优势互补，实现“1+1>2”的团队效应。另外，由于拥有团队，企业经营决策就会相对合理，即使个别创业者因某种原因离开也不会对企业产生致命影响，即企业组织会更加稳定。

（三）收购现有企业

收购现有企业是指创业者通过出资直接收购现成的企业或特定经营权的一种创办企业方式。这种方式既可以通过并购成功企业或收购濒临倒闭的企业，也可以通过购买某种特许经营权来创立新的企业。准确地说，这种方式本质上是“借壳”投资。收购现有企业虽是一种可行且高效创立企业的途径，但也存在着团队融合与流失风险，对创业者的资金实力和企业管理能力要求极高。

以上三种创立企业的方式，没有绝对的优势与劣势。创业者要根据实际情况与个人优势，理性选择适合自己的方式。

实践活动

构建创业“轮廓图”

通过回答下面的问题，可逐渐明晰自己的创业目标和创立企业的思路，构建适合自己的创业“轮廓图”。

1）你拟创立企业的名称及时间：

____

2）选择适合你的企业形式：□个体 □有限责任公司 □股份有限公司

3）你的目标顾客/用户主要是：□个人 □团体 □公共机关

□其他（简述）______________________________

4）你拟提供的产品和服务包括：

____

5）列出五个最主要的竞争对手：

____

6）可能面临的风险来自：□同行竞争 □技术 □团队 □资金

□其他（简述）______________________________

7）描述你的竞争地位：□弱 □较弱 □平均水平 □较强 □强

8）你所提供的产品或服务的市场需求在：□递增 □递减

9）你拟提供的产品或服务的核心优势有：

____

10）你计划的目标登陆市场是：

____

11）拟创企业的价值定位是：

____

12）拟创企业最大的困难或障碍是：

____

第二节 创办新的企业

一、选择企业的法律组织形式

（一）企业内涵及常见法律组织形式

企业一般是指以盈利为目的，运用各种生产要素，向市场提供商品或服务，实行自主经营、自负盈亏、独立核算的法人或其他社会经济组织。企业是市场经济活动的主要参与者，在社会主义经济体制下，各种企业并存，共同构成社会主义市场经济的微观基础。

创业者在创立企业时，首先要选定拟创办企业的法律组织形式。新创企业的主要法律组织形式有个人独资企业、合伙企业、有限责任公司和股份有限公司。

1. 个人独资企业

个人独资企业是指依法设立，由一个自然人投资，财产为投资人个人所有，投资人以其个人财产对企业债务承担无限责任的经营实体。当个人独资企业财产不足以清偿债务时，选择这种企业形式的创业者须依法以其个人其他财产予以清偿。

个人独资企业不具有企业法人资格，由出资人对债务承担无限责任。国家机关、国家授权投资机构或者国家授权的部门、企业、事业单位等都不能作为个人独资企业的设立人。

2. 合伙企业

《中华人民共和国合伙企业法》规定，合伙企业是指依法设立的由各合伙人订立合伙协议，共同出资、合伙经营、共享利益、共担风险，并对合伙企业债务承担无限连带责任的营利性组织。

合伙企业分为普通合伙企业和有限合伙企业两种。两者最大的区别在于有限合伙企业有两种不同的所有者：普通合伙人和有限合伙人。其中，普通合伙人对合伙企业的债务和义务负责，而有限合伙人仅以投资额为限承担有限责任，但后者一般不享有对组织的控制权。

合伙企业不具有法人资格，合伙人之间通过签订合伙契约，规定各合伙人在合伙中的权利和义务；合伙人是“人的组合”，合伙人丧亡、破产或退出等都影响到合伙企业的存续。合伙人对合伙企业的债务承担连带无限责任。合伙人原则上均享有平等参与管理合伙事务的权利。除非契约另有规定，每个合伙人均有权对外代表合伙企业从事业务活动。

3. 有限责任公司和股份有限公司

公司是现代社会中最主要的企业形式。它是以盈利为目的，由股东出资形成，拥有独立的财产，享有法人财产权，独立从事生产经营活动，依法享有民事权利，承担民事责任，并以其全部财产对公司的债务承担责任的企业法人。

根据《中华人民共和国公司法》（以下简称《公司法》），公司分有限责任公司（包括一人有限责任公司）和股份有限公司两种类型。有限责任公司的股东以其认缴的出资额为限对公司承担责任，公司以其全部资产对公司的债务承担责任。股份有限公司，其全部资本分为等额股份，股东以其认购的股份为限对公司承担责任，公司以其全部资产对公司的债务承担责任。

（二）不同企业法律组织形式优劣比较

对于创业者而言，不同企业法律组织形式各有其优势与劣势。在实际创业过程中，创业者应根据自身资源与能力条件及市场状况做出适当选择。

表 10-1 是个人独资企业、合伙企业、有限责任公司和股份有限公司的优劣对比。

表 10-1　各种企业法律组织形式的优劣比较

企业法律组织形式	优势	劣势
个人独资企业	● 手续非常简便，费用低 ● 所有者拥有企业控制权 ● 可以迅速对市场变化做出反应 ● 只须缴纳个人所得税，无须双重纳税 ● 在技术和经营方面易于保密	● 承担无限责任 ● 企业成功过多依赖创业者个人能力 ● 筹资困难 ● 企业随着创业者退出而消亡，寿命有限 ● 投资流动性低
合伙企业	● 手续比较简单、费用低 ● 经营上比较灵活 ● 企业拥有更多人的技能和能力 ● 资金来源较广，信用度较高	● 承担无限责任 ● 企业绩效依赖合伙人的能力，企业规模受限 ● 企业往往因关键合伙人死亡或退出而解散 ● 投资流动性低，产权转让困难
有限责任公司	● 创业股东只承担有限责任，风险小 ● 公司具有独立寿命，易于存续 ● 可以吸纳多个投资人，促进资本集中 ● 多元化产权结构有利于决策科学化	● 创立的程序比较复杂，创立费用较高 ● 存在双重纳税问题，税收负担较重 ● 不能公开发行股票，筹集资金的规模受限 ● 产权不能充分流动，资产运作受限
股份有限公司	● 创业股东只承担有限责任，风险小 ● 筹资能力强 ● 公司具有独立寿命，易于存续 ● 由职业经理人进行管理，管理水平较高 ● 产权可以股票形式充分流动	● 创立的程序复杂，创立费用高 ● 存在双重纳税问题，税收负担较重 ● 股份有限公司要定期报告公司的财务状况、公开自己的财物数据，不便严格保密 ● 政府限制较多，法规的要求比较严格

创业者在选择企业法律组织形式时，可重点从创立条件、启动成本、团队、权益转让、融资、管理控制和收益风险等方面具体分析其利弊，以做出合理选择。

二、公司注册的前期准备

创业者在注册新公司之前，需要做好以下几个方面的准备。

（一）确定公司的股东（投资人）

股东是公司的出资人，即投资者，注册公司前首先要确定股东。

有权代表国家投资的政府部门或机构、企业法人、具有法人资格的事业单位和社会团体、自然人都可以成为公司的股东。

（二）确定公司的名称

申请企业名称预先核准（即核名），是办理企业登记注册的第一步。在提交核名前，创业者需要按照法律法规对企业名称的相关规定，预先取好 3～5 个企业名称待审核。在提交名称时，需要确定好其优先级顺序。

给企业起名时，要注意企业只能使用一个名称，在登记主管机关辖区内不得与已登记注册的同行业企业名称相同或近似。企业名称一般由 4 部分构成：行政区划（也可以不使用）＋字号＋行业（经营特点）＋组织形式。其中，行政区划一般放在名称最前面，也可以放在名称中间，但应加上括号，如“××××教育科技（北京）有限责任公司”字号一般应当由两个以上汉字组成，行政区划不得用作字号，但县以上行政区划地名具有其他含义的除外，可以使用投资人的姓名作字号；行业是指所要从事的主要经营项目，如以经营服装为主的，可表述为“商业”“服装”“贸易”等，以技术开发为主的，可表述为“科技”“技术”“科技开发”等；组织形式是企业组织结构或责任形式的体现，公司制企业一般应表述为“有限（责任）公司”“股份（有限）公司”。

（三）确定公司的地址

创业者企业注册与经营地址的选择包括两个方面：一是选择地区，指不同地理区域或城市；二是选择具体地址。影响地区选择的因素主要有政治、经济、技术、社会和自然五个因素。影响具体地址选择的因素主要有交通、资源、消费群体、社区环境和商业环境等。

一般来说，生产性质的创业企业选址要考虑生产条件，即原材料的供应地距离与价格、交通运输是否便利、是否具备水电与环保条件、有无优惠政策等；商业性质的创业企业选址应考虑客流量、租金、人群消费能力等；服务性质的创业企业要根据具体的经营对象灵活选址，但对客流量要求较高；知识技术的创业企业，如网络技术、电子科技、媒体制作和广告等可考虑选在行业聚集区或成熟商务区及相应产业园区。

确定公司注册地址后，按规定需要准备注册经营地的相关产权证明或租赁合同。

（四）预定公司的经营范围

经营范围是指国家允许企业法人生产和经营的商品类别、品种及服务项目，反映企业法人业务活动的内容和生产经营方向，是企业法人业务活动范围的法律界限，体现企业法人民事权利能力和行为能力的核心内容。2015 年 10 月 1 日起施行的《企业经营范围登记管理规定》对经营范围的规定如下。

1）经营范围是企业从事经营活动的业务范围，应当依法经企业登记机关登记。

2）企业的经营范围应当包含或者体现企业名称中的行业或者经营特征。

3）申请人应当参照《国民经济行业分类》选择一种或多种小类、中类或者大类自主提出经营范围登记申请。对《国民经济行业分类》中没有规范的新兴行业或者具体经营项目，可以参照政策文件、行业习惯或者专业文献等提出申请。

4）企业的经营范围应当与章程或者合伙协议规定相一致。

5）企业申请登记的经营范围中属于法律、行政法规或者国务院决定规定在登记前须经批准的经营项目（以下称前置许可经营项目）的，应当在申请登记前报经有关部门批准后，凭审批机关的批准文件、证件向企业登记机关申请登记。

6）企业登记机关依照审批机关的批准文件、证件登记前置许可经营项目。批准文件、证件对前置许可经营项目没有表述的，依照有关法律、行政法规或者国务院决定的规定和《国民经济行业分类》登记。

部分行业企业的经营项目的范围表述如表 10-2 所示。

表 10-2　部分行业企业常见经营项目的范围表述

企业类别	常见经营项目表述
科技类企业	一般经营项目：技术开发、技术推广、技术转让、技术咨询、技术服务；软件开发
房地产类企业	许可经营项目：房地产开发；物业管理 一般经营项目：从事房地产经纪业务
商贸类企业	一般经营项目：销售日用品、文化用品、体育用品、化妆品、服装鞋帽、针纺织品、工艺美术品、珠宝首饰、电子产品、计算机软硬件及辅助设备、家用电器、汽车（不含九座以下乘用车）、汽车零配件、摩托车（不含三轮摩托车）、机械设备、五金交电、通信设备、医疗器械Ⅰ类、新鲜水果、新鲜蔬菜、不再分装的包装种子、化肥、农药（危险化学品农药除外）、建筑材料、矿产品、化工产品（不含危险化学品及一类易制毒化学品）、金属制品、塑料制品、橡胶制品
商务服务类企业	一般经营项目：项目投资；投资管理；企业管理；经济贸易咨询；市场调查；承办展览展示；设计、制作、代理、发布广告；商标代理、版权代理；翻译服务；打字、复印
餐饮、住宿类企业	许可经营项目：餐饮服务、住宿（具体表述用语根据许可内容核定）

（五）确定股东的出资

《公司法》（2018 年修正）关于有限责任公司股东出资的规定如下。

1）有限责任公司的注册资本为在公司登记机关登记的全体股东认缴的出资额。

法律、行政法规及国务院决定对有限责任公司注册资本实缴、注册资本最低限额另有规定的，从其规定。

2）股东可以用货币出资，也可以用实物、知识产权、土地使用权等可以用货币估价并可以依法转让的非货币财产作价出资；但是，法律、行政法规规定不得作为出资的财产除外。

对作为出资的非货币财产应当评估作价，核实财产，不得高估或者低估作价。法律、行政法规对评估作价有规定的，从其规定。

3）股东应当按期足额缴纳公司章程中规定的各自所认缴的出资额。股东以货币出资的，应当将货币出资足额存入有限责任公司在银行开设的账户；以非货币财产出资的，应当依法办理其财产权的转移手续。

股东不按照前款规定缴纳出资的，除应当向公司足额缴纳外，还应当向已按期足额缴纳出资的股东承担违约责任。

在确定公司注册资本时，需要注意以下问题。

1）注册资本认缴不等于不缴。如果未按约定实际缴付出资，公司和已按时缴足出资的股东可以追究其违约责任。如果公司发生债务纠纷导致破产清算，股东即使未缴足出资，也必须根据其认缴的出资数额承担责任。

2）认缴数额越大，承担的责任越大。公司认缴的出资金额及出资期限将通过“企业信用信息网”向社会披露，如果超出股东经济实力盲目认缴巨额资本，超过合理期限随意约定过长的出资时间，不仅会加大股东责任，而且会影响公司的公信度和竞争力。

3）门槛降低不代表不需要注册资本。公司设立时，注册资本是公司投资创业的启动资金，在公司运营过程中转换为公司责任、财产的一部分，“一元钱办公司”只是一个形象的比喻。投资者还是应根据公司从事的生产经营活动，合理选择相符的注册资本规模，以取得交易对象的信任。

（六）确定公司的组织机构

《公司法》（2018 年修正）第二章第二节（自三十六条至五十六条）对公司的组织机构进行了专门阐述，详情可查阅相应的法律条文。现简要摘录介绍如下。

1）有限责任公司股东会由全体股东组成。股东大会是公司的权力机构，依照《公司法》行使职权。

2）有限责任公司设立董事会的，股东大会会议由董事会召集。有限责任公司不设董事会的，股东会会议由执行董事召集和主持。

董事会设董事长一人，可以设副董事长。董事长、副董事长的产生办法由公司章程规定。股东人数较少或者规模较小的有限责任公司，可以设一名执行董事，不设董事会。执行董事可以兼任公司经理。有限责任公司可以设经理，由董事会决定聘任或者解聘。经理对董事会负责。

3）有限责任公司设监事会，其成员不得少于三人。股东人数较少或者规模较小的有限责任公司，可以设一至二名监事，不设监事会。董事、高级管理人员不得兼任监事。

《公司法》第一百四十六条规定，有下列情形之一的，不得担任公司的董事、监事、高级管理人员。

1）无民事行为能力或者限制民事行为能力。

2）因贪污、贿赂、侵占财产、挪用财产或者破坏社会主义市场经济秩序，被判处刑罚，执行期满未逾五年，或者因犯罪被剥夺政治权利，执行期满未逾五年。

3）担任破产清算的公司、企业的董事或者厂长、经理，对该公司、企业的破产负有个人责任的，自该公司、企业破产清算完结之日起未逾三年。

4）担任因违法被吊销营业执照、责令关闭的公司、企业的法定代表人，并负有个人责任的，自该公司、企业被吊销营业执照之日起未逾三年。

5）个人所负数额较大的债务到期未清偿。

需要注意的是，公司法定代表人是指依据章程确定的董事长（执行董事或经理）；高级管理人员是指公司的经理、副经理、财务负责人。控股股东是指其出资额占有限责任公司资本总额百分之五十以上或者其持有的股份占股份有限公司股本总额百分之五十以上的股东；出资额或者持有股份的比例虽然不足百分之五十，但依其出资额或者持有的股份所享有的表决权已足以对股东会、股东大会的决议产生重大影响的股东。

（七）制定公司章程

公司章程是股东共同一致的意思表示，载明了公司组织和活动的基本准则，是公司的宪章。公司章程与《公司法》一样，共同肩负调整公司活动的责任，公司章程对公司、股东、董事、监事、经理具有法律约束力。作为公司组织与行为的基本准则，公司章程对公司的成立及运营具有十分重要的意义，它既是公司成立的基础，也是公司赖以生存的灵魂。

公司章程是注册公司最主要的文件之一，它由股东共同制定，经全体股东一致同意，由股东在公司章程上签名盖章。各市场监督管理局网站上都可以找到公司章程的范本，创业者可参考制定自己的公司章程。

三、有限责任公司登记流程

有限责任公司的办理流程为先登录官方网站下载办理指南和申请表格，根据办理指南准备相应文件，向登记机关提交准备的文件和申请表格，登记机关开始受理，受理成功的，将颁发营业执照；受理不成功的，按照告知建议修改材料，准备再次办理。市场监督管理机关办理流程及申请材料见表 10-3 和表 10-4。

表 10-3　市场监督管理机关办理流程

办理环节	办理步骤	办理时限	审查标准	办理结果
申请受理	受理	1个工作日	文件证件齐备，符合法定形式	能当场受理或者通过当场补正达到受理条件的，直接进入受理步骤，当场出具受理通知书。根据一次性告知通知书内容进行补正后达到受理条件的，出具受理通知书
审查与决定	决定	1个工作日	文件证件齐备，符合法定形式	申请材料齐全，符合法定形式、条件、标准，通过审查，做出准予行政许可决定；申请材料不齐全，不符合法定形式、条件和标准，未通过审查，做出不予行政许可决定
颁发与送达			结果名称	
			营业执照，营业执照副本	

表 10-4 申请材料

材料名称	材料来源	数量要求		介质要求	表格及样表下载	其他要求
		原件	复印件			
内资公司设立登记申请书	申请人自备	1 份	无	表格类；纸质、电子	官方网站下载	由拟任法定代表人签署
公司章程	申请人自备	1 份	无	文本类；纸质、电子	无	全体股东共同签署，其中自然人股东亲笔签字，法人股东法定代表人签字并加盖公章（可容缺后补）
股东资格证件	申请人自备	无	1 份	结果文书类；纸质、电子	无	自然人股东提交身份证复印件，企业法人股东提交加盖公章的营业执照复印件
法定代表人、董事、监事和经理的任职文件	申请人自备	无	无	其他：纸质、电子	无	1 份其他类材料（在申请书中的“法定代表人、董事、经理、监事信息表”页签署确认任职信息的可不提交此文件）
住所使用证明	申请人自备	无	1 份	文本类：纸质、电子	无	一般应为产权人签字或盖章的房产证复印件。产权人为自然人的应亲笔签字，产权人为单位的应加盖公章（可容缺后补）
许可项目审批文件	申请人自备	无	1 份	结果文书类：纸质、电子	无	法律、行政法规和国务院决定规定设立公司必须报经批准的或公司申请登记的经营范围中有法律、行政法规和国务院决定规定必须在登记前报经批准的项目，提交有关批准文件或者许可证件的复印件
补充信息登记表	申请人自备	1 份	无	表格类：纸质、电子	官方网站下载	

了解企业登记规范

请登录中华人民共和国国家市场监督管理总局网站了解企业登记相关规范。

第三节 初创企业的管理

一、初创企业的管理特点

（一）以生存为首要目标

初创企业管理的首要目标是保证企业的生存。因为初创企业是从无到有，先有生存机会才会有发展壮大的机会，而尽快实现盈利才能保证企业的生存。因此，初创企业的首要任务是将所开发的产品（服务）推向市场并实现销售盈利，靠销售盈利找到企业发展的立足点，从而找到适合自己的“生存模式”。

（二）创造并保障现金流

现金流被称为企业运营的“血液”。任何公司，其现金流一旦出现问题，必然引发企业的“猝死”，即企业可以有暂时亏损，但不能承受现金流中断。因此，初创企业在管理上，要奉行“现金流第一，利润率第二”的原则，努力实现在企业运行过程中不断创造现金流并保障现金流“不断流”。

（三）创业者参与经营细节

处于企业初创期的创业者，虽然是企业的“老板”，但还做不到像成熟企业的管理者那样只“坐镇指挥”就能实现企业顺利运行。在企业初创期，企业各方面都处于开发拓展的前期发展阶段，创业者不但要履行组织管理职能，还需要与团队一起做各种具体的经营工作。这是因为：一方面，企业可能缺乏各方面的人才，企业运营各方面还未走入正轨；另一方面，创业者往往是初创企业的“最大资源”，在产品技术、市场销售和资源整合等方面需要亲自去做，以取得较好的效果，甚至必须亲自去解决一些不可预知的棘手问题。

（四）高效有序的“混乱”状态

初创企业在管理上，不可能一开始就达到按部就班、高效有序的系统化、规范化的管理状态。初创企业管理往往采用“充分调动所有的人，做所有的事”的管理方式。这是因为，初创企业团队规模小，虽然有分工，但往往会因公司运营的实际需要，为处理一些紧急而重要的事情随时调动团队成员来“应急”，而无法做到成熟企业分工细致的精细化管理。

二、初创企业的基本管理

（一）组织管理

企业是参与市场活动的实体组织。企业的组织管理是指通过合理设置组织机构，优化运行机制和订立各种规章制度，实现企业内部人、财、物等各种资源的优化配置，提升企业经营绩效的管理工作。

初创企业在组织管理模式上一般采用功能部门管理或项目管理的模式。

1. 功能部门管理模式

功能部门管理模式是指根据企业运营实际与管理需要，将公司划分成若干个不同职能部门的一种扁平化、直线型的组织管理模式。这种管理模式是最基本、最简单的企业管理模式，也是初创企业最常采用的一种管理模式，具有以下特点：①根据企业运营活动需要，按专业分工原则将工作岗位进行归类；②根据企业性质和实际需要，设立不同功能的组织结构；③根据不同功能部门特点，设立不同岗位，明确各自职责；④订立企业管理制度，以制度形式明确并加强各职能部门的分工协作与联系。图 10-1 所示为典型的生产制造型初创企业的功能部门设置。

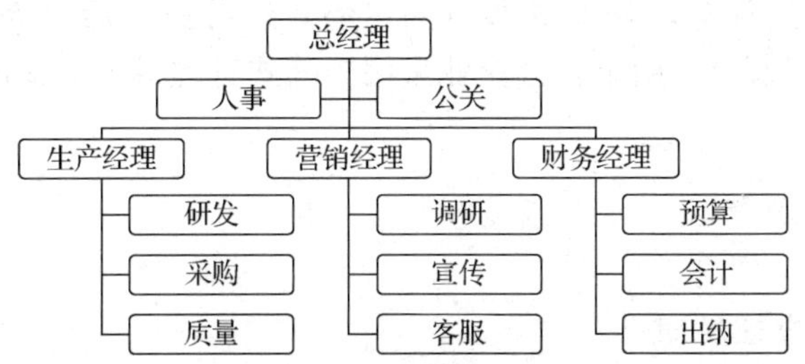

图 10-1 典型的生产制造型初创企业的功能部门设置

功能部门管理模式的优点在于组织结构明确而相对稳定，责权利明确，可避免职责不清造成的执行障碍。该模式的缺点是由于功能职责划分比较清晰，在需要团队协作处理某些事情时，会因不同部门职能及实际工作安排而不够灵活高效。

2. 项目管理模式

项目管理模式是指按项目组织与管理方法来构建企业组织管理的一种模式。如果说功能部门管理模式是一种基于平行结构组织起来的管理模式，项目管理模式则是基于垂直结构，即围绕特定而具体的项目任务组织起来的一种管理模式。

项目管理模式通常运营在企业内部创业中，表现为“事业部”的形式。项目管理模式本质上是一种以项目经理负责制为基础的目标管理模式。项目管理本身具有管理目标的确定性、独特性和不可重复性等特点，因此，项目管理模式一般适用于软件外包开发类、服务外包类、商贸类和咨询服务类企业，因为这些企业的业务管理通常可根据客户或产品服务进行有效的垂直分类。项目管理模式在大多数企业中并不常见，其组织结构表现形式如图 10-2 所示。

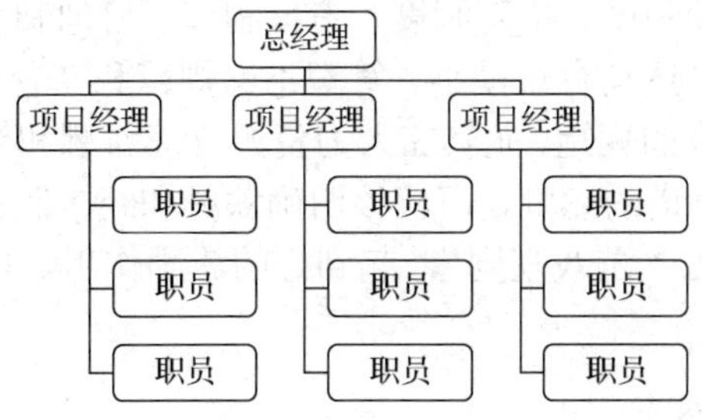

图 10-2 企业项目管理组织结构的表现形式

项目管理活动一般分为项目计划、人员组织、质量管理、费用控制和进度控制五个方面，从项目整体生命周期被划分为若干阶段的时间维度、项目不同阶段性质与特点采用不同技术方案的知识维度和项目涉及的人、财、物、信息等项目需求的保障维度进行“三维”管理。

采用项目管理模式能够高效地完成某个具体的项目任务，相对功能部门管理模式更有利于计划组织、质量和进度的控制，可实现针对项目的动态管理、垂直协调与优化。项目管理模式的劣势在于，其更适用于临时性、柔性化的垂直细分任务的管理场景，而不适用于长久性、系统化的复杂管理场景。

在现实的初创企业管理中，有时候会采用功能部门管理模式下的项目管理制，从而发挥两种管理模式的优势，规避其各自的劣势。这种结合后更为复杂的管理模式，通常称为矩阵式管理模式。由于初创企业采用矩阵式管理模式的情况并不多见，本书不做介绍。

（二）人力资源管理

1. 明确需求，合理规划

初创企业的创业者，对企业业务定位及发展规划最为了解，对用人需求及其标准的把握也最为准确。创业者宜从业务层面（如技术研发、产品设计、市场营销和公关客服等方面）、运营现实需要与长远发展等统筹考虑，明确招聘的岗位、人数、要求和薪酬体系，合理规划人力资源需求和人事工作安排，从根本上理顺人力资源工作，以提高人力资源工作的效能。

2. 抓大放小，打造核心

作为企业的主要管理者，初创企业的创业者要明确其在人力资源管理工作中的角色与核心价值。创业者要重点抓中层以上的核心人才，尽快建立起中高层团队。中高层团队的核心人才是保证初创企业生存与发展的核心力量，在选拔这些人才时，要注意数量不需要多，而重在“质”。这类人才对于初创企业来说，有时候可遇而不可求。因此，创业者要把主要精力放在中高层核心人才的猎取、挖掘和公关工作上。对于普通员工的遴选，则可交由人事或部门负责人来负责。

3. 管理有度，重在激励

初创企业在人力资源管理方面，首先要建立起关键、实用且适用的基本规章制度，如基本的薪酬制度、考勤制度、招聘制度、考核制度、培训制度和奖惩制度等，要做到“有规可依”。初创企业虽然具有规模小、管理不够规范和“老板”一言堂等特点，但一个企业组织不能没有基本的规矩，尤其在人力资源管理薪酬和绩效方面不能过于粗放随意，以免给团队形成不靠谱的感觉，而应该明确薪酬和绩效制度，形成确定的利益分配机制，让团队理解并认可“游戏规则”，起到好的激励作用，以免造成因利益而闹矛盾甚至产生纠纷的局面。

4. 重视沟通，凝聚人心

初创企业的团队建立周期短，来自不同行业、企业，具有不同经验、资历和价值观的团队成员需要磨合。创业者要根据成员特点，通过沟通的方式尽快使其具有共同的目标和价值观。创业者要重视有效沟通，尽快增进感情，拉近距离，建立相互信任的机制，消除隔阂误会，让员工有被尊重和重视的感觉，形成团队凝聚力与执行力。

（三）财务管理

初创企业一般规模较小，在起步阶段，产品、业务相对单一，财务管理相对简单。在财务管理方面，初创企业的创业者应注意以下四个方面。

1. 尽量规范

财务管理，尤其是记账，是专业而严谨的工作。初创企业的创业者不一定具备财务方面的工作经验和专业知识技能，因此，在财务管理方面，要靠专业的会计人员或机构来做相关工作，以保证财务管理的规范性。创业者在企业起步阶段就要有财务“合法合规”意识，“靠专业的人做专业的事”，在日常记账、发票申领、报税和年终审计等财务工作方面尽量符合相关规定，以免因管理疏漏而造成行政处罚等财务风险。

另外，在财务的日常工作流程和制度方面也要尽量做到细致、规范，避免出现各种不应出现的问题或错误。例如，在发票管理方面，要建立发票开立流程规范，避免出现开错（核实抬头、项目、金额、税率等）、遗失（未用发票、已开发票和发票各联）、寄错（对象、地址电话等）和盖章（勿忘盖发票专业章）等细节问题。

2. 控制成本

企业的成本控制管理是个庞大而复杂的系统工作。总体来讲，初创企业的创业者要在成本控制意识、成本控制机制和成本控制措施三个方面入手，尽可能多地降低成本，提高企业经营的效益。

（1）全员形成成本控制意识

思想意识决定行动，创业者首先要有降低成本、控制成本的意识，才能完成成本控制的目标。要实现初创企业的各种成本控制，不仅要求创业者及其核心团队成员具有成本意识，还要求培养全体员工的成本意识与节约习惯。一方面，管理层要避免好高骛远，不要只求面子不计成本，更不宜因急功近利、操之过急而导致成本失控。另一方面，全体员工要建立创新与学习意识，不断改进工作方法，提高工作效率和资源利用效益，达到节约、降低成本的效果。

（2）构建运营成本控制机制

为实现成本控制的目标，创业者在财务管理方面需要建立与之对应的成本控制机制，以有利于企业成本控制的管理落地与持久稳定。成本控制机制主要体现在日常经营的管理制度和激励制度两个方面。管理制度是从操作准则与规定方面建立成本控制的标准，激励制度是从激发员工主动性与创造性方面来实现企业运营效益。

（3）完善成本控制方法措施

有了成本控制的意识和机制，还得有具体实施的方法措施。在企业日常运营方面，可通过办公室各种资源共享与重复利用、提高沟通的信息化水平、采用简单实用的办公家具与设备等方法控制成本；在生产方面，可通过减少流程和环节、采取外包方式、改进工艺与技术、采用节能环保设备和提高原材料利用率等方法控制成本；在财务方面，可通过聘用兼职会计或代理记账机构、控制预算和支出限额、合理避税和提高资金周转率等方法控制成本；在人力资源方面，可通过合理设置岗位及薪酬体系、控制规模、充分利用兼职与提升工作技能水平等方法控制成本；等等。

3. 管好现金流

初创企业的创业者在进行财务管理时，需要注意加强现金流的管理。现金流管理主要从“支”（现金流出）和“收”（现金流入）两个方面进行。

（1）做好大额支出管理

创业者要注意做好各种现金支出，特别是大额支出的管理。在现金支出方面：一是要有规范的财务流程规避风险；二是要避免不必要的支取或提前支取，尽可能做到延缓支付。例如，可通过与供应商谈判争取分期与更长付款周期。

（2）做好各种收入管理

相对支出管理而言，收入管理更重要，也更难一些。创业者可通过以下方法做好收入管理：尽量收取客户预付金、设置交货后收回全部账款的期限、建立收款流程与催款机制、多用电子支付方式提高收款效率等。

4. 准备融资

初创企业往往资金有限，财务压力大。创业者要做到未雨绸缪，在不缺钱的时候，做好随时融资的准备，以有效应对财务风险。创业者一方面要做好融资规划和各种材料的准备，一方面要积极拓展并积累有效的融资渠道，如有计划地接触和了解投资人、投资机构、银行、基金和政府优惠政策等。

（四）营销管理

对于初创企业而言，营销管理是所有管理工作的重中之重。创业者需要从定价策略、品牌策略、竞争策略和销售策略等方面抓好市场营销工作。

1. 定价策略

初创企业要将新产品顺利推向市场，取得竞争优势和良好的经济效益，合理定价是一个重要影响因素。新产品定价方法主要有取脂定价（高定价，谋求短期高利润）、渗透定价（低定价，打开销路扩大市场占有率，谋求长期利益）和满意定价（平价，谋求各方价格满意）。创业者要根据企业战略、产品特性及市场竞争等实际情况，选择最适合的定价策略。

2. 品牌策略

创立与塑造新品牌的过程，是一个“烧钱”“烧脑”的过程。初创企业的创业者，在制定品牌战略和策略时，要考虑成本及其可实现性，采用低成本品牌营销策略是较优选择。低成本品牌营销实施方法与步骤如下：①建立品牌整合营销临时机构（负责品牌策划、形象设计和媒体公关等）；②确定品牌的核心价值、传播目标与机制；③设计创新的、高差异的品牌识别系统；④运用各种广告、公关媒介和促销方式进行“聚焦式”的推广传播。

3. 竞争策略

企业竞争策略选择，主要受行业竞争状况、自身竞争力状况和顾客议价能力等因素的影响。初创企业的竞争策略主要有领跑策略、挑战策略、追随策略和补遗策略四种。领跑策略是指初创企业以“市场老大”的姿态采取正面直接竞争的市场竞争策略；挑战策略是指初创企业以行业内市场份额最大的企业翘楚为目标，对其发起攻击性竞争挑战的市场竞争策略；追随策略是指初创企业采取模仿、跟随竞争能力更强企业进行迂回、侧面竞争的市场竞争策略；补遗策略是指初创企业选择细分市场的空白，集中优势资源开发专门市场或特定顾客群体的市场竞争策略。创业者可根据企业实际，选择合理的市场竞争策略。

4. 销售策略

这里所讲的销售策略，主要是指销售方式、销售模式和促销方式的选择策略。销售方式主要分直销和代理分销两种。新创企业的销售方式选择，要考虑产品服务的性质与形态、市场容量与竞争策略、运营模式和产品的利润空间等因素。销售模式主要分为网络销售、电话销售、电视购物、门店销售和混合销售等。销售模式的选择，主要取决于产品复杂程度、定价高低、购买决策流程和顾客消费习惯等因素。促销方式有赠送、打折、买送、特价、秒杀、抽奖、竞赛、免费体验、积分、返券、会员制、赞助、展览和换购等多种多样的方式和手段。不同的促销方式有不同的优缺点和不同的适用场景，创业者可结合企业实际，选择并验证应采用哪种或哪些促销方式。

实践活动

描绘企业的成长曲线

1）为学习小组布置任务：通过网络或实地访谈的形式，确定一家你感兴趣的创业企业，针对该企业重点了解其中过去 5 年是如何实现成长的。

2）引导小组讨论影响创业企业成长有哪些内外部因素，并进行排序。

3）描绘成长曲线：让学生在空白纸上画出简单的图表，横轴（x 轴）代表时间，纵轴（y 轴）代表收入。

4）小组分享：解释该图表是如何画出的，成长曲线有何特点，企业内外部因素对成长曲线的影响，小组成员对企业成长的想法。

5）结论：成长对每家特定的企业来说都是独特的，很少有平滑正态成长曲线；企业在不同时期会因内外部因素的影响而呈现不同的成长模式；影响企业成长的最主要的内部因素是管理、营销及资金。

实践训练

活动一 情景模拟：如何做参谋

假如你的父亲、叔叔和舅舅三人准备分别出资 30 万元（现金）、20 万元（专利技术折价）、10 万元合办一家服装厂。现请你为他们选择一种企业形式，为他们顺利办成和经营做参谋，并回答以下问题。

1）你为他们选择哪种企业形式？为什么？

2）现在，要给服装厂起一个名字，你有什么好的建议？

3）你对服装厂的选址有什么建议？

4）公司股份结构如何安排？你觉得如何安排股东会和董事会比较妥当？

5）你认为在公司注册过程中应注意哪些问题？

活动二　选择合适的企业组织形式

1. 目标

通过分组讨论，进一步掌握影响企业组织形式选择的主要因素，确定给定案例应该采用的企业组织形式，提高学生分析问题和解决问题的能力。

2. 时间安排

30分钟。

3. 材料准备

教师准备大学生创业案例和企业组织形式比较一览表（表10-5），在课堂分发给每组学生。

表10-5　企业组织形式比较一览表

序号	企业组织形式	优　势	劣　势
1	个人独资企业		
2	合伙企业		
3	有限责任公司		
4	股份有限公司		

大学生创业案例

小王去年大学毕业后，找的工作不太理想，就想自主创业当老板。他父母拿出全部家庭积蓄50万元，给他作为创业资金。经过考察，小王决定自己一人投资，在某市高校园区开办一家餐饮企业。请为小王选择一种合适的企业组织形式，并说明理由。

4. 活动进程

步骤1：根据全班学生总人数确定分组，每组以4～6人为宜。

步骤2：同一小组的学生围坐在一起，教师向每组学生分发大学生创业案例和企业组织形式比较一览表，并向学生说明本次课堂活动的目的与要求，以小组为单位进行分工，各小组分别讨论，完成企业组织形式比较一览表，就大学生创业案例提出企业组织形式选择意见，并说明理由。

步骤 3：各小组派出一名代表向全班介绍该小组的表格填写结果和选定的企业组织形式及理由。

步骤 4：教师对本次课堂活动进行全面总结，并逐一分析每个小组的讨论意见及选择结果。

实践拓展

创业体验反思与感悟

回忆自己参与体验过的某个真实或模拟的创业活动。运用以下问题在体验中和体验后对自身的表现、感受及想法进行反思。可以用任何自己喜欢的形式自由地写下反思，不必局限于下列问题，可以发表更多见解。

1）我在这次创业活动中的表现如何？哪些方面表现特别突出？哪些方面不如期望的好？我觉得在哪些方面可以做一些改进？

2）在参与活动期间，我与其他人有过哪些互动？我的意图是什么？我的沟通与参与对这次活动或他人产生了哪些影响？

3）在活动期间或活动后，我从他人那里得到了哪些反馈？

4）在这次活动体验中，主要收获有哪些？

5）我从这次反思中学到了什么？

6）关于自己或创业，还有哪些问题没有得到解决？

参考文献

彼得·德鲁克，2007. 创新与企业家精神[M]. 北京：机械工业出版社.

陈国梁，王延峰，2018. 大学生创新创业理论与实践导论[M]. 北京：科学出版社.

蒂姆·克拉克，亚历山大·奥斯特瓦德，伊夫·皮尼厄，2012. 商业模式新生代（个人篇）[M]. 毕崇毅，译. 北京：机械工业出版社.

杰弗里·蒂蒙斯，小斯蒂芬·斯皮内利，2005. 创业学[M]. 周伟民，吕长春，译. 6版. 北京：人民邮电出版社.

雷朝滋，2017. 2016年度全国创新创业50所典型经验高校经验汇编[G]. 北京：北京航空航天大学出版社.

李家华，2011. 创业有道：大学生创业指导[M]. 北京：高等教育出版社.

李家华，2013. 创业基础[M]. 北京：北京师范大学出版社.

李秋斌，2013. 大学生创业指导[M]. 北京：北京大学出版社.

李时椿，常建坤，2013. 创业基础[M]. 北京：清华大学出版社.

彭晓华，刘红燃，2017. 创业实务[M]. 北京：现代教育出版社.

石丹林，谌虹，2012. 大学生创业理论与实务[M]. 北京：清华大学出版社.

孙桂生，2017. 从0到1：创新型创业实践方法[M]. 北京：现代教育出版社.

孙洪义，2016. 创新创业基础[M]. 北京：机械工业出版社.

汤锐华，2016. 大学生创新创业基础[M]. 北京：高等教育出版社.

田里，2014. 大学生创业团队的构成要素分析[J]. 产业与科技论坛，13（22）：241.

汪怿，2015. 创新创业人才开发研究[M]. 上海：上海社会科学院出版社.

王年军，2012. 大学生创业团队的理论与实证研究[D]. 武汉：武汉理工大学.

王晓文，张玉利，李凯，2009. 创业资源整合的战略选择和实现手段[J]. 经济管理（1）：61-66.

谢洪明，刘常勇，2003. 技术创新类型与知识管理方法的关系研究[J]. 科学学研究，21（5）：539-545.

徐俊祥，徐焕然，2017. 创未来：大学生创业基础知能训练教程[M]. 2版. 北京：现代教育出版社.

张福建，2013. 大学生创业基础教程[M]. 北京：现代教育出版社.

张金山，2017. 大学生创新创业案例：走进“挑战杯”[M]. 北京：社会科学文献出版社.

张晓波，李钰，杨奇明，2016. 中国区域创新创业报告2016[M]. 北京：北京大学出版社.

张延东，2012. 大学生就业指导与创业教育[M]. 北京：现代教育出版社.

张耀辉，朱锋，2013. 创业基础[M]. 广州：暨南大学出版社.

张振华，2009. 创业团队胜任力结构与创业绩效的关系研究[J]. 当代经济研究（12）：22-25.

张志宏，崔爱惠，刘轶群，2017. 大学生创新与创业训练教程[M]. 北京：现代教育出版社.

张宗恩，朱克勇，2010. 大学生创业训练教程[M]. 北京：现代教育出版社.

赵伊川，马鹤丹，赵宇哲，2013. 创业基础[M]. 大连：东北财经大学出版社.

朱仁宏，曾楚宏，代吉林，2012. 创业团队研究述评与展望[J]. 外国经济与管理，34（11）：11-18.